DAS ENDE DER BANKEN

Jonathan McMillan ist ein Pseudonym, hinter dem sich ein ungleiches Paar verbirgt. Der eine Autor arbeitet für eine internationale Großbank. Er ist ein Finanzexperte, der nichts mehr liebt, als sich durch Bilanzen und Transaktionsdaten aller Art zu kämpfen. In verschiedenen Rollen hat er Einsichten aus erster Hand in die Finanzzentren von London, New York und Zürich gewonnen. Um seine Identität zu schützen, erscheint das Buch unter einem Pseudonym.

Der andere Autor ist *Dr. Jürg Müller*, der eine akademische Laufbahn gewählt hat. Er hat an der Universität Cambridge einen M.Phil. in Ökonomie erlangt und verfasste an der ETH Zürich seine Dissertation. Im Zentrum seiner Forschung stand die Frage, wie sich die Regulierung von Banken auf die makroökonomische Stabilität auswirkt – Teile seiner Arbeit wurden im *Journal of Economic Theory* veröffentlicht. Heute ist er als Wirtschaftsredakteur bei der *Neuen Zürcher Zeitung* tätig.

Die beiden Autoren lernten sich während ihres gemeinsamen Studiums kennen, verloren sich aber aufgrund ihrer unterschiedlichen Lebensentwürfe in den nachfolgenden Jahren aus den Augen. Im Jahr 2011 kreuzten sich ihre Wege erneut in einem Londoner Pub. Die Enttäuschung darüber, wie ihre Kollegen in der Finanzbranche und in der Wissenschaft mit der Finanzkrise umgingen, brachte sie auf die Idee, ein Buch zu schreiben. Das Resultat ist *Das Ende der Banken*, in dem sie ihre komplementären Einblicke in die Welt der Finanzen zusammengeführt haben.

Weitere Informationen finden Sie auf www.endofbanking.org

JONATHAN MCMILLAN

DAS ENDE

DER BANKEN

WARUM WIR SIE
NICHT BRAUCHEN

AUS DEM ENGLISCHEN VON JAN W. HAAS

CAMPUS VERLAG
FRANKFURT / NEW YORK

DIE ENGLISCHE ORIGINALAUSGABE ERSCHIEN UNTER DEM TITEL *THE END OF BANKING*.
COPYRIGHT © 2014 BY JONATHAN MCMILLAN

ISBN 978-3-593-50841-2 PRINT
ISBN 978-3-593-43812-2 E-BOOK (PDF)
ISBN 978-3-593-43832-0 E-BOOK (EPUB)

COPYRIGHT © 2018. ALLE DEUTSCHSPRACHIGEN RECHTE BEI CAMPUS VERLAG GMBH, FRANKFURT AM MAIN.
UMSCHLAGGESTALTUNG: TOTAL ITALIC, THIERRY WIJNBERG, AMSTERDAM/BERLIN
UMSCHLAGMOTIV: © MARCEL BAMERT
SATZ: PUBLIKATIONS ATELIER, DREIEICH
GESETZT AUS DER SCALA, DER SCALA SANS UND DER BEBAS KAI
DRUCK UND BINDUNG: BELTZ BAD LANGENSALZA GMBH
PRINTED IN GERMANY

WWW.CAMPUS.DE

VORWORT FÜR DIE DEUTSCHE AUSGABE

Das Ende der Banken – was heute jeder zweite Fintech-Jung-spund verkündet, galt noch als verwegen, als wir vor rund sieben Jahren dieses Buchprojekt in Angriff nahmen. Wie sich die Zeiten doch geändert haben! Der Begriff Fintech, ein Amalgam aus »Finanz« und »Technologie«, erlebte in den vergangenen Jahren einen rasanten Aufstieg. Mittlerweile wollen selbst Banken nicht mehr so richtig Banken sein. Sie errichten Innovationslabore, werkeln an der Blockchain, und statt des klassischen Bankbera-ters lassen sie zunehmend Roboter Anlageentscheidungen täti-gen. Es scheint, als wäre das Ziel dieses Buches bereits erreicht.

Ein Trugschluss.

Unsere Kritik ist heute notwendiger denn je. Der Missbrauch der neuen Möglichkeiten, die uns die digitale Revolution be-scherte, hat nicht nur die Finanzkrise von 2007/08 verursacht – er ist auch der Hauptgrund dafür, dass wir uns noch immer im Kri-senmodus befinden. Lassen Sie sich nicht von der derzeitigen Euphorie wegen Fintech täuschen. Sie birgt große Gefahren – und die Parallelen zu den Ereignissen der Jahrtausendwende sind unübersehbar.

Schon vor der Finanzkrise von 2007/08 predigten Finanzexper-ten den Segen von Informationstechnologien. Nur die Begriffe unterschieden sich: Statt von Finanztechnologie (Fintech) rede-ten damals alle von Finanzinnovation. Die erste Fintech-Welle, die der Siegeszug der Informationstechnologien ins Finanzwe-sen gespült hatte, begann in den 1970er- und 1980er-Jahren und endete 2008. Noch bis kurz vor Ausbruch der Krise prognostizierten die Finanzexperten ein goldenes Zeitalter, da durch Finanzinnovationen das Finanzsystem stabiler, effizienter und transparenter werde.

Wie wir heute wissen, trat das genaue Gegenteil ein. All diese Finanzinnovationen waren im Verborgenen eng mit den traditionellen Banken verquickt. Finanzielle Risiken wurden nicht auf viele Schultern verteilt, sondern türmten sich außerhalb des Sichtfelds der Aufsichtsbehörden im Bankwesen auf. Der Wirtschaftsboom der 2000er-Jahre entpuppte sich als Blase, und 2008 kam es dann zur Zäsur. Nur dank staatlichen Rettungsaktionen von noch nie dagewesenem Ausmaß konnte das Finanzsystem vor dem totalen Kollaps bewahrt werden.

Kurz nach der Finanzkrise rollte die zweite Fintech-Welle an. Dank den Informationstechnologien wurde es möglich, Kredite direkt zu vermitteln. Peer-to-Peer-(P2P)-Kreditvermittler betraten die Bühne. Wieder lautete die Devise, das Finanzsystem stabiler, effizienter und transparenter zu machen. So manches Jungunternehmen gefiel sich schon in der Rolle des Bankenbestatters, nur um sich kurze Zeit später auf dem harten Boden der Tatsachen wiederzufinden.

Die grundlegende Finanzarchitektur hat sich nämlich nicht verändert. Deshalb stellten wir schon in der englischen Erstauflage von 2014 klar, dass sich die Probleme im digitalisierten Finanzsystem nicht von alleine lösen würden. In den vergangenen Jahren hat sich diese Vorhersage leider bestätigt. Einst aufstrebende Fintech-Jungunternehmen haben sich längst in Zulieferfirmen für traditionelle Banken verwandelt. Radikal neue Geschäftsmodelle, wie beispielsweise die direkte Kreditvermittlung, treten zunehmend in den Hintergrund. Stattdessen beginnen die Anbieter solcher Leistungen immer enger mit den etablierten Finanzinstitutionen zusammenzuwachsen.

Um diese Entwicklungen zu beleuchten, haben wir Kapitel 9 für die deutsche Ausgabe überarbeitet und aktualisiert. Dabei zeigt sich deutlich, dass auch diese Fintech-Welle kein stabileres, effizienteres und transparenteres Finanzsystem hervorbringen wird.

Es gibt jedoch Alternativen. Die Digitalisierung birgt in ihrem Kern die Möglichkeit, das Finanzsystem auf sinnvolle Art zu modernisieren. Dafür ist aber eine radikale Kursänderung notwendig. Die Digitalisierung wird unsere Finanzarchitektur weiter untergraben, wenn wir nicht eine grundlegende Anpassung im »Betriebssystem unserer Volkswirtschaft« vornehmen. Das ist unsere zentrale These, die seit der englischen Erstauflage nichts an Aktualität eingebüßt hat.

VORWORT

Zahlreiche Bücher geben vor, die Schattenseiten des Bankwesens zu erklären, doch den meisten gelingt es nicht, zum Kern der Sache vorzudringen. Manche Autoren interpretieren die Finanzkrise von 2007/08 als den Versuch habgieriger Banker, unschuldige Witwen und Waisen um ihre Ersparnisse zu bringen. Skandalgeschichten bieten zwar oft eine unterhaltsame Lektüre, doch wer unabänderliche menschliche Eigenschaften für die Quelle allen Übels hält, macht es sich zu leicht. Die nächste Finanzkrise lässt sich damit nicht verhindern. Ebenso wenig gelingt dies durch Flickschusterei an den Regelwerken, die Standardreaktion vieler Ökonomen und Politiker auf Bankenkrisen. Die heutigen Probleme des Bankwesens sind fest in unserem Finanzsystem verwurzelt. Gefragt ist eine grundlegende Veränderung, und so wenden sich manche Ökonomen heute wieder radikalen Reformvorschlägen aus längst vergangenen Zeiten zu. Doch obwohl die alten Theoriengebäude wertvolle Einsichten bereithalten, vermögen sie die gegenwärtigen Probleme des Bankwesens nicht zu lösen.

Unsere Enttäuschung über die aktuellen Herangehensweisen an das Bankwesen und seine Mängel hat uns dazu bewogen, dieses Buch zu schreiben. Eine beachtliche Herausforderung, wie wir feststellen mussten, denn das Bankwesen lässt sich begrifflich nur sehr schwer eingrenzen. Es nimmt vielerlei Formen an. Wir haben uns deshalb um ein allgemeines Verständnis bemüht und konnten so die grundlegenden Finanztechniken identifizieren, die allen Formen des Kreditwesens gemein sind – ganz gleich, ob die Akteure mittelalterliche Goldschmiede oder moderne Investment-banker sind. Wir erkannten, dass das Kreditwesen im Industrie-zeitalter ein sinnvolles Mittel war, um das Finanzsystem zu organisieren, es jedoch mit dem Aufkommen der Informations-technologien außer Kontrolle geriet. Die Finanzkrise von 2007/08 war die unausweichliche Folge des Bankwesens im Digitalzeitalter.

Wir haben uns aber nicht damit begnügt, lediglich die Mängel des Bankwesens im Digitalzeitalter aufzuzeigen. Das Hauptziel dieses Buches besteht darin, aufzuzeigen, wie sich ein funktio-nierendes Finanzsystem wiederherstellen lässt. Die Organisati-onsform des Kreditwesens ist von kaum zu überschätzender Be-deutung. Sie beeinflusst unmittelbar die Stabilität, Produktivität und Verteilungsgerechtigkeit einer Volkswirtschaft. Daher nimmt der Versuch, ein für das Digitalzeitalter geeignetes Fi-nanzsystem zu entwerfen, den Löwenanteil dieses Buches ein.

Obwohl sich *Das Ende der Banken* in erster Linie an unsere Kol-legen im Wirtschafts- und Finanzsektor richtet, sollte jeder interes-sierte Leser unserer Argumentation folgen können. Wir vermei-den Fachjargon so weit wie möglich und erläutern das Bankwesen und seine Fallstricke in allgemein verständlicher Sprache. Den-noch nimmt dieses Buch Sie mit auf eine herausfordernde intel-lektuelle Reise, und falls Sie über keine wirtschaftlichen oder fi-nanztechnischen Vorkenntnisse verfügen sollten, empfehlen wir Ihnen, es von Anfang bis Ende zu lesen. Leser, denen die Materie bereits vertraut ist, mögen den ersten Buchteil als Auffrischung be-greifen und können ihn gegebenenfalls überspringen.

Dieses Buch ist das Ergebnis sorgfältiger Überlegungen, und wir haben seinen Titel aus gutem Grund gewählt. Wer das Ver-änderungspotenzial der digitalen Revolution begriffen hat, wird erkennen, dass die derzeitige Architektur des Finanzsystems heillos überholt ist. Das Ende der Banken zu fordern mag auf den ersten Blick vermessen klingen. Doch wie wir auf den fol-genden Seiten darlegen, ist es die einzig logische Konsequenz der digitalen Revolution.

Jonathan McMillan

EINLEITUNG

Ein Finanzsystem ohne Banken ist sowohl erstrebenswert als auch möglich. Das war nicht immer so. Das Bankwesen erfüllte einst unentbehrliche wirtschaftliche Funktionen. Mit der digitalen Revolution hat sich das Blatt jedoch gewendet. Zum einen ist das Bankwesen außer Kontrolle geraten, da Informationstechnologien eine wirksame Regulierung unmöglich machen – die Finanzkrise von 2007/08 war Vorbote einer neuen Ära des zügellosen Bankings. Zum anderen brauchen wir die Banken nicht mehr: Die Informationstechnologien bieten uns neue Möglichkeiten, welche die Banken überflüssig machen. Mit dem Ende der Banken wird das Zeitalter eines modernen Finanzsystems beginnen.

Die Forderung, dem Bankwesen ein Ende zu bereiten, mag nach einer allzu primitiven Lösung der Probleme des heutigen Finanzsystems klingen. Das liegt vermutlich daran, dass keine allgemeingültige Definition des Begriffs »Banking« existiert. Manche fassen darunter alle Aktivitäten, die von Banken unternommen werden. Andere bezeichnen mit diesem Begriff ein Bündel von Finanzdienstleistungen wie Asset Management oder die Durchführung von Effektenemissionen. Wir nehmen hier eine makroökonomische Perspektive ein und definieren *Banking* als Geldschöpfung aus Kredit. Dies mag für viele etwas merkwürdig klingen. Falls das der Fall ist, vertrauen Sie bitte darauf, dass wir auf die Feinheiten des Bankings ausführlich eingehen werden. An dieser Stelle genügt es, festzuhalten, dass sich das Bankwesen nicht auf jene Institute beschränkt, die wir als Banken bezeichnen. Ebenfalls fallen nicht alle von Banken betriebenen Aktivitäten unter den Oberbegriff Banking. Banking ist kein Geschäftsmodell, sondern ein Weg, unser Finanzsystem zu organisieren.

GELD, KREDIT UND PREISE

Zu jeder modernen Volkswirtschaft gehören zwei unterschiedliche Systeme – die Realwirtschaft und das Finanzsystem. Die *Realwirtschaft* umfasst alle Aktivitäten und Ressourcen, die in die eigentliche Produktion sowie in die Verteilung von Gütern und Dienstleistungen einfließen. Das *Finanzsystem* ist hingegen ein virtuelles System, das sich erst durch die Betrachtung seiner beiden Elemente – Geld und Kredit – erschließt.

So dient auf der einen Seite *Geld* dazu, laufende Zahlungen zu tätigen. Es ist ein Medium, mit dessen Hilfe Güter und Dienstleistungen unmittelbar getauscht werden können. Der Handel mittels Geld ist primitiven Tauschgeschäften überlegen, da er ohne eine doppelte Übereinstimmung von Bedürfnissen auskommt: Dank Geld ist es nicht erforderlich, die eine Person zu finden, die genau das anbietet, was man benötigt, und die gleichzeitig genau das nachfragt, was man anbietet. Geld befreit die Menschen aus einer reinen Subsistenzwirtschaft und erlaubt es ihnen, sich auf die Produktion komplexerer Güter und Dienstleistungen zu spezialisieren. Als Tauschmittel ermöglicht Geld eine *dezentrale Form des Wirtschaftens* – mit anderen Worten, eine dezentrale Koordination von Aktivitäten in der Realwirtschaft.[1]

Auf der anderen Seite erlaubt *Kredit* den Aufschub von Zahlungen. Die Übertragung von Gütern und Dienstleistungen sowie die dazugehörige Zahlung können mithilfe von Kredit zu unterschiedlichen Zeitpunkten erfolgen. Kredit ermöglicht eine effiziente Allokation über einen längeren Zeitraum hinweg und ist unerlässlich, um die für den Aufbau einer kapitalintensiven Produktion erforderliche Zeit zu überbrücken. Wer beispielsweise erstmals eine landwirtschaftliche Tätigkeit aufnimmt, kann seine Produktivität durch den Einsatz eines Traktors steigern. Mithilfe von Kredit kann der Bauer auch ohne Vermögen und noch vor der ersten Ernte einen Traktor erwerben. Sobald die erste Ernte eingebracht und verkauft ist, kann er seine Kreditverpflichtung begleichen. Kredit erleichtert die Bereitstellung von Kapital für Investitionen und ist Voraussetzung jeder industriellen Produktion. Er bildet die Grundlage einer *kapitalintensiven Volkswirtschaft*.

Das Finanzsystem dient also dazu, eine dezentrale und kapitalintensive Volkswirtschaft zu unterstützen. Ohne Geld und Kredit – das heißt ohne Medium für laufende und aufgeschobene Zahlungen – würden sich die wirtschaftlichen Aktivitäten auf Subsistenzproduktion und Tauschgeschäfte beschränken. Darüber hinaus ermöglicht der Einsatz von Geld und Kredit eine Preisbildung.[2]

Preise sind das Scharnier zwischen dem Finanzsystem und der Realwirtschaft. Sobald Menschen für ihre wirtschaftlichen Aktivitäten auf Geld und Kredit zurückgreifen, bilden sich Preise. Gleichzeitig dienen Preise dazu, diese Aktivitäten in der Realwirtschaft zu lenken. Ohne Preise ist es kaum möglich, eine dezentrale und kapitalintensive Volkswirtschaft zu koordinieren. Geld und Kredit können somit als Spiegel interpretiert werden, und Preise sind das dort entstehende Spiegelbild der Realwirtschaft. Genauso, wie man eines Spiegels bedarf, um seine eigene Erscheinung beurteilen zu können, lässt sich eine dezentrale und kapitalintensive Volkswirtschaft nur mit Blick auf die Preise begreifen.[3]

DIE ORGANISATION DES FINANZSYSTEMS

Wie gut erfüllt nun ein Finanzsystem seinen Zweck, eine dezentrale und kapitalintensive Volkswirtschaft zu ermöglichen? Die Antwort auf diese Frage ergibt sich aus der Organisation seiner beiden Elemente. Sind Geld und Kredit mangelhaft konzipiert, so koordinieren die Preise die wirtschaftlichen Aktivitäten mehr schlecht als recht – ebenso wie das Abbild in einem Zerrspiegel die Realität nur unzureichend widerspiegelt. Die Koordination dezentraler Aktivitäten gestaltet sich schwierig, Kapital wird verschwendet, und womöglich erlangen manche Menschen einen unberechtigten Vorteil gegenüber anderen. Die Bedeutung eines gut organisierten Finanzsystems ist kaum zu überschätzen. Die Organisation von Geld und Kredit wirkt sich ganz erheblich auf die Stabilität, Produktivität und Verteilungsgerechtigkeit einer Volkswirtschaft aus.

Als virtuelles System wird das Finanzsystem nur aus der Vorstellungskraft der Menschen geschaffen. So entscheiden beispielsweise das Gewohnheitsrecht oder gesetzliche Bestimmungen darüber, was als Geld akzeptiert wird. Die Organisation des Finanzsystems ist somit immer und überall eine politische Angelegenheit.

Geld ist leichter zu organisieren als Kredit. Es genügt, dass Menschen sich auf etwas einigen, das die Funktion von Geld übernimmt. Die zeitliche Dimension tritt dabei weniger in den Vordergrund als im Falle von Kredit. Aus Sicht des Einzelnen umspannt eine Finanztransaktion nur einen kurzen Zeitraum. Die beteiligten Parteien müssen sich beim Einsatz von Geld zur Abwicklung eines Geschäfts nicht unbedingt vertrauen. Sobald sich die Gesellschaft darauf geeinigt hat, was sie als Geld verwenden möchte, können Anbieter von Gütern weitgehend darauf vertrauen, dass sie das Geld auch für weitere Geschäftsvorgänge einsetzen können. Selbst primitiven Gesellschaften kann es gelingen, ein auf Geld gründendes Finanzsystem zu etablieren.[4]

Im Vergleich hierzu ist die Organisation von Kredit eine weitaus schwierigere Aufgabe. Gläubiger müssen dazu ihren Schuldnern über Jahre oder gar Jahrzehnte hinweg vertrauen. Die mit Kredit verknüpften Schwierigkeiten – aber auch die Vorteile – steigen mit zunehmender Kreditlaufzeit. Ein Fahrzeugmechaniker, der einen Kredit zum Erwerb einiger Werkzeuge aufgenommen hat, kann diesen vielleicht innerhalb einiger Monate zurückzahlen. Hingegen benötigt ein Autohersteller womöglich viele Jahre, um den Kredit zur Errichtung einer modernen Produktionsstätte vollständig abzubezahlen. Eine moderne Fabrik ist viel produktiver – sie kann pro Arbeitskraft deutlich mehr Fahrzeuge herstellen als der Automechaniker. Doch wer wäre vertrauensselig oder geduldig genug, seine Ersparnisse zugunsten eines Rückzahlungsversprechens herzugeben, das erst nach zehn Jahren eingelöst werden muss?

TEIL 1: DAS BANKWESEN IM INDUSTRIEZEITALTER

Menschen, die Kredit nachfragen, und solche, die Kredit anbieten, haben unterschiedliche Bedürfnisse. Diese Bedürfnisdiskrepanz zwischen Schuldnern und Gläubigern macht Kredit zu einer heiklen Angelegenheit. Die Einführung des modernen Rechnungswesens in Form der doppelten Buchführung und die Entwicklung des Rechtsstaates legten die Grundlage für ein Bank- und Kreditwesen. Das Bankwesen vermochte die Bedürfnisse von Schuldnern und Gläubigern in Übereinstimmung zu bringen. Es handelte sich um eine grundlegende Innovation innerhalb des Finanzsystems mit der Folge, dass die Kreditvergabe nun einen Aufschwung erlebte. Teil 1 dieses Buches erläutert, warum Banken im Industriezeitalter unverzichtbar waren.

Wir haben Banking als Geldschöpfung aus Kredit definiert. Wie das genau funktioniert, wird deutlich, wenn wir in Kapitel 2 die Funktionsweise des traditionellen Bankwesens erläutern. Das traditionelle Bankwesen ist die einfachste Form des Bankings und vereint Geldleihe und -aufbewahrung. Einerseits vergeben Banken Darlehen an Darlehensnehmer. Andererseits ermöglichen sie es Darlehensgebern, Bankeinlagen zu tätigen, die sich »so gut wie Bargeld« anfühlen.

Die Eigenschaften von Bankeinlagen machten es für Gläubiger attraktiv, sich am Kreditprozess zu beteiligen. In der Folge stieg das Kreditangebot, was die Kapitalakkumulation begünstigte. Banking erleichterte die Realisierung kapitalintensiver Industrieprojekte, deren Anfangsinvestition sich erst nach Jahrzehnten amortisierte.

Die Industrialisierung und die zunehmende Kapitalintensität wurden durch ein modernes Finanzsystem erst ermöglicht. War die Übergangszeit – die Industrielle Revolution – noch durch persönliche Härten gekennzeichnet, führte der Produktivitätszuwachs in einer kapitalintensiven Volkswirtschaft zu einem Armutsrückgang, der in der Menschheitsgeschichte ohne Beispiel war.

Wir erinnern uns, dass eine Volkswirtschaft aus zwei miteinander verbundenen Systemen besteht: der Realwirtschaft und dem Finanzsystem. Die Industrialisierung in der Realwirtschaft war für jedermann sichtbar, denn schließlich schossen überall rauchende Schornsteine aus dem Boden. Infolge dieser Sichtbarkeit von Kapitalanlagen bezeichneten manche Beobachter die neue Wirtschaftsform als Kapitalismus. Der Begriff *Kapitalismus* bezieht sich auf die Realwirtschaft, implizit stützt er sich aber auch auf die Entwicklung des Bankwesens. Der Kapitalismus konnte sich nur dank eines verbesserten Finanzsystems durchsetzen.[5]

Das Bankwesen mag zwar wesentlich zur Entwicklung einer kapitalintensiven Ökonomie beigetragen haben, ist jedoch mit schwerwiegenden Mängeln behaftet. Gelegentlich brechen Banken unkontrolliert zusammen. Solche Ereignisse werden als Bank-Runs bezeichnet und plagen das Bankwesen seit seinen Anfängen. Immer wieder haben sich Bank-Runs zu verheerenden Bankenpaniken ausgeweitet, die das Finanzsystem in seinen Grundfesten erschütterten. Eine solche Bankenpanik schränkt die Fähigkeit des Finanzsystems ein, wirtschaftliche Aktivitäten zu koordinieren. Sie führt zu massiven Preisverzerrungen und löst in der Regel eine schwere Rezession in der Realwirtschaft aus.[6]

Zwei besonders schwere Bankenpaniken in den Jahren 1907 und 1929 veranlassten die Regierung der Vereinigten Staaten, den mit dem Bankwesen verknüpften Problemen durch die Errichtung eines strengen Ordnungsrahmens zu begegnen: Staatliche Garantien verhinderten fortan Bankenpaniken, und bankenspezifische Regulierungen wie etwa Eigenkapitalvorschriften sorgten dafür, dass die Banken die staatlichen Bürgschaften nicht missbrauchen konnten. Dieser Ordnungsrahmen erwies sich im Industriezeitalter als erfolgreich. Die Gesellschaft konnte die Vorteile des Bankwesens genießen, und der Ordnungsrahmen hielt dessen Probleme in Schach.

TEIL 2: DAS BANKWESEN IM DIGITALZEITALTER

Der zweite Teil dieses Buches beschreibt, wie das Bankwesen im digitalen Zeitalter außer Kontrolle geriet. In den 1970er-Jahren traten die Informationstechnologien auf den Plan und markierten den Beginn des Digitalzeitalters. Während Kredit im Industriezeitalter noch auf Papier festgehalten werden musste, konnten Finanzinstitute derartige Vorgänge nunmehr elektronisch registrieren. Computer und elektronische Kommunikationsnetzwerke ermöglichten, dass sich Kredit aus den Bankenbilanzen herauslöste. Dies hatte desaströse Auswirkungen auf die Wirksamkeit der Bankenregulierung.

Banken begannen ihre Aktivitäten so zu organisieren, dass einschneidende Regulierungen umgangen werden konnten. Dadurch traten neue Formen des Bankwesens in Erscheinung. Es begann sich ein Netzwerk von Finanzinstituten und Zweckgesellschaften zu formen, das nach Ausbruch der Finanzkrise als *Schattenbankensektor* bezeichnet wurde. Dieses undurchsichtige Firmengeflecht übernahm dieselben Funktionen wie die traditionellen Banken, ohne aber vom Regulator als eine neue Form des Bankwesens erkannt und reguliert zu werden. So gelang es dem Schattenbankensektor im Verlauf einiger Jahrzehnte, den traditionellen Bankensektor an Bedeutung zu überflügeln.

Der Aufstieg des Schattenbankensektors verdeutlicht, dass sich Banking nicht nur auf Banken erstreckt. Eine rechtliche Definition des Begriffs »Bank« ist jeweils rasch gefunden. Der Versuch hingegen, »Banking« rechtlich zu definieren, gestaltet sich äußerst schwierig. Das sogenannte Abgrenzungsproblem der Finanzmarktregulierung beschreibt genau diese Schwierigkeit einer präzisen Definition der Aktivität »Banking« – Banken schaffen es daher immer wieder, Beschränkungen ihrer Geschäftstätigkeit zu unterlaufen. Die Unfähigkeit der Regulierungsbehörden, das Abgrenzungsproblem in den Griff zu bekommen, mündete schließlich in einer verheerenden Bankenpanik: der Finanzkrise von 2007/08.

Diese weitreichende Krise erforderte ein entschiedenes Handeln. Nur mithilfe staatlicher Rettungsaktionen von bislang unbekanntem Ausmaß konnte ein vollständiger Zusammenbruch des Finanzsystems verhindert werden. Die damit verbundenen Kosten waren allerdings horrend.

Seit der Finanzkrise von 2007/08 genießen Institute, die als *too big to fail* (zu groß, um zu scheitern) gelten, eine implizite öffentliche Garantie aller ihrer Verbindlichkeiten. Gleichzeitig gelingt es den Aufsichtsbehörden nicht, sie effektiv zu regulieren. In der heutigen Zeit, in der Finanzinnovationen über Nacht aus dem Boden gestampft werden, können Finanzinstitute ihre Geschäfte jederzeit so anpassen, dass Regulierungen nicht mehr greifen. Das Abgrenzungsproblem der Finanzmarktregulierung ist mit der digitalen Revolution unlösbar geworden – die Aufsichtsbehörden können noch so viel regulieren, sie werden das Bankwesen nicht mehr in den Griff kriegen.

Im digitalen Zeitalter ist das Bankwesen außer Kontrolle geraten. Während die staatlichen Garantien allumfassend geworden sind, läuft die Regulierung des Bankwesens ins Leere. Das Bankensystem hat sich in ein dysfunktionales öffentlich-privates Projekt verwandelt. Die Kreditinstitute fahren in guten Zeiten enorme Gewinne ein, während in Krisenzeiten die öffentliche Hand für die Verluste geradestehen muss.

TEIL 3: EIN FINANZSYSTEM FÜR DAS DIGITALZEITALTER

Der Siegeszug der Informationstechnologien hat den ordnungspolitischen Ansatz untergraben, mithilfe dessen es der Gesellschaft während des Industriezeitalters gelang, das Bankwesen unter Kontrolle zu halten. Nun hat der technologische Fortschritt seit jeher etablierte Institutionen in ihren Grundfesten erschüttert. Er eröffnete dabei aber meist auch neue Perspektiven. Dieser Prozess wird als *schöpferische Zerstörung* bezeichnet, und er ist auch bei der digitalen Revolution im Finanzwesen wieder am Werk.[7] Die Informationstechnologien haben zwar das Bankwesen in ein unkontrollierbares Monster verwandelt. Sie ermöglichen uns aber gleichzeitig, durch eine radikale Neuorganisation von Geld und Kredit unser Finanzsystem auf eine nächste Stufe zu heben. Im dritten Teil dieses Buches beschäftigen wir uns mit diesen schöpferischen Aspekten der Informationstechnologien.

Neue Technologien wie Peer-to-Peer-Kreditvermittlungen, virtuelle Marktplätze und digitale Währungen sind entstanden. Sie eröffnen Haushalten neue Wege, ihre Nachfrage nach einer liquiden und sicheren Kreditvergabe zu befriedigen, während Schuldner weiterhin die benötigte langfristige Finanzierung für ihre riskanten Projekte erhalten. Wer die Gesamtheit der neuen Möglichkeiten betrachtet, erkennt, dass Banken nicht mehr gebraucht werden. Die Informationstechnologien erlauben dem Finanzsystem, eine dezentrale und kapitalintensive Volkswirtschaft zu unterstützen, ohne auf Banken zurückgreifen zu müssen. Auch ohne Bankwesen können Haushalte und Firmen heutzutage ihre finanziellen Angelegenheiten einfach und bequem regeln. Im Digitalzeitalter ist das Bankwesen nicht nur außer Kontrolle geraten, sondern hat auch seine Existenzberechtigung verloren.

Obwohl wir Banken nicht mehr benötigen, werden sie unser Finanzsystem aber weiterhin beherrschen. Das dysfunktionale Bankwesen kann noch so hohe gesellschaftliche Kosten verursachen: Banking mit seinen umfassenden staatlichen Garantien, aber ohne wirksame Regulierung ist schlicht ein zu einträgliches Geschäft, als dass es von alleine verschwinden würde. Aus diesem Grund gilt es, dem Bankwesen aktiv ein Ende zu bereiten.

Wir sind nun nicht die Ersten, die diese Forderung erheben. Schon im Industriezeitalter schlugen einige Ökonomen vor, den Banken die Zähne zu ziehen und ihnen die Schöpfung von Geld aus Kredit zu verbieten. Im deutschsprachigen Raum sind diese Initiativen oft mit der Forderung nach sogenanntem Vollgeld verbunden. Diese Forderung hat mit unserem Vorschlag gemein, dass traditionelle Banken keine Geldschöpfung mehr betreiben sollen. Die Vollgeld-Anhänger übersehen jedoch, dass ein Verbot der Geldschöpfung, welches sich auf traditionelle Banken beschränkt, den Kern des Problems verfehlt. Ein ganzheitlicher Ansatz ist gefragt, der alle Formen der Geldschöpfung, sowohl im traditionellen Bankensektor als auch im Schattenbankensektor, effektiv unterbindet. Es gilt, das Ende der Banken auf einer fundamentalen Ebene einzuleiten, und zwar im Gesellschaftsrecht. Wir schlagen deshalb eine systemische Solvenzregel vor, die dem Bankwesen auf wirksame und gleichzeitig effiziente Weise einen Riegel vorschiebt.

In einer Welt ohne Banken muss schließlich die Rolle der öffentlichen Hand bei der Organisation von Geld und Kredit neu definiert werden. Einerseits soll der Staat seine Garantien für die Banken nicht länger aufrechterhalten. Das führt dazu, dass das erdrückende Regelwerk ad acta gelegt werden kann, das aufgrund der staatlichen Garantien überhaupt erst geschaffen wurde: Bei der Organisation von Kredit kann nun endlich auf die Marktkräfte vertraut werden. Andererseits muss auch die Geldpolitik neu konzipiert werden, da die heutigen Zentralbanken sich auf das Geschäftsbankenwesen stützen. Wir stellen deshalb zwei neue geldpolitische Instrumente vor, die sich besonders gut zur Unterstützung eines wirksamen Preissystems eignen: eine Liquiditätsprämie und ein bedingungsloses Einkommen.

Am Ende des dritten Teils werfen wir einen Blick auf das Gesamtbild. Dabei zeigt sich, dass im heutigen Finanzsystem mit Banken die Funktionen von Geld und Kredit – die Bereitstellung eines Mediums für laufende und aufgeschobene Zahlungen – eng miteinander verflochten sind. Ebenfalls wird ersichtlich, dass der private und der öffentliche Sektor nicht unabhängig voneinander agieren können. Die Vermengung beider Funktionen und beider Verantwortungsbereiche führt zu Preisverzerrungen und in der Folge zu massiven Fehlallokationen in der Realwirtschaft.

Nur die Abschaffung der Banken kann ein funktionierendes Finanzsystem wiederherstellen. In einem Finanzsystem ohne Banken sind die Funktionen von Geld und Kredit strikt getrennt und klar dem privaten beziehungsweise dem öffentlichen Sektor zugeordnet. So kann das Finanzsystem ein funktionierendes Preissystem gewährleisten und eine dezentrale und kapitalintensive Volkswirtschaft unterstützen. Stabilität, Produktivität und Verteilungsgerechtigkeit innerhalb unserer Gesellschaft werden nicht länger durch ein überholtes Bankensystem untergraben.

ZUM INHALT DIESES BUCHES

Bevor wir fortfahren, seien noch zwei Anmerkungen zum Inhalt dieses Buches gestattet. Erstens nimmt *Das Ende der Banken* jeweils Bezug auf die Wirtschaftsgeschichte, die institutionellen Eigenheiten und die Wirtschaftsdaten der Vereinigten Staaten. Wir haben uns für die USA als Gegenstand unserer Betrachtungen entschieden, da sie seit Anfang des 20. Jahrhunderts die führende Wirtschaftsmacht sind. Unsere Erkenntnisse lassen sich aber auf jede beliebige moderne Volkswirtschaft anwenden, die sich auf ein Bankwesen stützt.

Zweitens beschäftigen wir uns nicht mit der Transformationsphase von einem Finanzsystem mit Banken zu einem ohne Banken. Wir verzichten zudem darauf, internationale Fragestellungen oder Nebenwirkungen zu erörtern, die unweigerlich bei der Evaluation von Reformvorschlägen auftreten. Bevor wir uns mit der Frage beschäftigen können, wie wir ein besseres Finanzsystem implementieren, müssen wir zunächst definieren, wie ein solches Finanzsystem aussehen könnte. Und genau darin liegt der Anspruch dieses Buches: zu zeigen, dass ein Finanzsystem ohne Banken sowohl erstrebenswert als auch möglich ist.

TEIL 1

DAS BANKWESEN

IM INDUSTRIEZEITALTER

KAPITEL 1
WARUM BANKEN NÖTIG WAREN

Im Industriezeitalter war das Bankwesen ein sinnvoller Weg, die beiden Grundelemente des Finanzsystems – Geld und Kredit – zu organisieren. Insbesondere das Kreditwesen hätte ohne Banken niemals zu voller Blüte gelangen können. Der Begriff *Kredit* drückt das erforderliche Vertrauen zwischen zwei Parteien aus, das diese benötigen, um über einen längeren Zeitraum hinweg Geschäfte miteinander zu tätigen. Dabei erhält eine der beiden Parteien Güter, Dienstleistungen oder Geld gegen das Versprechen, der Gegenpartei zu einem späteren Zeitpunkt Güter, Dienstleistungen oder Geld zur Verfügung zu stellen. Somit ist Kredit eine aufgeschobene Zahlung.[1]

Kredit nimmt verschiedene Formen an. Seine geläufigste Spielart ist das *Darlehen*. Wir definieren ein Darlehen als die vorübergehende Überlassung von Geld. Diejenige Partei, die zunächst Geld erhält und es später zurückzahlt, wird als *Schuldner* bezeichnet. Jene Partei, die zunächst Geld verleiht und es später zurückerhält, heißt *Gläubiger*. Der Preis, den der Schuldner dem Gläubiger für das Privileg, das Geld zuerst zu erhalten, bezahlt, ist der *Zins*. Im Falle eines Darlehens wird der *Zinssatz* als Prozentsatz des *Nominalbetrags* bestimmt, also des Geldbetrags, der den Besitzer wechselt.[2] Der Schuldner erstattet den Nominalbetrag spätestens bei *Fälligkeit*, dem vereinbarten Ablauftermin des Darlehens. Der Gesamtzeitraum zwischen der Übergabe des Nominalbetrags und dem Fälligkeitstag wird als *Laufzeit* bezeichnet.

DER UMGANG MIT INFORMATIONSASYMMETRIEN

Menschen verleihen Geld, weil sie darauf hoffen, zu einem späteren Zeitpunkt den vollen Nominalwert zuzüglich eines Zinses zu erhalten. Sie erwarten, nach Vergabe des Darlehens besser dazustehen, als wenn sie das Geld einfach behalten hätten. Schuldner verfolgen ganz ähnliche Gedanken. Sie erwarten, davon zu profitieren, dass sie heute über Geld verfügen können, selbst wenn sie dieses morgen samt Zins zurückzahlen müssen.

Wenn wir die zeitliche Dimension außer Acht ließen, wäre ein Darlehen nichts anderes als ein Austausch von Geld. Die Zeitdimension ist die entscheidende Eigenschaft von Kredit. Mit Kredit sind stets zwei Variablen verbunden: Zeit und Unsicherheit. Daraus ergeben sich zahlreiche Probleme.

Angenommen, Sie wollten ein Darlehen vergeben. Zunächst müssen Sie einen vertrauenswürdigen Menschen finden, der in der Lage ist, den vollen Nominalbetrag plus Zinsen zurückzuzahlen. Normalerweise wissen Sie kaum etwas über den Charakter des Schuldners und seine Fähigkeiten. Weiterhin können Sie sich niemals ganz sicher sein, dass der Schuldner den Kredit in einer Weise verwenden wird, die dazu führt, dass er das Geld später zurückzahlen kann. Am Fälligkeitstag könnte ein zusätzliches Problem entstehen: Vielleicht haben sich die Rahmenbedingungen während der Kreditlaufzeit zuungunsten des Schuldners verändert und er kann die fälligen Zahlungen nicht leisten. Er könnte dies aber auch nur vorgeben, in der Absicht, das Geld einfach zu behalten. Sollten Sie diesen Verdacht hegen, wären Sie gut beraten, die genaue Finanzlage des Schuldners zu überprüfen; eine solche Recherche wird aber vermutlich etwas kosten.

All diese Probleme beruhen letztlich auf *Informationsasymmetrien*. In einfachen Worten ausgedrückt bedeutet dies, dass der Schuldner mehr weiß als der Gläubiger. Jeder, der schon einmal Geld verliehen hat, wird intuitiv verstehen, was damit gemeint ist. Informationsasymmetrien liegen allen mit Kredit verbundenen Problemen zugrunde, etwa *Moral Hazard* (moralisches Fehlverhalten). Moral Hazard liegt vor, wenn jemand sich selbst einen Vorteil verschafft und dabei willentlich Schaden für andere in Kauf nimmt. Im Falle von Kredit könnten Schuldner lügen, um sich ein Darlehen zu sichern, das ihnen nützt, welches sie aber nicht zurückzahlen können. Den Schaden trägt der Gläubiger.[3]

Aus den Informationsasymmetrien erwächst ein *Kreditrisiko*. Gemeint ist das Risiko des Gläubigers, sein Kapital zu verlieren, falls es der Schuldner nicht – oder nur teilweise – zurückzahlt. Wer einen allzu großen finanziellen Verlust vermeiden möchte, muss sich mit diesem Kreditrisiko auseinandersetzen. Aktivitäten, die darauf abzielen, das Kreditrisiko zu minimieren, werden unter dem Begriff *Kreditüberwachung* (oft mit dem englischen Begriff *Monitoring* bezeichnet) zusammengefasst.[4]

Wie können Gläubiger ihre Schuldner überwachen? Zum einen überprüfen sie gründlich die Vertrauenswürdigkeit potenzieller Schuldner. Dazu tragen sie relevante Informationen über diese zusammen, um das Kreditrisiko beurteilen zu können, das mit einer möglichen Darlehensvergabe verbunden wäre. Auf der Grundlage des erwarteten Kreditrisikos knüpfen sie entweder entsprechende Bedingungen an die Darlehensvergabe oder verweigern diese vollständig. Zum anderen halten Gläubiger während der Laufzeit des Darlehens engen Kontakt zu ihren Schuldnern und stellen sicher, dass sich diese an die Regeln ihres Darlehensvertrags – die *Kreditklauseln* – halten.

Darüber hinaus werden Schuldner oft aufgefordert, einen Vermögensgegenstand bereitzustellen, um das Darlehen zu besichern. Dieser Vermögenswert wird als *Kreditsicherheit* oder *Pfand* bezeichnet, und in diesem Fall handelt es sich um ein *besichertes Darlehen*. Es gibt viele mögliche Kreditsicherheiten. So ist eine Hypothek nichts anderes als ein besichertes Darlehen, bei dem eine Immobilie als Kreditsicherheit dient. Die Besicherung von Darlehen senkt das mit ihnen verbundene Kreditrisiko beträchtlich. Sollte der Schuldner seinen vertraglich zugesicherten Verpflichtungen nicht nachkommen, kann der Gläubiger die Herausgabe der Kreditsicherheit verlangen und diese verkaufen, um seine Verluste auszugleichen.

In der Darlehensvergabe gilt also: Vertrauen ist gut, Kontrolle ist besser. Gläubiger tun gut daran, ihre Beziehungen zu Schuldnern aktiv zu pflegen. Wer seine Schuldner überwacht, kann Problemen, die aus Informationsasymmetrien erwachsen, erfolgreich begegnen.

Auch Banken überwachen ihre Schuldner, doch ist dies keine Aktivität, die das Bankwesen kennzeichnet. Viele andere Finanzinstitute betreiben schließlich ebenfalls Monitoring, etwa Rating-Agenturen oder Wagniskapitalfonds. Banken sind in einer anderen Hinsicht einzigartig: Sie überwinden die Bedürfnisdiskrepanz zwischen Gläubigern und Schuldnern.

DER BEDÜRFNISAUSGLEICH ZWISCHEN GLÄUBIGERN UND SCHULDNERN

Kredit fußt auf Monitoring, doch mit diesem allein ist es nicht getan. Vielmehr erfordert ein florierendes Kreditwesen, dass die Bedürfnisse von Gläubigern und Schuldnern in Übereinstimmung gebracht werden.

Verdeutlichen wir uns dies anhand eines Beispiels. Angenommen, Sarah will ihre eigene Kaffeerösterei eröffnen. Sie benötigt dazu teure Ausrüstungsgegenstände wie etwa eine Röstmaschine. Zum Erwerb dieser Maschine reichen die Ersparnisse eines Einzelnen üblicherweise nicht aus. Zudem zahlt sich diese Investition erst nach längerer Zeit aus. Sarah wird ihren frisch gerösteten Kaffee einige Zeit lang verkaufen müssen, bis sie ihre Anfangsinvestition amortisiert hat.

Dieses Beispiel illustriert zwei Bedürfnisse typischer Schuldner. Zum einen benötigen sie hohe Darlehen, also solche mit hohem Nominalwert, denn Werkzeuge und Maschinen sind teuer. Zum anderen bevorzugen sie lange Laufzeiten, da sie Zeit brauchen, um genügend Geld zur Rückzahlung des Darlehens zu verdienen.

Die Bedürfnisse von Schuldnern stimmen damit nicht mit denjenigen von Gläubigern überein. Typische Gläubiger, beispielsweise Haushalte, haben meist nur wenig verfügbares Kapital, das sie verleihen möchten. Zudem sind sie in aller Regel risikoscheu und möchten sich keinem großen Kreditrisiko aussetzen. Um ihr Risiko zu streuen, wollen sie nur einen kleinen Teil ihrer Ersparnisse einem einzelnen Schuldner zukommen lassen. Darüber hinaus bevorzugen sie es, rasch auf ihre Ersparnisse zugreifen zu können, um den Unwägbarkeiten des Lebens zu begegnen. So könnte ein Gläubiger seinen Arbeitsplatz verlieren oder aus beruflichen Gründen gezwungen sein, in eine andere Stadt zu ziehen. In beiden Fällen muss der Gläubiger in der Lage sein, umgehend auf sein verliehenes Kapital zuzugreifen, um Ausgaben im Zusammenhang mit diesen unerwarteten Ereignissen finanzieren zu können.

Zusammenfassend lässt sich sagen, dass Schuldner normalerweise Darlehen mit hohem Nominalbetrag und langer Laufzeit bevorzugen, um riskante Investitionen tätigen zu können. Gläubiger hingegen bevorzugen Darlehen mit niedrigem Nominalbetrag und kurzer Laufzeit, um ihr Kreditrisiko zu minimieren. Der Bedürfnisausgleich zwischen diesen beiden Seiten ist der Kern des Bankgeschäfts. Bevor wir im nächsten Kapitel die Mechanismen dieses Geschäfts genauer untersuchen, betrachten wir zunächst aber noch die dritte Funktion des Bankwesens.

DIE ERLEICHTERUNG VON TRANSAKTIONEN MITTELS ZAHLUNGSDIENSTLEISTUNGEN

Da Banken eine so wichtige Rolle beim Umgang mit Informationsasymmetrien und beim Bedürfnisausgleich zwischen Gläubigern und Schuldnern spielen, könnte man zu dem Schluss gelangen, dass das Bankwesen die Erfindung einiger früher Gläubiger war. Doch ungeachtet dieser intuitiven Vorstellung hat es sich tatsächlich aus dem Geschäft von Zahlungsdienstleistern heraus entwickelt. Die Vorgänger der Banken waren Treuhänder, die das Gold und die Münzen ihrer Kunden verwahrten und ihnen Zahlungsdienstleistungen anboten.[5]

Treuhänder können die Zahlungen ihrer Kunden erleichtern und ihnen so das Leben vereinfachen. Das verdeutlicht ein einfaches Beispiel. Angenommen, die Händlerin Sittah wollte vom Werftbesitzer Nathan eine Karavelle erwerben. Beide besitzen einige Goldmünzen, welche sie einem Treuhänder namens Bonafides zur Verwahrung überlassen haben. In dieser Situation können Sittah und Nathan Bonafides anweisen, Goldmünzen von Sittahs Treuhandkonto auf jenes von Nathan zu übertragen. Dazu bedarf es nur zweier Änderungseinträge in Bonafides Geschäftsbüchern. Zunächst wird Sittahs Konto mit dem erforderlichen Betrag zum Kauf der Karavelle belastet. Sodann wird derselbe Betrag Nathans Konto gutgeschrieben. Dies erleichtert die Transaktion ungemein. Andernfalls müsste nämlich Sittah ihre Münzen aus Bonafides Tresorraum hervorholen und Nathan überreichen, der sie wiederum an Bonafides zurückgeben müsste.

Solche Zahlungsdienstleistungen sind sehr nützlich und werden von sämtlichen Banken angeboten, die dazu ein *Zahlungsverkehrssystem* unterhalten.[6] Daher wird auch die Lohntüte nur mehr sprichwörtlich verwendet: Ihr Arbeitgeber zahlt Ihr Gehalt heutzutage mittels Banküberweisung. Gäbe es keine derartigen Zahlungsdienstleistungen, müsste für jede Transaktion auf Bargeld zurückgegriffen werden. Man kann sich leicht vorstellen, wie mühselig das wäre, insbesondere beim Kauf eines Gegenstandes von einem Geschäftspartner, der weit entfernt wohnt.

Während unser Beispiel illustriert, dass ein Treuhänder Zahlungsdienstleistungen anbieten kann, folgt daraus nicht unmittelbar, dass auch Banken dies können. Die Verwahrungsvereinbarung mit einem Treuhänder unterscheidet sich grundlegend von dem Vertrag über eine Bankeinlage mit einer Bank. Eine Bank ist kein Treuhänder. Als Sparer *leiht* man seiner Bank Geld: Man ist Darlehensgeber und die Bank Darlehensnehmer. Die Bank kann das bei ihr eingezahlte Geld für jeden ihr geeignet erscheinenden Zweck verwenden, etwa um Darlehen an Unternehmen zu vergeben.

Natürlich erscheint Ihnen als Sparer das als weniger sichere Angelegenheit, als wenn Ihr Bankier Ihre Goldmünzen einfach

im Tresor verwahren würde. Warum sollten Sie also ein Sparkonto gegenüber einem Treuhandvertrag bevorzugen? Nun,
Bankeinlagen haben einen Riesenvorteil: Statt für die Verwahrung bezahlen zu müssen, erhalten Sie üblicherweise einen Zins
auf Ihr Guthaben. Dies erklärt, warum Sparkonten so attraktiv
sind und warum aus Treuhändern mit der Zeit Banken wurden.

Obwohl Banken das Geld ihrer Kunden nicht sicher verwahren, sondern verleihen, bieten sie auch Zahlungsdienstleistungen an, so als wären sie reine Verwahrer. Anscheinend können
Bankkunden alles auf einmal haben: Einerseits verleihen sie ihrer Bank Geld und erhalten darauf einen Zins, andererseits haben sie weiterhin ungehinderten Zugriff auf ihr Guthaben. Warum fühlt sich das der Bank gewährte Darlehen (mit anderen
Worten, die Bankeinlage) »so gut wie Bargeld« an? Genau hierin
liegt das Wunder des Bankwesens.

KAPITEL 2

WIE TRADITIONELLE BANKEN FUNKTIONIEREN

Wir haben Banking als Geldschöpfung aus Kredit definiert. Unter *traditionellem Banking* verstehen wir Geldschöpfung aus Kredit durch eine Bank. Unsere Definition widerspricht damit vielen gängigen Definitionen. Der Begriff *Banking* wird oft für alle möglichen von Banken betriebenen Aktivitäten verwendet. In unserem Kontext umfasst er jedoch ausschließlich Aktivitäten, die im Zusammenhang mit der Geldschöpfung aus Kredit stehen.

Aus unserer Definition folgt, dass weder die Vergabe von Darlehen noch reine Verwahrungsaufgaben als Banking gelten können. Banking ist ein viel anspruchsvolleres Geschäft. Es vereint beide Aktivitäten auf einzigartige Weise. Dazu bedarf es einer Bilanz: Das zweiseitige Banking-Geschäft erfordert doppelte Buchführung. Im Unterschied dazu kommen Darlehensvergabe und Verwahrungsaufgaben, sofern einzeln ausgeführt, auch mit einfacher Buchführung aus.

DOPPELTE BUCHFÜHRUNG ALS GRUNDVORAUSSETZUNG DES BANKWESENS

Die doppelte Buchführung kam etwa Anfang des 14. Jahrhunderts in Italien auf.[1] Sie unterscheidet sich von einfacher Buchführung insofern, als dass jede einzelne Transaktion zweifach verzeichnet wird.[2] Die doppelte Buchführung hat mehrere Vorteile: Zunächst steigt dadurch die Zuverlässigkeit des Rechnungswesens, denn der Buchhalter muss stets jede Transaktion gegenprüfen.

Darüber hinaus erleichtert es die doppelte Buchführung, Einzelinvestitionen innerhalb eines Unternehmens nachzuverfolgen und ihren wirtschaftlichen Erfolg zu messen. Sie gestattet es, abstrakte Überlegungen hinsichtlich der Geschäftsprozesse und deren wirtschaftlicher Effizienz anzustellen.[3] Unternehmen verzeichnen mithilfe doppelter Buchführung nicht nur ihre aktuellen Vermögenswerte, sondern auch, wie diese finanziert werden. Sie erfassen ihren Besitz (Aktiva) und ihre Schulden (Passiva) mittels einer Aufzeichnung, die als Bilanz bezeichnet wird.[4]

Eine *Bilanz* gibt Auskunft über die Finanzlage eines Unternehmens zu einem gegebenen Zeitpunkt. Sie unterteilt sich in eine *Aktivseite* und eine *Passivseite*. Bezüglich der Angaben auf einer Bilanz können wir grob zwischen Vermögenswerten, Verbindlichkeiten und Eigenkapital unterscheiden. Abbildung 1 zeigt eine stilisierte Bilanz.

AKTIVSEITE		PASSIVSEITE	
100	Vermögenswerte (z. B. Bargeld, Immobilien, gewährte Darlehen)	Verbindlichkeiten (z. B. aufgenommene Darlehen)	60
		Eigenkapital	40
100	Summe	Summe	100

Abb. 1: Stilisierte Bilanz

Vermögenswerte sind alle physischen, immateriellen und finanziellen Ressourcen, über die ein Unternehmen verfügt. Zu den *Verbindlichkeiten* zählen alle offenen Verpflichtungen, die das Unternehmen in der Vergangenheit eingegangen ist. Bei Verbindlichkeiten handelt es sich stets um eine Form von Kredit, beispielsweise ein in der Vergangenheit empfangenes Darlehen. *Eigenkapital* ist schließlich ein Besitzanspruch und keine Form von Kredit: Es ist weder mit einer Laufzeit noch mit einem fixen Nennwert ausgestattet und sieht auch keine festgelegten Zinszahlungen vor. Dennoch wird Eigenkapital auf der Passivseite der Bilanz verzeichnet. Die Gründe dafür erschließen sich, wenn wir uns anschauen, wie der Wert des Eigenkapitals berechnet wird.

Der *Buchwert* des Eigenkapitals ergibt sich aus dem Nettowert des Unternehmens. Man ermittelt diesen, indem man den Gesamtwert der Vermögenswerte vom Gesamtwert der Verbindlichkeiten subtrahiert.[5] Ist der Wert des Eigenkapitals positiv, so ist das Unternehmen *technisch solvent* (Abbildung 1 zeigt die Bilanz eines technisch solventen Unternehmens). Im anderen Fall, also bei negativem Eigenkapitalwert, ist das Unternehmen *technisch insolvent* (siehe Abbildung 2).

AKTIVSEITE		PASSIVSEITE	
100	Vermögenswerte (z. B. Bargeld, Immobilien, gewährte Darlehen)	Verbindlichkeiten (z. B. aufgenommene Darlehen)	130
		Eigenkapital	−30
100	Summe	Summe	100

Abb. 2: Stilisierte Bilanz eines technisch insolventen Unternehmens

LOSGRÖSSEN-, RISIKO- UND FRISTENTRANSFORMATION FÜHRT GLÄUBIGER UND SCHULDNER ZUSAMMEN

Die Eigenschaften der in einer Bilanz ausgewiesenen Vermögenswerte und Verbindlichkeiten unterscheiden sich auf drei wichtigen Ebenen. So weisen beide erstens einen unterschiedlichen *Nennwert* auf. Ein Unternehmen kann einige große Darlehen akquirieren und mit diesem Geld verschiedene kleinere Vermögenswerte finanzieren. Betrachten wir Sarahs Fall aus Kapitel 1, so könnte sie ein Darlehen in Höhe von 60 000 Euro aufnehmen und dieses zusammen mit ihren eigenen Ersparnissen von

40 000 Euro in ihre Kaffeerösterei investieren. Wir nehmen weiter an, dass sie folgende Anschaffungen tätigt: eine Röstmaschine für 70 000 Euro, einen Behälter zur Lagerung der Kaffeebohnen für 6 000 Euro, einen Luftentfeuchter für 3 000 Euro sowie ein Notebook zur Kundenkommunikation für 1 000 Euro. Den Restbetrag hält sie in bar vor, um für Notfälle gerüstet zu sein. Abbildung 3 illustriert die Bilanz ihres Unternehmens.

AKTIVSEITE		PASSIVSEITE	
20	Bargeld	Verbindlichkeiten	60
1	Notebook	(z. B. aufgenommene	
6	Behälter	Darlehen)	
3	Luftentfeuchter		
70	Röstmaschine		
		Eigenkapital	40
100	Summe	Summe	100

Abb. 3: Bilanz von Sarahs Kaffeerösterei (in Tsd. Euro)

Ein Unternehmen kann nun Vermögenswerte besitzen, die sich über Jahrzehnte amortisieren, aber durch Darlehen mit kürzerer *Laufzeit* finanziert sind. Im obigen Beispiel könnte Sarahs Darlehen eine Laufzeit von fünf Jahren aufweisen, während ihre Röstmaschine mehr als zehn Jahre lang in Betrieb sein könnte.

Schließlich kann sich das *Risikoprofil* von Vermögenswerten und Verbindlichkeiten unterscheiden. In Sarahs Fall ist die Wahrscheinlichkeit, dass ihr Notebook abstürzt und ausgemustert werden muss, höher als die Wahrscheinlichkeit, dass ihre Röstmaschine den Dienst versagt. Das Risiko, dass Sarahs Notebook abstürzt, ist vollkommen unabhängig von jenem, dass ihr Behälter gestohlen wird. Doch sollte Letzteres geschehen, so verlöre sie auch den dort installierten Luftentfeuchter.

Eine *Diversifizierung* der Risiken ist somit möglich, indem man Vermögenswerte erwirbt, deren Risiken nicht exakt miteinander korrelieren.

Hinzu kommt, dass die Risiken der einzelnen Vermögenswerte sich nicht gleichmäßig auf das Eigenkapital und die unterschiedlichen Verbindlichkeiten verteilen. Falls Sarah ihr Notebook ersetzen muss, belastet diese Aufwendung ihr Eigenkapital. Ihr Darlehen bleibt hiervon jedoch unberührt. Im Allgemeinen tragen Gesellschafter ein höheres Risiko als Gläubiger. In unserem Beispiel ist Sarah alleinige Eigentümerin – sprich, Gesellschafterin – ihres Unternehmens, und die Darlehensgeber sind die Gläubiger, die Sarah das Darlehen gewährt haben.

Wenn sich Vermögenswerte und Verbindlichkeiten hinsichtlich ihres Nennwerts, ihrer Laufzeit und ihres Risikoprofils unterscheiden, sprechen wir von einer *Losgrößen-, Risiko- und Fristentransformation*. Diese findet nicht nur in der Bilanz von Sarahs Kaffeerösterei statt, sondern auch in der Bilanz von Banken. Anders als Unternehmen außerhalb der Finanzwelt verfügen Banken aber über nahezu keine realen Vermögenswerte wie Maschinen, sondern besitzen überwiegend finanzielle Vermögenswerte wie Darlehen – Banken wandeln also die Nennwerte, Laufzeiten und Risiken von finanziellen Vermögenswerten um.

Wie bewerkstelligen Banken diese Umwandlung? Zunächst wandelt eine Bank die Höhe von Nennwerten um, indem sie große Darlehen vergibt und kleine Bankeinlagen entgegennimmt. Die Bank kann somit Darlehen über Millionen von Euro bereitstellen, was kaum ein einzelner Haushalt vermag. Diese Aktivität wird als *Bündelung* bezeichnet: Die Banken bündeln viele kleinere Bankeinlagen ihrer Kontoinhaber und vergeben damit große Kredite.

Banken wandeln Risiken zumeist dadurch um, dass sie ihre Bilanzen diversifizieren und strukturieren. Sie *diversifizieren* ihr Kreditportfolio: Sie vergeben Darlehen an Hunderte von Schuldnern in verschiedenen Branchen. Damit unterliegen die Verluste ihres Gesamtportfolios geringeren Schwankungen und lassen sich besser prognostizieren. Zudem werden mögliche Abschreibungen auf gewährte Darlehen von den Eigentümern zu einem gewissen Grad aufgefangen, denn eine Bank arbeitet in der Regel mit einem positiven Eigenkapitalbestand. Sollten die Vermögenswerte der Bank einen Verlust erleiden, so trifft dieser zunächst ihre Eigentümer, und die Bankeinlagen sind weniger risikobehaftet als die Vermögenswerte der Bank.

Schließlich wandeln Banken auch Laufzeiten um. Die meisten Darlehen laufen über mehrere Jahre, doch Banken bieten ihren Kunden eine *vertraglich vereinbarte Liquidität*: Sie versprechen ihnen, dass sie ihre Bankeinlagen jederzeit abheben können. Bankeinlagen besitzen folglich eine Restlaufzeit von null. Um den gelegentlichen Wunsch von Kunden nach Auszahlung ihrer Bankeinlage erfüllen zu können, halten Banken auf der Aktivseite ihrer Bilanz eine *Liquiditätsreserve* vor, etwa in Form von Bargeld. Da die Liquiditätsreserve nur einen Bruchteil sämtlicher Kundeneinlagen ausmacht, wird das heutige Bankwesen auch als *Mindestreserve-Bankwesen* (engl. *fractional reserve system*) bezeichnet.[6]

Wir erinnern uns, dass die Bedürfnisdiskrepanz zwischen Gläubigern und Schuldnern der Kreditvergabe im Wege steht. Schuldner bevorzugen Darlehen mit hohem Nennwert und langer Laufzeit, um riskante Investitionen tätigen zu können. Gläubiger hingegen bevorzugen Darlehen mit niedrigem Nennwert und kurzer Laufzeit, um flexibel bleiben zu können und sich einem möglichst geringen Kredit- und Liquiditätsrisiko auszusetzen. Banken gelingt nun der Ausgleich zwischen diesen abweichenden Präferenzen durch Losgrößen-, Risiko- und Fristentransformation.

Tatsächlich sind die Banken bei dieser Transformation so erfolgreich, dass sich die meisten Einleger gar nicht mehr mit Kreditfragen beschäftigen. Wir vergessen in aller Regel, dass wir als Bankkunden letztlich selber als Gläubiger fungieren. Wir leihen unserer Bank Geld, denken aber über die mit der Darlehensvergabe verbundenen Probleme nicht mehr nach. Informationsasymmetrien, Kreditrisiko oder die Angst vor möglichen Liquiditätsengpässen rauben uns nicht den Schlaf. Wir zweifeln nur selten das Versprechen der Bank an, unsere Bankeinlage jederzeit auf Verlangen gegen Bargeld einzutauschen. Mit anderen Worten: Wir nehmen unsere Bankeinlagen als »Geld« wahr.

Indem sie uns überzeugten, dass Bankeinlagen so gut wie Bargeld seien, konnten die Banken uns auch davon überzeugen, uns am Kreditprozess zu beteiligen. Banken erleichtern Unternehmen damit den Zugang zu Kredit und ebneten so der Entwicklung einer kapitalintensiven Volkswirtschaft den Weg. Die Folge war ein erheblicher Zuwachs an gesamtgesellschaftlichem Wohlstand. Die Aktivitäten von Banken wirken sich jedoch nicht nur auf den Zugang zu Kredit aus, sondern beeinflussen auch die Funktionsweise von Geld. Der erleichterte Zugang zu Kredit ist nur die eine Seite der Medaille. Die andere ist die Geldschöpfung.

BANKING IST GELDSCHÖPFUNG AUS KREDIT

Viele Menschen verstehen unter »Bankgeschäft« genau das, was wir oben erläutert haben: Banken sammeln Bankeinlagen ein und nutzen diese, um Schuldnern Darlehen zu gewähren. Doch diese Sichtweise ist unvollständig. Banken können vielmehr Darlehen gewähren, ohne zuvor von einem Sparer Geld erhalten zu haben. Dadurch schöpfen sie Geld.

Aus der Sicht vieler Menschen ist die Vorstellung, dass Banken Geld schöpfen, unvereinbar mit dem staatlichen Geldmonopol, also der Regel, dass nur der Staat Geld ausgeben darf. Klar ist: Banken dürfen kein Bargeld ausgeben. Sie drucken keine Dollar- oder Euro-Banknoten. Das darf tatsächlich nur der Staat.

Warum kann nun aber eigentlich der Staat Geld drucken? Nun, wir haben heute *Papiergeldwährungen*. Papiergeld ist in aller Regel gesetzliches Zahlungsmittel. Der Staat bestimmt, wie viel davon in Umlauf gelangt. Er verfügt auch, dass Steuern und öffentliche Dienstleistungen mit diesem Geld zu bezahlen sind, und schließlich tilgt der Staat mit dem von ihm ausgegebenen

Geld auch seine eigenen Schulden. Gleichzeitig besteht die zentrale Eigenschaft von Papiergeld darin, dass es keinen inneren (»intrinsischen«) Wert besitzt. Die Euro-Note in Ihrem Portemonnaie hat nur als Geld einen Nutzen, und niemand verspricht Ihnen deren Umtausch in ein bestimmtes Gut oder eine Dienstleistung zu einem festen Kurs – andere Güter und Dienstleistungen können Sie nur zu Preisen erwerben, die der Markt festlegt.[7]

Staatlich emittiertes Geld wird von Ökonomen oft als *Außengeld* bezeichnet, da es außerhalb des Bankensystems geschaffen wird. Außengeld sind neben Bargeld auch die Zentralbankreserven. Dabei handelt es sich um elektronisches Geld, das von der Zentralbank geschaffen und von den Geschäftsbanken gehalten wird, die dieses Geld als Zahlungsmittel – das heißt, im Abrechnungsverkehr untereinander – oder als äußerst liquide und sichere Wertanlage verwenden.

Im Unterschied zu diesem Außengeld wird *Innengeld* innerhalb des Bankensystems geschöpft. Obwohl dieses Geld nicht vom Staat, sondern von privaten Instituten geschöpft wird, dient es demselben Zweck wie Außengeld. Es kann als Zahlungsmittel oder als Wertanlage eingesetzt werden und verwendet dieselbe Recheneinheit wie Außengeld.[8]

Bankeinlagen sind die bekannteste Erscheinungsform von Innengeld. Die meisten Menschen unterscheiden nicht zwischen Bargeld (Außengeld) und ihrer Bankeinlage (Innengeld). Sie können beide Formen von Geld verwenden, um Einkäufe in einem Geschäft zu tätigen, entweder indem sie eine Banknote herüberreichen oder indem sie mit einer Debitkarte bezahlen.

Wie schöpfen Banken nun Innengeld? Tatsächlich haben wir diesen Vorgang bereits beschrieben. Durch Losgrößen-, Risiko- und Fristentransformation können Banken Bankeinlagenkonten anbieten, die so gut wie Bargeld sind. Führen wir uns dies anhand eines Beispiels vor Augen. Der Einfachheit halber nehmen wir an, es gäbe keinerlei Banken und Alex wollte der erste Bankier in unserer Volkswirtschaft werden.

Zunächst beschafft er sich eine Banklizenz, um eine Bank gründen zu können und das Recht zu erwerben, Kundeneinlagen entgegenzunehmen. Zusätzlich stellt er aus eigener Tasche Außengeld in Höhe von 80 Euro bereit. Somit ist seine Bank gegründet – mit einer Anfangsbilanz, auf deren Aktivseite 80 Euro Bargeld und auf deren Passivseite 80 Euro Eigenkapital verzeichnet sind.

Die erste Kundin der Bank, Sarah, bewirbt sich erfolgreich um ein Darlehen in Höhe von 60 Euro, um von diesem Geld eine Röstmaschine zu kaufen. Alex' Bank gewährt dieses Darlehen, indem sie einfach ihre Bilanz verlängert: Auf der Aktivseite verzeichnet Alex das an Sarah vergebene Darlehen; auf der Passivseite eröffnet er ein Bankeinlagenkonto auf ihren Namen in Höhe von 60 Euro. Alex hat somit Kredit aus dem Nichts geschöpft; er hat zwei gleich hohe Kreditverträge, eine Bankeinlage und ein Darlehen in Höhe von jeweils 60 Euro, auf beiden Seiten der Bankbilanz eingetragen. Der Einfachheit halber nehmen wir an, dass sowohl das Darlehen als auch die Bankeinlage unverzinst sind.

Nun erwirbt Sarah von Ryan eine Röstmaschine für 60 Euro. Das nötige Geld könnte sie von ihrem Bankkonto abheben. Doch da Ryan kürzlich ein Bankeinlagenkonto bei Alex' Bank eröffnet hat, schlägt er Sarah vor, sie solle das Geld einfach auf sein Konto überweisen. Warum erscheint ihm das als sinnvoll? Nun, erstens hat Alex' Bank hohe Liquiditätsreserven, daher vertraut er darauf, bei Bedarf Außengeld abheben zu können. Zweitens ist Ryan angesichts des hohen Eigenkapitalpuffers zuversichtlich, dass ihn kein Verlust treffen wird, falls die Bank einige ihrer Vermögenswerte abschreiben muss – etwa falls Sarah ihr Darlehen nicht zurückzahlen kann. Drittens ist eine Überweisung bequemer als eine Bargeldzahlung.

Und so füllt Sarah ein Überweisungsformular aus, um die Röstmaschine zu bezahlen. Ein Handelsgeschäft in der Realwirtschaft hat stattgefunden, ohne dass Außengeld den Besitzer gewechselt hätte. Stattdessen werden Bankeinlagen verwendet und die Bankbilanz dient als Verrechnungssystem. Die Bank hat den

Kredit, den sie aus dem Nichts geschöpft hat, in Innengeld verwandelt.

Abbildung 4 illustriert die verschiedenen Buchungen in der Bankbilanz. Im ersten Schritt erhielt Sarah ein Darlehen der Bank. Mit der Einräumung des Darlehens hat die Bank ihre Aktivseite um 60 Euro verlängert. Gleichzeitig verlängert sich die Passivseite um eine Bankeinlage von 60 Euro zugunsten von Sarah. Im zweiten Schritt erwirbt Sarah von Ryan eine Röstmaschine. Die 60 Euro wandern von Sarahs auf Ryans Bankeinlagenkonto. Die Bankeinlage dient dabei als Zahlungsmittel, das heißt, sie ist Innengeld.

Wenn die Bank vertrauenswürdige Schuldner findet, wird sie sehr wahrscheinlich weitere Darlehen gewähren. Angenommen, Julia wäre eine solche Schuldnerin. Auch sie bewirbt sich erfolgreich um ein Darlehen in Höhe von 60 Euro, und die Bank eröffnet ein Bankeinlagenkonto in ihrem Namen. Die Bilanz und das Angebot an Innengeld erweitern sich entsprechend. Nachdem Julia das Darlehen erhalten hat, hat sich das Gesamtangebot an Innen- wie an Außengeld um den Faktor 2,5 erhöht, gemessen an der ursprünglichen Außengeldmenge in Höhe von 80 Euro. Nehmen wir an, dass auch Julia ein Kaffeegeschäft eröffnet und von Ryan eine weitere Röstmaschine erwirbt. Abbildung 5 zeigt die Auswirkungen dieser Ereignisse auf die Bankbilanz.

Nehmen wir weiter an, dass der Röstmaschinenverkäufer Ryan ein Kaffeeliebhaber ist und für 60 Euro frisch gerösteten Kaffee von Sarah kauft. Die Folge: 60 Euro werden von Ryans Bankeinlagenkonto auf Sarahs Bankeinlagenkonto zurückgebucht. Sarah könnte ihre Bankeinlage verwenden, um anderes Zubehör für ihr Geschäft zu erwerben. Doch wir unterstellen, dass ihr Darlehen bald fällig wird und sie es zurückzahlen muss. Wenn sie dies tut, verkürzt dieses Ereignis die Bankbilanz. Die Bank tilgt ihr Darlehen mithilfe ihrer Bankeinlage. Im Gegenzug sinkt die in der Wirtschaft umlaufende Innengeldmenge. Abbildung 6 illustriert die entsprechend aktualisierte Bankbilanz.

1. Alex gründet eine Bank.

AKTIVSEITE		PASSIVSEITE	
80	Bargeld		
		Eigenkapital Alex	80
80	Summe	Summe	80

▼

2. Sarah erhält ein Darlehen von der Bank.

AKTIVSEITE		PASSIVSEITE	
80	Bargeld	Bankeinlage Sarah	60
60	Darlehen Sarah		
		Eigenkapital Alex	80
140	Summe	Summe	140

▼

3. Sarah erwirbt von Ryan eine Röstmaschine.

AKTIVSEITE		PASSIVSEITE	
80	Bargeld	Bankeinlage Sarah	0
60	Darlehen Sarah	Bankeinlage Ryan	60
		Eigenkapital Alex	80
140	Summe	Summe	140

Abb. 4: Geldschöpfung im traditionellen Bankwesen, Teil 1

AKTIVSEITE		PASSIVSEITE	
80	Bargeld	Bankeinlage Sarah	0
60	Darlehen Sarah	Bankeinlage Ryan	60
		Eigenkapital Alex	80
140	Summe	Summe	140

4. Julia erhält ein Darlehen von der Bank.

AKTIVSEITE		PASSIVSEITE	
80	Bargeld	Bankeinlage Sarah	0
60	Darlehen Sarah	Bankeinlage Ryan	60
60	Darlehen Julia	Bankeinlage Julia	60
		Eigenkapital Alex	80
200	Summe	Summe	200

5. Julia erwirbt von Ryan eine Röstmaschine.

AKTIVSEITE		PASSIVSEITE	
80	Bargeld	Bankeinlage Sarah	0
60	Darlehen Sarah	Bankeinlage Ryan	120
60	Darlehen Julia	Bankeinlage Julia	0
		Eigenkapital Alex	80
200	Summe	Summe	200

Abb. 5: Geldschöpfung im traditionellen Bankwesen, Teil 2

AKTIVSEITE		PASSIVSEITE	
80	Bargeld	Bankeinlage Sarah	0
60	Darlehen Sarah	Bankeinlage Ryan	120
60	Darlehen Julia	Bankeinlage Julia	0
		Eigenkapital Alex	80
200	Summe	Summe	200

▼

6. Ryan kauft Kaffee von Sarah.

AKTIVSEITE		PASSIVSEITE	
80	Bargeld	Bankeinlage Sarah	60
60	Darlehen Sarah	Bankeinlage Ryan	60
60	Darlehen Julia	Bankeinlage Julia	0
		Eigenkapital Alex	80
200	Summe	Summe	200

▼

7. Sarah tilgt ihr Darlehen.

AKTIVSEITE		PASSIVSEITE	
80	Bargeld	Bankeinlage Sarah	0
0	Darlehen Sarah	Bankeinlage Ryan	60
60	Darlehen Julia	Bankeinlage Julia	0
		Eigenkapital Alex	80
140	Summe	Summe	140

Abb. 6: Geldzerstörung im traditionellen Bankwesen

In unserem stilisierten Beispiel würden weder die Bank noch andere Akteure innerhalb der Volkswirtschaft Außengeld als Zahlungsmittel benötigen. Einziges Zahlungsmittel sind Bankeinlagen. Ein Kontoübertrag, also die bankinterne Überweisungsverrechnung, hat zur Ausführung des Handels genügt. Sobald Alex Außengeld in Höhe von 80 Euro bereitgestellt hat, um seine Bank zu gründen, spielt Außengeld im weiteren Verlauf keine Rolle mehr. Man beachte jedoch, dass sowohl die Liquiditätsreserve von 80 Euro als auch der Eigenkapitalpuffer als Vertrauensvehikel dienten – um dem Liquiditäts- und Kreditausfallrisiko zu begegnen. Nur deshalb war Ryan überhaupt bereit, Sarahs Bankeinlage als Zahlungsmittel zu akzeptieren.

Da das Bankwesen so entscheidend das Geld- und Kreditangebot beeinflusst, ergibt es Sinn, das heutige Finanzsystem als Bankensystem zu bezeichnen. In einem Bankensystem ist Geld in erster Linie Innengeld: Die Banken können die ursprüngliche Außengeldmenge in ihren Bilanzen um ein Mehrfaches erhöhen, und sie tun dies auch.[9]

Die Banken entscheiden darüber, wie viel Innengeld – mit anderen Worten, wie viele Bankeinlagen – sie schaffen wollen. Dafür ziehen sie ihre Einschätzung hinsichtlich kreditwürdiger Projekte in der Wirtschaft heran.[10] Mit jedem gewährten Darlehen verlängert sich die Bilanz einer Bank. Durch die Einräumung neuer Darlehen schöpft eine Bank neues Innengeld, während sie Geld zerstört, indem sie getilgte Darlehen nicht durch neue ersetzt. Mit ihrer Kreditgewährung bestimmen die Banken maßgeblich die Geldmenge in einer Volkswirtschaft. Während manche Beobachter diese endogene Geldmenge in einem Bankensystem loben, hat die Geldschöpfung aus Kredit einige ernste Nebenwirkungen.

KAPITEL 3

DIE SCHWACHPUNKTE DES BANKWESENS

Banking erscheint manchem als Zauberformel, die es vermag, zwei sich gegenseitig ausschließende Finanzbeziehungen miteinander zu versöhnen. Auf der Aktivseite ihrer Bilanz verzeichnen Banken Darlehen, die ihre Schuldner erst nach mehreren Jahren tilgen müssen. Auf der Passivseite versprechen sie ihren Einlegern, dass diese ihre Bankeinlage jederzeit abheben können. Mit ihrer Geldschöpfung aus Kredit scheinen die Banker den Stein der Weisen gefunden zu haben. Leider hat die Sache jedoch einen Haken.

DER BANK-RUN IST DIE ACHILLESFERSE DES BANKWESENS

Wer die größte Stärke eines Phänomens untersucht, stößt dadurch oft auf seine größte Schwäche. Banken vermögen es zwar, Gläubiger und Schuldner zusammenzuführen, doch sie bezahlen dafür mit einem erhöhten Liquiditätsrisiko. Sie gewähren langfristige Darlehen und schöpfen Innengeld, was die Gefahr birgt, dass sie den Abhebungswünschen ihrer Einleger womöglich nicht nachkommen können. Dieses Liquiditätsrisiko macht Banking zu einem fragilen Geschäftsmodell.

In der Regel kommt das Liquiditätsrisiko nicht zum Tragen. Wie bereits erwähnt, halten Banken Liquiditätsreserven in Form von Außengeld vor, um gelegentliche Kontoabhebungen bedienen zu können. Im Normalfall genügen diese Reserven. In einer Notsituation jedoch kann der Fall eintreten, dass eine Bank ihre gesamte Liquiditätsreserve auflösen muss, um die Abhebungswünsche ihrer Einleger zu bedienen. In diesem Fall wird die Bank zahlungsunfähig.

Das bekannteste Szenario, das zur Zahlungsunfähigkeit von Banken führt, ist der *Bank-Run*. Darunter versteht man eine Situation, in der viele Einleger gleichzeitig ihr Geld abheben möchten. Eine Bank kann innerhalb eines gegebenen Zeitraums immer nur eine bestimmte Zahl von Abhebungen bedienen. Dieser Schwellenwert ergibt sich aus der verfügbaren Liquiditätsreserve. Heben die Einleger mehr ab, wird die Bank zahlungsunfähig.

Wenn eine Bank über keinerlei Liquiditätsreserven mehr verfügt, muss sie andere Vermögenswerte verkaufen, etwa langfristige Darlehen, die sie in der Vergangenheit gewährt hat. Ein solcher Verkauf ist schwierig. Potenzielle Käufer wissen nicht viel über die Qualität dieser Darlehen. Diese Unsicherheit führt dazu, dass sie die Darlehen nur gegen einen Abschlag erwerben werden. Die Bank ist somit gezwungen, ihre Darlehen mit Verlust zu veräußern. Folglich wird sie niemals imstande sein, genug Außengeld aufzubringen, um alle ihre Einleger gleichzeitig auszuzahlen. Wenn zu viele Kontoinhaber ihre Bankeinlagen gleichzeitig abheben, bricht eine Bank zusammen. Diese Anfälligkeit ist die Kehrseite des Bankwesens.

Einleger »rennen« Banken die Tür ein, weil nur die Ersten erfolgreich ihre Bankeinlagen abheben können. Wer zu spät kommt, steht womöglich mit leeren Händen da und verliert seine Bankeinlage. Wenn sich Gerüchte über die Schieflage einer Bank verbreiten, tun deren Einleger gut daran, schnell hinzurennen und ihr Geld abzuheben. Sollten sich die Gerüchte später als falsch herausstellen, können sie ihr Geld ja immer noch erneut aufs Konto einzahlen. Treffen die Gerüchte aber zu, dann haben sie ihre Bankeinlage erfolgreich gerettet.

Selbst haltlose Gerüchte können einen Bank-Run auslösen und in eine sich selbst erfüllende Prophezeiung münden, denn es liegt in der Natur von Banken, niemals alle Einleger gleichzeitig auszahlen zu können. Einen Bank-Run erleben nicht nur schlecht geführte oder Verluste schreibende Banken. Selbst eine perfekt arbeitende Bank kann von einem Bank-Run betroffen sein. Es handelt sich um die grundlegende Schwäche des Bankwesens.[1]

Bank-Runs sind eine ständige Bedrohung und traten in der Geschichte des Bankwesens immer wieder einmal auf. Viele Menschen in den entwickelten Volkswirtschaften hatten dieses Phänomen zuletzt dennoch vergessen – bis zum September 2007, als die britische Bank Northern Rock einen Bank-Run erlitt.[2]

Nun könnten Sie vielleicht denken: Wozu all die Aufregung um Bank-Runs? Da verlieren doch nur einige Einleger das Geld, das sie einer Bank geliehen haben. Normalerweise leidet die Gesamtwirtschaft nicht, wenn eine Firma insolvent wird und seine Gläubiger ihr Geld verlieren. Schließlich ist ein Unternehmenskonkurs ein ganz normaler Vorgang in einer Marktwirtschaft mit freiem Marktzugang.

Doch Banking ist nicht einfach ein Geschäftsmodell; es handelt sich hier um Geldschöpfung aus Kredit. Aufgrund ihrer Eigenschaft als sich selbst erfüllende Prophezeiung sind Bank-Runs oft ansteckend. Treten gleichzeitig mehrere Bank-Runs bei verschiedenen Banken auf, spricht man von einer *Bankenpanik*.

In einer Bankenpanik verlieren die Menschen das Vertrauen in das Bankensystem. Die Einleger heben ihre Bankeinlagen gleichzeitig von verschiedenen Banken ab, auch von den gesunden. Wie oben erläutert, führt dies zur Zahlungsunfähigkeit der betroffenen Banken, selbst derjenigen, die gut geführt sind. Eine solche Bankenpanik trug sich in den Jahren zwischen 1929 und 1933 zu, als etwa 9 000 Banken schließen mussten.[3]

In einer Bankenpanik sinkt die Gesamtkreditsumme drastisch, denn insolvente Banken können nicht länger Darlehen gewähren. Solche, die noch im Geschäft sind, gewähren derweil weder anderen Banken noch Unternehmen weitere Kredite. Sie wollen schließlich über genügend Reserven verfügen, um die in Panik geratenen Einleger auszahlen zu können. Das Bankensystem als Ganzes ist nicht mehr in der Lage, die gleichen Kreditsummen wie vor Beginn der Panik bereitzustellen. Dieser Effekt wird üblicherweise als *Kreditklemme* bezeichnet: Unternehmen, die im Zuge einer Bankenpanik keinen Kredit mehr erhalten, können ihre Geschäftätigkeit nicht mehr finanzieren und werden zahlungsunfähig. Die Produktion kommt zum Stillstand, die Beschäftigten werden arbeitslos und die Steuereinnahmen des Staates sinken.

Da die Banken Innengeld schaffen, wirkt sich ihr Zusammenbruch auch auf das Preisniveau aus. Die Bankeinlagen bei insolventen oder zahlungsunfähigen Banken zählen nicht länger zur Geldmenge. Wie wir gesehen haben, stellen noch geschäftsfähige Banken ihre Kreditvergabe ein und erhöhen ihre Reserven, wodurch sie Innengeld zerstören. Der Volkswirtschaft steht nun weniger Geld zur Verfügung und die Preise geraten ins Rutschen. Das monetäre Phänomen fallender Preise wird als *Deflation* bezeichnet. Im Falle einer Bankenpanik handelt es sich bei einer Deflation um eine Preisverzerrung, die von einer bestimmten Grundeigenschaft des Finanzsystems ausgelöst wird: der Geldschöpfung aus Kredit. Der Preisverfall führt zu einem weiteren Rückgang der wirtschaftlichen Aktivitäten in der Realwirtschaft, und ein Teufelskreis von Kredit- und Geldzerstörung nimmt an Fahrt auf.[4]

Ein einziger Bank-Run kann somit eine Kettenreaktion auslösen, die letztlich die Funktionalität des gesamten Finanzsystems unterhöhlt. Zunächst werden andere Banken in Mitleidenschaft gezogen, später dann das Gesamtangebot von Geld und Kredit innerhalb der Volkswirtschaft. Im schlimmsten Fall kann ein Bank-Run eine Deflationsspirale sowie eine schwere Rezession auslösen und zum vollständigen Zusammenbruch des Finanzsystems führen – Bank-Runs sind die Achillesferse des Bankwesens.

STAATLICHE GARANTIEN KÖNNEN BANK-RUNS VERHINDERN ...

Jedes Bankensystem birgt die Gefahr eines Bank-Runs. Das Phänomen ist in der Vergangenheit häufig aufgetreten und wurde mittlerweile von der Wirtschaftsforschung intensiv studiert.[5]

Seit Langem sind deshalb Instrumente bekannt, mit denen Bank-Runs verhindert werden können. Die bekanntesten Maßnahmen sind die Einlagensicherung und eine »Lender of Last Resort«-Politik.

EINLAGENSICHERUNG

Wie der Begriff bereits nahelegt, bedeutet Einlagensicherung, dass die Bankeinlagen von Sparern bei Geschäftsbanken versichert werden. Dabei garantiert die öffentliche Hand oder ein Bankenkollektiv für die Sicherheit aller Bankeinlagen, normalerweise bis zu einer bestimmten Höhe.[6] Eine glaubwürdige Versicherung beseitigt den Anreiz für Einleger, ihr Geld überstürzt abzuheben. Jegliche Gerüchte hinsichtlich einer möglichen Bankenpleite können sie nunmehr ignorieren. Selbst wenn sich derartige Gerüchte als zutreffend erweisen und die Bank in die Insolvenz rutschen sollte, verliert ein versicherter Einleger kein Geld. Daher kann bereits die Ankündigung einer glaubhaften Einlagensicherung einen Bank-Run verhindern.[7]

Diese attraktive Wirkung erklärt die rasche Verbreitung dieses Konzepts. Die erste Einlagensicherung der Geschichte wurde als Reaktion auf die Weltwirtschaftskrise der 1930er-Jahre in den USA eingeführt.[8] Seitdem haben zahlreiche Länder eine Form der Einlagensicherung installiert.[9]

ZENTRALBANKEN ALS LETZTE REFINANZIERUNGSINSTANZ

Zentralbanken existieren bereits länger als Einlagensicherungsprogramme. So wurde beispielsweise in den Vereinigten Staaten 1912 das *Federal Reserve System* – besser als *Fed* für Federal Reserve Bank bekannt – eingeführt. Anlass war eine schwere Bankenpanik im Jahr 1907.[10] Zentralbanken fungieren nicht nur als *Lender of Last Resort* (»Retter der letzten Zuflucht«), sondern sind auch für die Geldpolitik verantwortlich. Sie steuern das *Geldange-*

bot, also die Gesamtmenge an Außen- und Innengeld innerhalb einer Volkswirtschaft. Um zu begreifen, welche Rolle den Zentralbanken während eines Bank-Runs oder einer Bankenpanik zukommt, müssen wir zunächst ihren geldpolitischen Werkzeugkasten erörtern.

Betrachten wir daher kurz, wie die US-amerikanische Fed im Normalfall ihre Geldpolitik ausübt. »Im Normalfall« bedeutet hier: in Abwesenheit eines Bank-Runs oder einer Bankenpanik.[11] Wir erinnern uns, dass unser heutiges Geldwesen auf Papiergeld beruht, das keinen intrinsischen Wert besitzt. Sie mögen nun vielleicht denken, dass die Fed einfach Geld druckt und dieses dann ausgibt. Aber das beschreibt nicht die Realität. Die Fed läuft nicht durch irgendeine Einkaufsstraße und frönt dabei einem Kaufrausch. Stattdessen begibt sie sich an die Wall Street, um dort an allen Ecken und Enden Geld zu verleihen. Geldpolitik im heutigen Finanzsystem hat stets mit Banken zu tun.

Offenmarktgeschäfte sind das wichtigste Instrument, mit dem die Fed das Geldangebot beeinflusst. Diese Geschäfte beinhalten den expliziten Kauf oder Verkauf von Vermögenswerten, die von Banken gehalten werden. Wenn die Zentralbank finanzielle Vermögenswerte wie etwa Staatsanleihen erwirbt, erhöht sie die in der Volkswirtschaft verfügbare Außengeldmenge. Offenmarktgeschäfte können auch in Rückkaufsvereinbarungen (im Folgenden *Repo-Geschäfte*, ein vom englischen *repurchase agreements* abgeleiteter Begriff) mit Banken bestehen. Ein Repo-Geschäft ähnelt einem besicherten Darlehen mit kurzer Laufzeit. Wenn die Fed über Repo-Geschäfte Geld verleiht, erhöht sie damit ebenfalls die in der Volkswirtschaft verfügbare Außengeldmenge.[12]

Geld nach Art der Zentralbanken auszugeben erweist sich meist als profitabel. Wenn die Fed auf dem Weg über Repo-Geschäfte Geld verleiht, erhält sie üblicherweise einen Zins. Das Gleiche gilt für finanzielle Vermögenswerte, die sie infolge ihrer Offenmarktgeschäfte erworben hat. Die Gewinne, welche die Fed aus ihrer Geldschöpfung generiert, werden als *Seignorage* bezeichnet. Einen Großteil dieser Gewinne erhält der Staat in Gestalt des US-Schatzamts.[13]

Das primäre Ziel von Zentralbanken besteht jedoch nicht in der Erzielung von Gewinnen. Seignorage kann als Nebenprodukt der Geldpolitik betrachtet werden. Zentralbanken haben die Aufgabe, Preisstabilität zu bewahren und die Beschäftigung zu fördern.

Wie wir gesehen haben, wirkt sich eine Bankenpanik verheerend sowohl auf das Preissystem als auch auf die Beschäftigungssituation aus. Die Rolle als Lender of Last Resort passt daher sehr gut zum Mandat von Zentralbanken. In dieser Funktion leihen sie den während einer Bankenpanik unter Druck geratenen Banken unmittelbar Geld. Diese Banken können sodann den Auszahlungswünschen ihrer Einleger nachkommen. Auf diese Weise gelingt es Zentralbanken, eine Bankenpanik einzudämmen und das Vertrauen in das Bankensystem wiederherzustellen. So kann etwa die Fed notleidenden Banken während einer Bankenpanik unter die Arme greifen, was sie im Laufe ihrer Geschichte auch mehrfach getan hat.[14]

... DOCH ZUM PREIS VON MORAL HAZARD

Es scheint, als hätten wir einen Weg gefunden, um das Bankwesen zu schützen und den Ausbruch von Bankenpaniken zu verhindern. Sowohl Einlagensicherung als auch eine Lender-of-Last-Resort-Politik wirken der Eigenschaft von Bank-Runs entgegen, sich als sich selbst erfüllende Prophezeiung zu erweisen. Dies geschieht, indem sie den Einlegern die Sorge nehmen, ihr Geld zu verlieren.

Besteht diese Sorge nicht mehr, ändern Einleger ihr Verhalten. Da die meisten von uns Einleger sind, werden Sie nun vermutlich fragen: Welche Verhaltensänderung ist gemeint? Wir bemerken sie nämlich überhaupt nicht, da sie sich im Verlauf von beinahe hundert Jahren schleichend vollzogen hat. Während die in der ersten Hälfte des 20. Jahrhunderts lebenden Menschen sich stets der Risiken von Bankeinlagen bewusst waren, sind spätere Generationen in dem Glauben aufgewachsen, dass Bankeinlagen absolut sicher seien. Wir müssen hier zwischen normalen und Krisenzeiten unterscheiden. Bankeinlagen gelten in normalen Zeiten seit jeher als recht sicher. Doch heute halten wir sie dank Einlagensicherung und dem Wirken der Zentralbanken auch in Krisenzeiten für risikofrei.

Die meisten Menschen empfinden keinen Unterschied zwischen dem Halten von Bargeld und einer Bankeinlage bei einer Geschäftsbank. Folglich denken sie beim Eröffnen eines Kontos nicht an ein mögliches Risiko. Bei der Wahl der passenden Bank sind zumeist Kriterien wie Gebühren, Zinssätze oder der Standort der Filiale entscheidend. Risikoerwägungen spielen, wenn überhaupt, nur eine Nebenrolle.[15]

Diese Verhaltensänderung bei den Anlegern ist sowohl auf die Einlagensicherung als auch auf die Rolle der Zentralbanken als Lender of Last Resort zurückzuführen. Sie hat tiefgreifende Auswirkungen. In dem Wissen, dass sich die Einleger nicht für ihre Risikoprofile interessieren, gehen die Banken bei ihren Investmententscheidungen höhere Risiken ein. Somit geht die wirksame Medizin gegen Bankenpaniken mit dem Nebeneffekt eines Moral Hazard einher – in Form überhöhter Risikobereitschaft.[16]

Um zu verstehen, warum Banken überhöhte Risiken eingehen, müssen wir uns mit einem Konzept aus dem Gesellschaftsrecht beschäftigen: der *beschränkten Haftung*. Der Begriff erklärt sich von selbst: Die Eigentümer von Unternehmen mit beschränkter Haftung (sogenannten *Kapitalgesellschaften*) haften nur bis zu einer bestimmten Summe – in der Regel ihrer ursprünglichen Investition – für ausstehende Verbindlichkeiten ihres Unternehmens. Eine Haftungsbeschränkung ist sinnvoll, da sie das Unternehmertum fördert und die Finanzierung großer Industrieprojekte erleichtert. Heutzutage sind die meisten Banken, insbesondere die Großbanken, Unternehmen mit beschränkter Haftung.

Eine Haftungsbeschränkung hat Vorteile, aber sie verändert auch die Anreize, denen die Eigentümer eines Unternehmens folgen. Da die möglichen Verluste – anders als die Gewinne – begrenzt sind, besteht die Gefahr, dass eine *exzessive Risikobereitschaft* entsteht. Der Eigentümer eines Unternehmens mit beschränkter Haftung könnte dazu verführt werden, größere Risiken einzugehen, als sozial verträglich ist. Ein Beispiel mag dies verdeutlichen. Angenommen, Sie könnten zwischen folgenden zwei Projekten mit unterschiedlichem Risiko- und Ertragsprofil wählen:

> *Projekt 1:* Eine Rendite von 10 Prozent ist Ihnen sicher. Am Ende des Projekts erhalten sie 110 Prozent des investierten Betrags. Ihr erwarteter Ertrag beläuft sich auf 10 Prozent.

> *Projekt 2:* Der Ertrag ist unsicher, er liegt entweder bei +60 Prozent oder bei –60 Prozent. Die Wahrscheinlichkeit, dass Sie am Ende 160 Prozent oder 40 Prozent des investierten Betrags erhalten, ist gleich hoch. Folglich beläuft sich der erwartete Ertrag des Projekts auf 0 Prozent.

Angesichts dieser Auswahl wären Sie gut beraten, sich für Projekt 1 zu entscheiden, da der erwartete Ertrag höher ist als bei Projekt 2. Wenn Sie nicht für Unternehmen mit beschränkter Haftung handeln, dann ist Ihre erwartete Rendite jeweils gleich Ihrem erwarteten Ertrag. Hätten Sie beispielsweise 2 Euro zur Verfügung, dann würden Sie diese in Projekt 1 stecken.

Nun nehmen wir an, Sie würden mit Ihren 2 Euro ein Unternehmen mit beschränkter Haftung gründen und ein Darlehen über 8 Euro aufnehmen. Auf der Aktivseite Ihrer Unternehmensbilanz steht ein Bargeldvermögen von 10 Euro. Auf der Passivseite verzeichnen Sie 8 Euro an Verbindlichkeiten und ein Eigenkapital von 2 Euro. Der Einfachheit halber setzen wir den Zinssatz für Ihr Darlehen auf null.

Als Eigentümer dieses Unternehmens müssen Sie sich nun erneut zwischen Projekt 1 und Projekt 2 entscheiden. Ihre Haftung beschränkt sich auf das ursprünglich eingesetzte Eigenkapital; mit anderen Worten, Ihre Verluste im ungünstigen Fall sind auf 2 Euro gedeckelt.

Entscheiden Sie sich für Projekt 1, winkt Ihnen ein sicherer Gewinn von 1 Euro. Was geschieht, wenn Sie Projekt 2 wählen? Im ungünstigen Fall verlieren Sie Ihr Eigenkapital, sodass Ihr Ergebnis minus 2 Euro beträgt. Die anderen Verluste in Höhe von 4 Euro können Sie an Ihre Gläubiger weiterreichen. Im günstigen Fall erzielen Sie einen Gewinn von 6 Euro. Folglich beträgt Ihr erwarteter Ertrag 2 Euro. Sie bevorzugen daher Projekt 2, obwohl dessen erwarteter Ertrag eigentlich schlechter ist. Wer als Eigentümer eines haftungsbeschränkten Unternehmens handelt, dessen erwarteter Gewinn kann vom erwarteten Ertrag eines Projekts abweichen.

Eigentümer solcher Unternehmen tragen somit nicht das volle Verlustrisiko ihrer Entscheidungen. Sie können exzessive Risiken auf Kosten ihrer Gläubiger eingehen. Im ungünstigen Fall tragen diese einen Teil der Verluste, während ihr Gewinnpotenzial im positiven Fall durch den vereinbarten Zins festgelegt ist.

Um die Eigentümer eines Unternehmens vom Eingehen überhöhter Risiken abzuschrecken, achtet ein Gläubiger in der Regel darauf, dass deren persönlicher Einsatz hoch genug ist. Dieser Einsatz nimmt üblicherweise die Form von Eigenkapital an. Solange das Verhältnis von Eigenkapital zu Gesamtaktiva (im Folgenden als *Eigenkapitalquote* bezeichnet) hoch genug ist, steht für die Eigentümer genug auf dem Spiel, sodass sie auf allzu riskante Investitionen verzichten werden. Im obigen Beispiel würde man als Eigentümer exzessive Risiken vermeiden und sich für Projekt 1 entscheiden, sobald die Eigenkapitalquote mehr als 40 Prozent betrüge – sprich, wenn das Eigenkapital höher als 4 Euro wäre.

Verständlicherweise schauen sich somit Gläubiger die Eigenkapitalquote ihrer Schuldner genau an. In einem Bankensystem erhalten Unternehmen ihre Darlehen überwiegend von Banken. Diese sind sich der Tatsache, dass ihre Schuldner aufgrund ihrer Haftungsbeschränkung überhöhte Risiken eingehen könnten, bewusst. Deshalb vergeben sie nur ungern Darlehen an Einzelpersonen oder Unternehmen mit geringer Eigenkapitalquote –

in diesem Fall gilt der Schuldner dann als zu hoch verschuldet. Wie wir oben gesehen haben, gehört exzessive Risikobereitschaft zu den mit Kredit verbundenen Moral-Hazard-Problemen. Banken begegnen diesem Phänomen unter anderem durch sorgfältige Prüfung und Überwachung von Unternehmen. Darüber hinaus können ihre Kreditklauseln vorsehen, dass ihre Schuldner Sicherheiten stellen. Wenn Schuldner im ungünstigen Fall ihre Sicherheiten verlieren, sinkt die Chance, dass sie exzessive Risiken eingehen.[17] Fazit: Obwohl niemand rechtlich dafür verantwortlich zeichnet, eine überhöhte Risikoübernahme von Firmen mit beschränkter Haftung zu verhindern, wachen Gläubiger im Allgemeinen und Banken im Besonderen sehr genau über ihre Schuldner.

Da Banken nun aber selbst eine aus Verbindlichkeiten und Eigenkapital bestehende Kapitalstruktur aufweisen, entsteht das klassische Problem: Wer passt auf den Aufpasser auf? Natürlich sollten die Gläubiger der Banken – also die Einleger – die Banken davon abhalten, ihre Eigenkapitalquote allzu sehr abzusenken. Doch angesichts der staatlichen Garantien wissen die Einleger, dass ihr Geld sicher ist, was immer auch geschehen mag. Ihnen fehlt daher der Anreiz, einzugreifen, wenn ihre Bank exzessive Risiken eingeht – und im Wissen darum tun die Banken genau das.[18]

MORAL HAZARD ERFORDERT EINE BANKENREGULIERUNG

Hier ist wieder der Staat gefragt. Er muss mittels geeigneter Maßnahmen die Bereitschaft eindämmen, exzessive Risiken einzugehen. Verschiedene Regierungen haben diesbezüglich unterschiedliche Wege beschritten. Wir fassen alle Maßnahmen mit dem Ziel, Moral Hazard bei Banken – wie das Eingehen exzessiver Risiken – in den Griff zu bekommen, unter dem Begriff *Bankenregulierung* zusammen. Bei oberflächlicher Betrachtung könnte man denken, zur Ausschaltung von Moral Hazard würde es genügen, Banken auf eine einfache Eigenkapitalquote zu verpflichten. Doch wie wir im Folgenden sehen werden, ist dies nicht so einfach, weshalb sich die Bankenregulierung in den Anfängen auf andere Maßnahmen konzentrierte.

DIE ANFÄNGE DER BANKENREGULIERUNG

In den Vereinigten Staaten spielen sowohl die Fed als auch die Federal Deposit Insurance Corporation (FDIC) eine wichtige Rolle bei der Bankenaufsicht. Die FDIC ist die staatliche Behörde, die mit der Einlagensicherung betraut ist. Sie stellt sicher, dass die Einleger ihr Geld bei einer Bankenpleite zurückerhalten. Natürlich haben die Mitarbeiter der Fed sowie der FDIC bemerkt, dass die Existenz einer Einlagensicherung die Risikobereitschaft der Banken erhöht. Folglich beobachten sie versicherte Banken sehr genau.[19]

Die FDIC nahm ihre Arbeit mit der Einführung einer Einlagensicherung während der Großen Depression auf. Sie übte ihre Aufsichtsrolle mit großer Ernsthaftigkeit aus und verhängte strikte Regeln hinsichtlich der Bandbreite an geschäftlichen Aktivitäten, die versicherte Banken betreiben durften.[20] Diese Beschränkungen erwiesen sich als bemerkenswert erfolgreich. Nach Ende des Zweiten Weltkriegs schien das Risikoverhalten der Banken unter Kontrolle zu sein. Das Bankwesen war streng reguliert und langweilig, aber auch stabil.[21]

Doch es war eine trügerische Ruhe. Seit Gründung der Fed ist die Eigenkapitalquote der US-Banken nämlich beständig gesunken. Ein Blick auf den Langzeitverlauf zeigt, dass sie von 30 Prozent in den 1870er-Jahren bis auf etwa 5 Prozent in den 1970er-Jahren fiel.[22]

Angesichts so niedriger Eigenkapitalniveaus wird das Eingehen exzessiver Risiken attraktiv. Und tatsächlich wurden die Banken in den 1970er-Jahren immer risikofreudiger.[23] Doch das war nicht das Einzige, was den Regulierungsbehörden Kopfschmerzen bereitete. Sie hatten es auch mit einem Bankwesen zu tun, das sich immer stärker globalisierte.[24]

MODERNE BANKENREGULIERUNG: DIE BASLER EIGENKAPITALVEREINBARUNG

Bis in die 1980er-Jahre hinein war die Bankenregulierung nationalstaatlich geregelt. Der Zusammenbruch der deutschen Herstatt-Bank im Jahre 1974, die auch bei nichtdeutschen Banken zu großen Verlusten führte, bildete dann die Initialzündung für den politischen Versuch, das Problem immer weiter sinkender Eigenkapitalquoten auf internationaler Ebene anzugehen.[25] Die Bankenregulierung war gezwungen, dem Trend des Bankwesens zu folgen und sich selbst zu globalisieren.[26] So gründeten die G10-Länder den Basler Ausschuss für Bankenaufsicht, um dem globalisierten Bankwesen gerecht zu werden.

Der Ausschuss verabschiedete die Basler Eigenkapitalvereinbarung, einen rechtlichen Rahmen für Kapitalvorschriften, besser bekannt als Basel I.[27] *Kapitalvorschriften* verpflichten die Banken, eine bestimmte Eigenkapitalquote einzuhalten. Man könnte sie daher auch »Eigenkapitalvorschriften« nennen, doch es ist üblich, das Eigenkapital von Banken einfach als »Kapital« zu bezeichnen.[28]

Wie bereits erwähnt, könnte man zunächst denken, dass die Durchsetzung von Kapitalvorschriften auf keine größeren Hürden stößt. Es sollte doch genügen, wenn sich die Regulatoren auf eine ausreichend hohe Eigenkapitalquote einigten und die Banken dann dazu verpflichteten, diese einzuhalten. Leider ist die Einführung expliziter Kapitalanforderungen, welche die exzessive Risikobereitschaft von Banken eindämmen, alles andere als eine leichte Aufgabe.

Um effektiv zu sein, müssen Kapitalvorschriften das mit den Vermögenswerten einer Bank verknüpfte Risiko berücksichtigen. Einheitliche Kapitalanforderungen für alle Banken sind ungeeignet. Um dies zu erkennen, genügt es, sich vor Augen zu führen, wie Banken als Gläubiger agieren. Um zu entscheiden, ob ein Schuldner vertrauenswürdig und solvent ist, erkunden sie nicht nur dessen Eigenkapitalquote, sondern ziehen auch andere Faktoren heran – etwa die Frage, in welcher Branche der

Schuldner aktiv ist. Darüber hinaus nehmen sie in ihre Darlehensverträge oft bestimmte Kreditklauseln auf, die über reine Kapitalvorschriften hinausgehen. Derartige Klauseln können beispielsweise vorschreiben, dass das eingeräumte Darlehen nicht für spekulative Anlagen am Aktienmarkt verwendet werden darf. Die Eigenkapitalquote ist also nicht das einzige Kriterium.

Analog hierzu sind Kapitalvorschriften für Banken, die lediglich eine bestimmte Eigenkapitalquote vorsehen, allzu vereinfachend. Sie unterschlagen die Risikodimension hinsichtlich der von der Bank gehaltenen Vermögenswerte. Rufen Sie sich dafür noch einmal das vorherige Beispiel zur übermäßigen Risikobereitschaft in Erinnerung. Würde man Sie wie in jenem Beispiel zu einer 40-prozentigen Eigenkapitalquote zwingen, dann würden Sie auf exzessive Risiken verzichten. Nehmen wir aber an, Sie könnten ein weiteres Projekt wählen, welches wir Projekt 3 nennen wollen. Dieses wirft einen Ertrag von entweder +100 Prozent oder –100 Prozent ab. Steht auch dieses Projekt zur Auswahl, so genügt eine Eigenkapitalquote von 40 Prozent nicht mehr. Sie muss nun mindestens 80 Prozent betragen, um Sie von einer übermäßigen Risikoübernahme abzuschrecken.[29]

Die Konstrukteure des Basel-I-Abkommens begegneten dieser Gefahr durch die Einführung von Risikogewichtungen. *Risikogewichtete Eigenkapitalanforderungen* bedeuten, dass mit steigendem Risiko der Vermögenswerte auch mehr Eigenkapital aufgebracht werden muss. In unserem Beispiel müssten also Banken, die Projekt 2 gegenüber Projekt 3 vorziehen, weniger Eigenkapital vorhalten. Bevorzugen sie Projekt 1, würden die Eigenkapitalanforderungen weiter sinken.[30]

Risikogewichtete Eigenkapitalanforderungen sind komplizierte Regulierungen. In der realen Welt gibt es deutlich mehr als drei Projekte mit wohldefinierten Erträgen. Eine Bank kann in Millionen von Vermögenswerten investieren, die ein Regulator kaum allesamt mit angemessenen Risikogewichtungen zu belegen vermag. Die Umsetzung international koordinierter risikogewichteter Eigenkapitalanforderungen ist somit alles andere als eine leichte Aufgabe.[31]

Leider wurde die Aufgabe dann auch nicht gemeistert: Basel I läutete keineswegs den Beginn eines stabilen Zeitalters für das Bankwesen ein. Vielmehr nahmen Häufigkeit und Schwere von Finanzkrisen zu.[32] Die Anstrengungen der Regulierungsbehörden wurden zunehmend durch das Großereignis der zweiten Hälfte des 20. Jahrhunderts unterlaufen: die digitale Revolution.

TEIL 2

DAS BANKWESEN

IM DIGITALZEITALTER

KAPITEL 4

WARUM SICH DAS BANKWESEN NICHT AUF BANKEN BESCHRÄNKT

Teil 1 dieses Buches begann mit einer Erläuterung, warum Banken im Industriezeitalter gebraucht wurden. Banken führen Schuldner und Gläubiger zusammen und ermöglichen dadurch einen blühenden Kreditmarkt. Wir untersuchten die Funktionsweise des traditionellen Bankwesens und stellten fest, dass Banken die Bedürfnisse von Schuldnern und Gläubigern in Einklang bringen, indem sie Innengeld in Form von Bankeinlagen schaffen. Schließlich betrachteten wir die Probleme, die das traditionelle Bankwesen mit sich bringt, und erörterten die verschiedenen Regulierungsmaßnahmen, mit denen versucht wird, diese Probleme einzudämmen.

Bislang erscheint der Ruf nach einer Abschaffung des Bankwesens gegenstandslos. Banken unterstützen eine kapitalintensive Volkswirtschaft, staatliche Garantien verhindern den Ausbruch von Bankenpaniken und die Bankenaufsicht kann die unerwünschten Nebenwirkungen dieser Garantien abmildern. Tatsächlich war Banking ein sinnvoller Weg, um das Finanzsystem im Industriezeitalter zu organisieren.

Mit dem Aufkommen der modernen Informationstechnologien wendete sich jedoch das Blatt. Teil 2 dieses Buches beschreibt, wie die digitale Revolution das empfindliche Gleichgewicht zwischen Banken, staatlichen Garantien und Bankenregulierung zerstörte und das Bankwesen schließlich außer Kontrolle geriet. Im dritten und letzten Teil erörtern wir, welche Optionen angesichts des heutigen Zustands des Bankwesens sinnvoll erscheinen.

Wir erinnern uns an die Funktionsweise des traditionellen Bankwesens: Banken gewähren Darlehen und schaffen Bankeinlagen. Alle Transaktionen werden in einer einzigen Bilanz festgehalten, deren Hauptelemente Darlehen, Liquiditätsreserven, Bankeinlagen und Eigenkapital sind. Um das Bankgeschäft nach althergebrachter Art zu betreiben, genügt eine Bilanz. Neben Kenntnissen in doppelter Buchführung benötigt man dazu nur Stift und Papier.

Im Industriezeitalter schreckten Banken vor einer Verkomplizierung ihres Geschäftsmodells zurück. Finanzbeziehungen mussten schriftlich festgehalten und miteinander in Einklang gebracht werden. Jede Transaktion musste von der Gegenpartei per Telefonat oder Schriftwechsel bestätigt werden. Die Verschiebung einer Kreditvereinbarung von einer Bilanz in eine andere war ein kostspieliges Unterfangen; sie musste per Hand geschehen und war mit viel Papierkrieg verbunden. Kredit im Industriezeitalter war ein unbewegliches Gut und die Banken agierten freiwillig in einem überschaubaren und begrenzten Raum.

Da Banking angesichts der im Industriezeitalter verfügbaren Technologien weitgehend im Rahmen der Bankbilanz betrieben wurde, gelang es den Staaten, die Probleme des Bankwesens in den Griff zu bekommen. Einerseits garantierte die öffentliche Hand für die Sicherheit der Bankeinlagen, sodass die Banken keinerlei Bankenpaniken mehr fürchten mussten. Andererseits regulierte der Staat alles, was sich innerhalb einer Bankbilanz abspielte, sehr genau. Er konnte damit die Banken wirkungsvoll davon abhalten, seine Garantien durch das Eingehen exzessiver Risiken zu missbrauchen.

DIE DIGITALE REVOLUTION UND DER AUFSTIEG DER SCHATTENBANKEN

Die 1970er-Jahre markieren den Aufstieg der Informationstechnologien und somit der digitalen Revolution. Computer begannen Schreibmaschinen zu ersetzen und die Informationsübertragung vollzog sich zunehmend auf digitalem statt auf analogem

Wege. Die Finanzinstitute wiederum verlegten sich allmählich darauf, Kredite auf elektronischen Konten zu erfassen und Zahlungen auf elektronischen Systemen auszuführen. Zudem automatisierten sie ihr Back-Office-Geschäft und begannen ihre Handelsaktivitäten mit elektronischen Werkzeugen zu unterstützen. Die Banken waren nun in der Lage, komplexere und dynamischere Finanzstrukturen mit mehreren Bilanzebenen zu bewältigen – die digitale Revolution verschaffte dem Kredit Beine.[1]

Die Ankunft der digitalen Revolution bedeutete, dass das Bankwesen nun nicht mehr auf die traditionellen Methoden der Erfassung und Steuerung von Geld und Kredit angewiesen war.

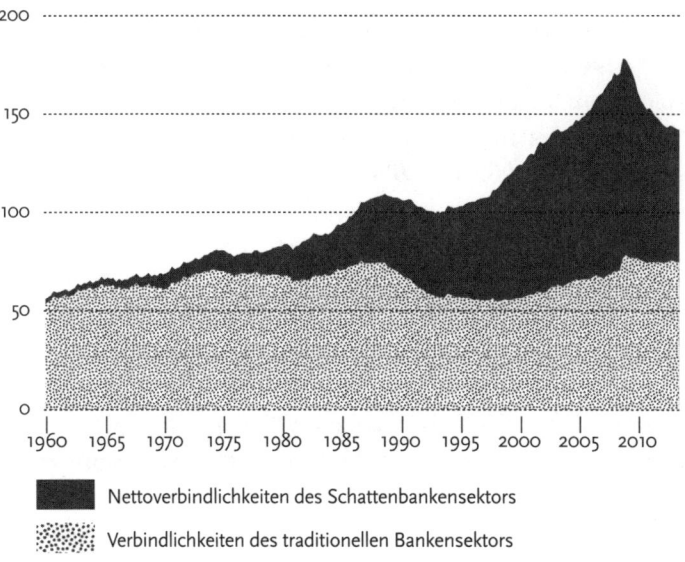

Abb. 7: Verbindlichkeiten des traditionellen Bankensektors und des Schattenbankensektors im Zeitverlauf (in Prozent des BIP)

Quelle: Adrian, Covitz und Nellie (2014) sowie Federal Reserve Flow of Funds. Man beachte, dass die Angaben für die Schattenbanken nur Näherungswerte darstellen, da Schattenbanken über verschiedene Bilanzen hinweg operieren. Eine Erörterung der hier verwendeten Daten findet sich bei Pozsar et al. (2010, S. 7–9).

Die Informationstechnologien unterstützen vielerlei Optionen, die über die reine Erfassung von Darlehen in einer Bilanz bis zur Fälligkeit weit hinausgehen. Eine Bank konnte nun ihr Kreditportfolio stückeln, neu zusammenwürfeln und es über eine beliebige Anzahl von Bilanzen hinweg umverteilen – und das alles zu geringfügigen Kosten.

Die Bankenwelt machte sich die neuen Möglichkeiten reichlich zunutze. Der Beginn der digitalen Revolution zog den Aufstieg des Schattenbankensektors nach sich. Der Begriff *Schattenbanken* ist nicht eindeutig definiert, beschreibt aber eine Vielzahl von Nichtbanken und Netzwerken. Wir verwenden ihn hier ausschließlich, um die Geldschöpfung aus Kredit außerhalb des traditionellen Bankensektors zu beschreiben.[2] Der erste Teil des Begriffs, *Schatten*, weist darauf hin, dass diese Banking-Aktivitäten sich außerhalb des Erfassungsbereichs der Bankenaufsicht abspielen, im Schatten also. Abbildung 7 illustriert den Umfang der Verbindlichkeiten des traditionellen und des Schattenbankwesens zwischen 1960 und 2014. Vor 1970 spielten die Schattenbanken praktisch keine Rolle. Zu Beginn der Finanzkrise von 2007/08 waren sie jedoch bedeutender als die traditionellen Banken.

Die digitale Revolution erklärt die Existenz des Schattenbankensektors. Sie liefert aber keine Erklärung dafür, warum das Schattenbankensystem sich als so attraktiv erwies, dass es innerhalb von drei Jahrzehnten das althergebrachte Bankenmodell überflügelte. Schließlich hätten doch Banken, die an ihrem traditionellen Geschäftsmodell festhielten, ebenfalls davon profitieren müssen, dass ihre Schreibmaschinen durch Computer ersetzt wurden. Wie erklärt sich also der dramatische Aufstieg des Schattenbankensektors?

DAS ABGRENZUNGSPROBLEM DER FINANZMARKTREGULIERUNG

Die Umstände, unter denen das Schattenbankensystem in den 1970er-Jahren seinen Anfang nahm, deuten darauf hin, dass ein grundlegendes Motiv für seine Einrichtung war, Bankgeschäfte zu verschleiern. Traditionelle US-Banken waren seinerzeit an eine Zinsobergrenze auf die von ihnen gehaltenen Bankeinlagen namens *Regulation Q* gebunden. Für die Banken war diese Regulierung unbequem, da sie es ihnen erschwerte, neue Bankeinlagen anzulocken. Das galt insbesondere in Hochzinsphasen.

Zu jener Zeit entstand eine neue Form von Finanzinstitution, deren Angebot herkömmlichen Bankeinlagen sehr ähnlich war: *Geldmarktfonds*. Diese Fonds emittieren einlagenähnliche Verträge auf der Passivseite ihrer Bilanz und halten auf der Aktivseite risikoarme Kreditverträge mit kurzer Restlaufzeit. Da Geldmarktfonds keine Darlehen im rechtlichen Sinne vergaben, wurden sie nicht als Banken betrachtet. Folglich galt für sie keine Zinsobergrenze und sie konnten den Anlegern höhere Erträge anbieten als die Geschäftsbanken.[3]

Geldmarktfonds erwiesen sich als attraktive Alternative zu den Banken, da sie keiner Bankenregulierung unterlagen. Doch Geldmarktfonds sind nur eine Facette des Schattenbankensystems. In den 1970er-Jahren entstanden neue Finanzinstitutionen, die allesamt Banking – das heißt Geldschöpfung aus Kredit – betrieben, ohne von der Bankenaufsicht behelligt zu werden. Gleichzeitig ermöglichte das Schattenbankensystem den Geschäftsbanken, die Bankenaufsicht zu umgehen.

Eigenkapitalvorschriften nach Art von Basel I versagten, da sie nur *Banken* regulierten und nicht das *Bankwesen*. Viele Banken übertrugen Vermögenswerte auf abgesonderte Bilanzen, behielten aber das wirtschaftliche Risiko. Sie modellierten ihre Bilanzkonstruktion in einer Weise, dass die Kapitalvorschriften für Vermögenswerte, die in diesen separaten Bilanzen verzeichnet waren, nicht galten. Folglich konnten Banken die Eigenkapitalvorschriften umgehen und zusätzliche Risiken eingehen, ohne ihren Einsatz zu erhöhen. Dieses Verhalten wird als Eigenkapitalarbitrage bezeichnet.[4]

Ein Arbeitspapier des Baseler Ausschusses für Bankenaufsicht aus dem Jahre 1999 erläutert, dass »das Volumen der Eigenkapitalarbitrage hoch ist und rasch weiter ansteigt, insbesondere bei den Großbanken ... Es spricht einiges dafür, dass [Kreditverbriefungen] oft dazu dienen, die Eigenkapitalquote einer Bank im Verhältnis zum Risiko der gehaltenen Vermögenswerte scheinbar zu erhöhen.«[5] Mit anderen Worten: Um Eigenkapitalvorschriften zu umgehen, sorgten die Banken dafür, dass Risiken scheinbar aus ihren Bilanzen verschwanden. Das Papier kommt zu dem Schluss, dass »die Banken mit der Zeit gelernt haben, den pauschalen Charakter der Bestimmungen zu ihren Gunsten auszunutzen ... In einigen Fällen beginnt dies vermutlich, den Sinn dieser Bestimmungen zu unterwandern.«[6] Wie das zitierte Arbeitspapier verdeutlicht, erkannten selbst die Konstrukteure des Basel-I-Abkommens, dass ihre Bemühungen zur Bankenregulierung gescheitert waren.

Das Vermögen der Banken, Auflagen zu umgehen, wird als *Abgrenzungsproblem der Finanzmarktregulierung* bezeichnet.[7] Das Abgrenzungsproblem ist ein Konzept, das sich auf jede regulierte Branche übertragen lässt. Jedes Unternehmen, das bestimmte kostspielige Auflagen beachten muss, könnte geneigt sein, diese zu umgehen.

So könnten sich beispielsweise die Eigentümer eines chemischen Betriebs an kostspieligen Umweltauflagen stoßen, die ihre Profite beschneiden. Genauso wie Banken werden sie nach Möglichkeiten suchen, die Regulierungen zu unterlaufen. In der Realwirtschaft ist das allerdings eine teure Angelegenheit, da die Unternehmen es mit physischen Objekten zu tun haben. Ein Chemieunternehmen, das unerwünschten Regulierungen aus dem Weg gehen will, wird vermutlich seine Fabrik stilllegen und andernorts wieder aufbauen müssen.

Physische Hindernisse, die das Umgehen von Verordnungen erschweren, spielen im Bankwesen eine weitaus geringere Rolle. Banking vollzieht sich innerhalb des Finanzsystems, einer virtuellen Welt. Es gab schon immer Banking außerhalb der Geschäftsbanken – und damit auch das Abgrenzungsproblem der Finanzmarktregulierung.[8] Doch vor dem Aufkommen der Informationstechnologien standen Banken, die ihr Geschäft räumlich verlagern wollten, vor technischen Problemen. Finanzverträge ließen sich nur unter hohen Kosten von einer Bilanz auf eine andere verschieben, da ein manueller Aufwand damit verbunden war.

Die digitale Revolution hat diese Hürden hinweggefegt. Die Informationstechnologien ermöglichen es, Finanzverträge nur mit ein paar Mausklicks oder Fingertipps von einer Einheit zur anderen zu bewegen. Banken können ihre Bilanzstruktur je nach Bedarf rasch umgestalten und finanzielle Vermögenswerte zwischen verschiedenen Bilanzen hin und her schieben. Mit den Informationstechnologien steht den Banken nun ein umfangreiches Instrumentarium zur Verfügung, um regulierte durch unregulierte Bankgeschäfte zu ersetzen, die demselben Zweck dienen.[9]

DIE FINANZTECHNIKEN IM BANKWESEN

Um die Finanzkrise von 2007/08 zu begreifen, benötigen wir ein grundlegendes Verständnis der Funktionsweise des Schattenbankensystems. Dafür müssen wir unseren Banking-Begriff über das traditionelle Bankwesen hinaus erweitern.

Wir erinnern uns, dass der Kern des traditionellen Bankings in der Schöpfung von Innengeld in Form von Bankeinlagen besteht. Bei unserer Erörterung des traditionellen Bankings haben wir die drei Merkmale identifiziert, die Bankeinlagen als Innengeld definieren. Erstens weisen sie dieselbe Teilbarkeit wie Außengeld auf, das heißt, dieselbe Stückelung wie Bargeld. Zweitens gelten Bankeinlagen als risikolos. Und schließlich sind sie ebenso liquide wie Außengeld.

Banking – die Schöpfung von Innengeld aus Kredit – ist an diese Merkmale und nicht an Begrifflichkeiten oder juristische Definitionen gebunden. Wenn Kredit so umgewandelt wird, dass er die drei oben beschriebenen Merkmale aufweist, verwandelt er sich in Innengeld. Die drei Merkmale entscheiden also darüber, ob es sich bei einem finanziellen Vermögenswert um Innengeld handelt. Wie der Vermögenswert selbst bezeichnet wird und wer ihn erschafft, ist dabei irrelevant. Er kann »Bankeinlagen«, »Anteile an Geldmarktfonds« oder auch anders heißen. Wird der

Vermögenswert als ebenso risikolos, teilbar und liquide wie Außengeld betrachtet, so ist er Innengeld und von Banken oder anderen Finanzinstituten emittiert worden. Entsprechend unterscheiden wir drei Umwandlungsformen, die zur Durchführung des Bankgeschäfts erforderlich sind: Losgrößentransformation, Risikotransformation und Fristentransformation.[10]

LOSGRÖSSENTRANSFORMATION DURCH BÜNDELUNG

Nominalbeträge werden durch *Bündelung* umgewandelt. Dies geschieht, wenn Vermögenswerte mit hohen Nominalwerten durch Verbindlichkeiten mit geringen Nominalwerten finanziert werden. Auf der Aktivseite ihrer Bilanzen verzeichnen Banken finanzielle Vermögenswerte mit hohen Nominalwerten, während sie auf der Passivseite Finanzforderungen mit geringen Nominalwerten emittieren. Im Falle des traditionellen Bankings etwa stehen auf der Aktivseite Darlehen zu Buche, während auf der Passivseite Bankeinlagen verzeichnet werden.

KREDITRISIKOTRANSFORMATION DURCH ...

Bevor wir die Möglichkeiten zu einer Kreditrisikotransformation betrachten, sollten wir festhalten, dass die in Teil 1 erörterte Kreditüberwachung das Kreditrisiko nicht umwandelt, sondern mindert. Wir erinnern uns, dass Kreditrisiko aus der Gefahr erwächst, dass ein Schuldner sein Darlehen ganz oder teilweise nicht zurückzahlen kann. Es hängt von der Wahrscheinlichkeit ab, mit welcher ein Schuldner in Zahlungsverzug gerät, sowie von dem erwarteten Verlust, der den Gläubiger in diesem Fall trifft. Mit Kreditüberwachung (Monitoring) kann man das gesamte Kreditrisiko innerhalb einer Volkswirtschaft zwar senken, aber niemals vollständig ausschalten. Die beiden Faktoren Zeit und Unsicherheit spielen in jeden Kredit mit hinein und somit auch in das entsprechende Kreditrisiko.

Im Unterschied zur Kreditüberwachung verändern Risiko-transformationstechniken nicht das Gesamtkreditrisiko, sondern verteilen vielmehr bestehende Kreditrisiken um.[11] Finanzinstitute greifen zu diesen Techniken, um Risiken zwischen verschiedenen Akteuren zu streuen. Im Kern verlagern sie das Kreditrisiko weg von den Verbindlichkeiten, die schließlich zu Innengeld werden. Betrachten wir nun die vier verschiedenen Techniken zur Risikotransformation im Einzelnen.

... DIVERSIFIZIERUNG, ...

Diversifizierung ist eine elementare Finanztechnik. Während sich Bündelung und Diversifizierung konzeptionell unterscheiden, ist Bündelung oft eine notwendige Bedingung, damit Gläubiger ihr Kreditrisiko diversifizieren können.[12] Finanzinstitute diversifizieren ihre Vermögenswerte beispielsweise dadurch, dass sie Darlehen an eine Vielzahl von Schuldnern ausleihen, sodass mögliche Abschreibungen auf das Gesamtportfolio weniger extrem ausfallen und prognostizierbarer werden.

... STRUKTURIERUNG, ...

Ein Unternehmen, das sich vollständig durch Eigenkapital finanziert, weist keine Strukturierung auf. Das Gesamtrisiko der Aktivseite überträgt sich vollständig und gleichmäßig auf die Gesellschafter. Doch sobald ein Unternehmen sich irgendeiner Form von Kredit bedient, kommt es zu einer *Strukturierung*. In diesem Fall unterteilt sich die Passivseite der Unternehmensbilanz in Verbindlichkeiten und Eigenkapital.

Das den Vermögenswerten innewohnende Risiko verteilt sich ungleichmäßig auf Gläubiger und Gesellschafter. Die Gläubiger beginnen nur dann Geld zu verlieren, wenn das Eigenkapital restlos aufgebraucht ist.

Strukturierung verlagert einen Teil des Kreditrisikos von den Gläubigern zu den Gesellschaftern. Wie wir später sehen werden, lässt sich die Passivseite durch die Vergabe vorrangiger und nachrangiger Darlehen weiter strukturieren. Ähnlich wie Gesellschafter fungieren auch die Inhaber nachrangiger Darlehen als Puffer, der die Inhaber vorrangiger Darlehen vor ersten Verlusten schützt.[13]

... BESICHERUNG UND ...

Wir erinnern uns, dass ein Gläubiger manchmal vom Schuldner verlangt, Kreditsicherheiten zu stellen. Kann der Schuldner das Darlehen nicht vollständig zurückzahlen, so kann die Herausgabe des Sicherheitspfands verlangt werden, das anschließend verkauft wird, um die Verluste aus dem Darlehen auszugleichen. Da der als Kreditsicherheit dienende Vermögenswert ursprünglich dem Schuldner gehört, trägt er das Verlustrisiko im Falle eines Zahlungsrückstands auf das Darlehen. Besicherung verlagert das Kreditrisiko vom Gläubiger zurück auf den Schuldner.

... VERSICHERUNG

Finanzinstitute können sich die von ihnen gewährten Verbindlichkeiten sowie ihr Eigenkapital von Dritten versichern lassen. Diese garantieren für den Ausgleich von möglichen Verlusten auf die versicherten Ansprüche. Eine *Versicherung* verlagert das Kreditrisiko von den versicherten Anspruchsinhabern auf die versichernde Drittpartei.

Staatliche Garantien – als Einlagensicherung oder Lender-of-Last-Resort-Politik – sind eine Form von Versicherung. Als Finanzversicherung sind sie unübertreffbar. In einer Ökonomie mit Papiergeldwährung kann die Notenbank so viel Außengeld emittieren, wie zur Aufrechthaltung der staatlichen Garantien benötigt wird. Inhaber staatlich versicherter

Ansprüche können damit rechnen, den vollen zugesagten Nominalbetrag zu erhalten.[14]

Diversifizierung, Strukturierung, Besicherung und Versicherung sorgen gemeinsam für sehr sichere Verbindlichkeiten und Eigenkapitalanteile, doch sie können das Risiko nicht vollständig ausschalten. In einer Welt voller Unsicherheit läuft Diversifizierung aufgrund unerwarteter Korrelationen manchmal ins Leere. Strukturierung kann sich als unzureichend erweisen, um vorrangige Darlehen vor Verlusten zu schützen, Kreditsicherheiten können an Wert verlieren und Versicherer können pleitegehen. In Zeiten finanzieller Ruhe können Finanzinstitute jedoch Kredit schaffen, der allgemein als risikofrei betrachtet wird.[15]

FRISTENTRANSFORMATION DURCH VERTRAGLICH VEREINBARTE LIQUIDITÄT

Losgrößentransformation und die Eliminierung eines Großteils des Kreditrisikos reichen zur Schaffung von Innengeld noch nicht aus. Damit dies gelingt, muss Kredit ebenso liquide werden wie Bargeld. Mit anderen Worten, Innengeld muss jederzeit zum Nennwert in Außengeld konvertibel sein. Finanzinstitute können diese Fristentransformation bewerkstelligen, indem sie vertragliche Liquidität zusichern. Mit *vertraglicher Liquidität* meinen wir das Versprechen von Finanzinstituten, einen Kredit auf Verlangen des Gläubigers jederzeit zum Nennwert zurückzuzahlen.[16]

Vertragliche Liquidität unterscheidet sich begrifflich von *Marktliquidität*, der Liquidität eines auf einem Markt gehandelten Vermögenswerts. Warum? Auf dem Markt gehandelte Vermögenswerte werden zu einem Marktpreis verkauft, der von Angebot und Nachfrage bestimmt wird. Marktliquidität geht somit aus den Interaktionen der Marktteilnehmer hervor, denen es freisteht, Vermögenswerte zu jedem beliebigen Preis, der ihnen angemessen erscheint, zu kaufen und zu verkaufen. Im Unterschied dazu kann Kredit mit vertraglicher Liquidität jederzeit zu einem festgelegten Preis an den Schuldner »zurückverkauft« werden.[17]

Jedes Unternehmen mit einer Bilanz kann also Geld aus Kredit schöpfen, wenn es die sechs Finanztechniken des Bankings – Bündelung, Diversifizierung, Strukturierung, Besicherung, Versicherung und vertragliche Liquidität – anwendet. Dies muss nicht innerhalb einer einzigen Bilanz geschehen. Die Informationstechnologien ermöglichen Banking über eine ganze Reihe miteinander verknüpfter Bilanzen hinweg. Das Schattenbankensystem macht sich genau diesen Umstand zunutze.

KAPITEL 5

WIE DER SCHATTENBANKENSEKTOR FUNKTIONIERT

Bei Anbruch des neuen Jahrtausends schufen Schattenbanken in den Vereinigten Staaten bereits in mehreren Schritten und über verschiedene Bilanzen hinweg neues Innengeld. Eine umfassende Erörterung des Schattenbankensystems würde den Rahmen dieses Buches sprengen. Stattdessen konzentrieren wir uns auf zwei Erscheinungsformen, die während der Finanzkrise von 2007/08 eine entscheidende Rolle spielten.[1]

Doch selbst unsere kurze Einführung ist recht technischer Natur. Um die Finanzkrise von 2007/08 begreifen zu können, kommen wir nicht um einige technische Einzelheiten und Begrifflichkeiten herum. Am Ende des Kapitels illustrieren wir die Funktionsweise der Schattenbanken anhand eines stilisierten Beispiels.

Der Ursprung des Schattenbankensystems ist die Kreditvergabe. Sie bildet die Voraussetzung für die Schöpfung von Innengeld. In dieser Hinsicht unterscheiden sich Schattenbanken nicht von traditionellen Geschäftsbanken. Darlehen, die später als »Rohmaterial« in das Schattenbankensystem einfließen, wurden entweder von einer traditionellen Bank oder von einem anderen Finanzinstitut gewährt. Der erste Schritt des Darlehens in die Welt der Schattenbanken ist sodann die Kreditverbriefung.

KREDITVERBRIEFUNGEN

Kreditverbriefungen kombinieren drei im Bankwesen angewandte Finanztechniken: Bündelung, Diversifizierung und Strukturierung. Im ersten Schritt gründen Banken oder andere Finanzinstitute eine Gesellschaft mit beschränkter Haftung. Im Zusammenhang mit Kreditverbriefungen wird diese Gesellschaft als *Zweckgesellschaft* (engl. *special purpose vehicle*, SPV) bezeichnet. Eine SPV ist eine juristische Person, die weder etwas produziert noch Dienstleistungen anbietet noch Angestellte beschäftigt. Es handelt sich lediglich um eine abgetrennte Bilanz, die der finanzierenden Institution – der Trägergesellschaft – ein diversifiziertes Portfolio illiquider Darlehen abkauft. Die Aktivseite der Bilanz der SPV unterscheidet sich kaum von der Aktivseite einer Bankbilanz.

Anders sieht es jedoch auf der Passivseite aus. Die SPV nimmt keine Kundeneinlagen entgegen. Würde sie dies tun, wäre sie eine ganz normale Bank und würde folglich der Bankenregulierung unterliegen. Stattdessen begibt die SPV Darlehen in Form von *forderungsbesicherten Wertpapieren* (engl. *asset-backed securities*, ABS). Diese werden auf der Aktivseite durch das diversifizierte Portfolio illiquider Darlehen besichert, daher der Name.

Dem Finanzinstitut, das die Darlehen ursprünglich vergeben hatte, ist damit eine Losgrößentransformation seiner illiquiden Darlehen gelungen: Es hat sie auf der Aktivseite einer SPV gebündelt und ABS mit standardisiertem Nennbetrag emittiert. Nehmen wir an, dass unser Finanzinstitut nun Geld benötigt und daher beschließt, die ABS zu veräußern.[2] Ein potenzieller Käufer, der wenig über die zugrunde liegenden Darlehen weiß, könnte nun vor einem Kauf zurückschrecken. Zwischen der ABS vertreibenden Trägergesellschaft und dem potenziellen Käufer herrscht eine Informationsasymmetrie.

Die Trägergesellschaft bekämpft diese Asymmetrie mithilfe einer weiteren Finanztechnik: Sie strukturiert die Passivseite der SPV-Bilanz. In der Regel hält sie einen Teil des Eigenkapitals und erleidet daher bei schlechter Darlehensqualität einen unmittelbaren Verlust. Die Passivseite der SPV kann weiter strukturiert werden, indem man ABS mit unterschiedlicher Seniorität begibt. Im Finanzjargon wird dies als *Tranchierung* bezeichnet. Die Tranche mit höchster Seniorität wird zuerst bedient, dann jene mit zweithöchster Seniorität und so weiter.[3] Schließlich lässt man die einzelnen ABS-Tranchen durch eine externe Rating-Agentur bewerten, die eine unabhängige Bestätigung ausstellt, dass die Risikotransformation erfolgreich war.

Obwohl Kreditverbriefungen die Darlehen aus der Bilanz der Trägergesellschaft tilgen, verbleibt ein Großteil des mit den ABS-Darlehen verbundenen Kreditrisikos bei ebenjener Gesellschaft. Die Trägergesellschaft hält üblicherweise das Eigenkapital und die Junior-Tranche (den nachrangigsten Kreditteil), sodass jeder Verlust sie unmittelbar trifft. Die Hauptmotivation von Banken, ihre Darlehen zu verbriefen, besteht daher nicht darin, ein Kreditrisiko aus ihrer Bilanz zu tilgen, sondern in Eigenkapitalarbitrage – ein typisches Abgrenzungsproblem. Das Ziel, Kapitalvorschriften zu umgehen, bildet den Hauptanreiz für Banken, Kreditverbriefungen zu betreiben.[4]

Der Begriff *Kreditverbriefung* bezeichnet die Bündelung verschiedener Vermögenswerte zu einer SPV und die Ausgabe von Wertpapieren mit gestaffeltem Kreditrisiko. Wir haben oben erläutert, wie sich dieser Prozess gestaltet, wenn Darlehen auf der Aktivseite der SPV stehen. Doch kreative Finanzinstitute gehen noch ein paar Schritte weiter. Der Prozess funktioniert nämlich auch, wenn ABS selbst die zugrunde liegenden Vermögenswerte bilden. Und so haben diverse Finanzinstitute SPVs ins Leben gerufen, die auf ihrer Aktivseite zahlreiche ABS bündeln. Diese SPVs emittieren dann ein wiederum neues Wertpapier namens *besicherte Schuldverschreibung* (engl. *collateralized debt obligation*, CDO). Während ABS durch Darlehen besichert sind, werden CDOs durch ABS besichert.

In der Regel werden ABS-Tranchen mit höherem Risiko, die ansonsten in der Bilanz der Trägergesellschaft verblieben wären, zu CDOs gebündelt. Auf diese Weise können Banken ihre Eigenkapitalanforderungen weiter optimieren. Hochrisiko-CDOs können nun erneut verbrieft und in einer weiteren SPV gebündelt werden. Nach einer erneuten Runde der Kreditverbriefung heißt das Endprodukt »CDO-quadriert« (CDO^2). Wiederholt man den Prozess ein weiteres Mal, gelangt man zu einem »CDO hoch drei« (CDO^3). Abbildung 8 illustriert die Kreditverbriefungskette von Darlehen bis zu CDO^2.

Wir wollen es dabei belassen.[5] Die Haupterkenntnis besteht darin, dass sich Darlehen verbriefen lassen. Ob ABS, CDO, CDO^2 oder CDO^3, am Anfang stehen immer Darlehen, die an Haushalte oder Unternehmen gewährt wurden. Eine Kreditverbriefung – durch Bündelung, Diversifizierung und Strukturierung der Bilanzen der SPV – wandelt diese Darlehen anschließend in (scheinbar) sichere Vermögenswerte um, während sie das Kreditrisiko auf das Eigenkapital und nachrangige Tranchen konzentrieren, die von den Trägergesellschaften – oft Banken – gehalten werden.

Kreditverbriefungen beinhalten üblicherweise keine Fristentransformation; mit anderen Worten, ABS und CDOs weisen eine ebenso lange Laufzeit auf wie die zugrunde liegenden Darlehen. Kreditverbriefungen sind bei der Geldschöpfung aus Kredit jedoch nur der erste Schritt; der zweite ist die Fristentransformation.

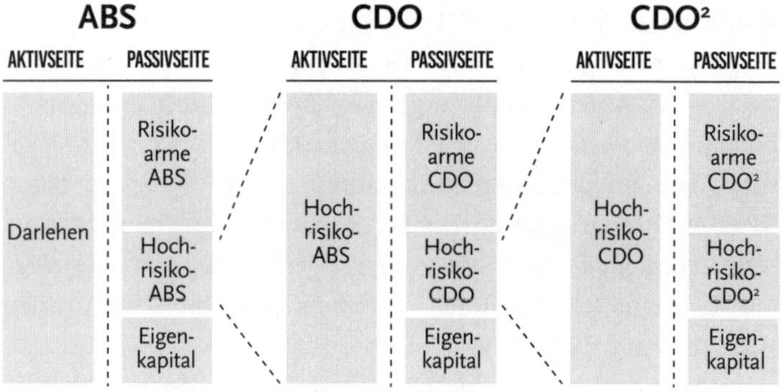

Abb. 8: Die Kreditverbriefungs-Kette

RÜCKKAUFSVEREINBARUNGEN

Wir haben Rückkaufsvereinbarungen (Repo-Geschäfte) bereits kennengelernt, als wir die Aufgaben von Zentralbanken untersuchten. Repo-Geschäfte dienen nicht nur Zentralbanken als geldpolitisches Instrument, sondern auch Finanzinstituten als Werkzeug für kurzfristige Darlehensaufnahmen und -vergaben. Ein Repo-Geschäft ist einem besicherten Darlehen vergleichbar. Dennoch besteht zwischen beiden ein wichtiger rechtlicher Unterschied: Ein Repo-Geschäft ist der Verkauf eines Vermögenswerts in Verbindung mit einem späteren Kauf desselben Vermögenswerts. Dieser scheinbar kleine Unterschied beruht auf den staatlichen Insolvenzregeln. Gerät ein Schuldner in Zahlungsverzug, so wird der Repo-Gläubiger unmittelbar Eigentümer der Kreditsicherheit, ohne diese erst im Zuge des Insolvenzverfahrens einklagen zu müssen. Der Repo-Gläubiger kann die Sicherheit sofort auf dem Markt verkaufen, um seinen Verlust aus dem Repo-Darlehen auszugleichen. Im Unterschied hierzu muss der Kreditgeber eines besicherten Darlehens am Insolvenzverfahren des Kreditnehmers teilnehmen. Die Abwesenheit rechtlicher Unwägbarkeiten macht Repo-Geschäfte so attraktiv.

Ein Repo-Geschäft wird normalerweise mit Wertpapieren besichert, die eine hohe Marktliquidität aufweisen.[6] Wenn der Schuldner in Zahlungsverzug gerät, kann der Repo-Gläubiger unabhängig von der jeweiligen Marktlage das Sicherheitspfand rasch verkaufen. Er wird daher ein Pfand verlangen, das als äußerst sicher gilt, etwa eine US-Staatsanleihe oder ein ABS oder eine CDO mit hohem Rating.

Doch selbst relativ sichere und liquide Wertpapiere können in einer Baisse an Wert verlieren. In diesem Fall schützt die Sicherheit den Repo-Gläubiger nicht mehr vollständig vor einem Kreditrisiko. Diesem Problem lässt sich mithilfe von Übersicherung begegnen. Dabei verlangen Repo-Gläubiger Sicherheiten mit einem Marktwert, der den Nominalwert des Darlehens übersteigt. Die Differenz wird als Sicherheitsabschlag oder »Haircut« bezeichnet und in Prozentpunkten angegeben. Beträgt der Sicherheitsabschlag 10 Prozent und hat die Sicherheit einen Marktwert von 100 Euro, dann beläuft sich der Wert des tatsächlichen Repo-Geschäfts auf 90 Euro.

Wie fügen sich Repo-Geschäfte ins Schattenbankensystem ein? Sie übernehmen dort zwei Funktionen: Zum einen bewirken sie eine Risikotransformation, indem die als Sicherheit dienende ABS oder CDO einem Sicherheitsabschlag unterzogen wird. Das Gewähren eines Darlehens via Repo-Geschäft gegen ein Sicherheitspfand in Form einer ABS ist sicherer, als die ABS selbst zu halten. In Zeiten finanzieller Ruhe sinkt das Kreditrisiko eines Repo-Geschäfts auf beinahe null.

Zum anderen gelingt mithilfe von Repo-Geschäften eine Fristentransformation. Viele Repo-Geschäfte werden am folgenden Geschäftstag fällig und verlängern sich auf Wunsch des Gläubigers automatisch um einen weiteren Tag. Ein solches Arrangement ist eine Form von vertraglich vereinbarter Liquidität. Möchte ein Repo-Gläubiger sein Geld zurückhaben, muss er lediglich die automatische Verlängerung beenden. Repo-Geschäfte bieten eine hohe Sicherheit sowie vertraglich vereinbarte Liquidität; ein Repo-Geschäft fühlt sich aus Sicht des Gläubigers fast ebenso sicher an wie Bargeld.[7]

Fassen wir zusammen: Illiquide Darlehen werden zu ABS und CDOs verbrieft, die sodann als Sicherheiten in Repo-Geschäften dienen können. Wenn wir nun einen Schritt zurücktreten und das Gesamtbild betrachten, so erkennen wir, dass hier riskante Darlehen mit langer Laufzeit durch praktisch risikofreien Kredit mit vertraglicher Liquidität finanziert werden. Es scheint, als wären wir unserem Ziel, Geld aus Kredit zu schöpfen, schon recht nahe gekommen.

GELDMARKTFONDS

Große Nichtfinanzunternehmen, Pensionsfonds und vermögende Einzelpersonen stützen sich nicht ausschließlich auf Bankeinlagen. Auch engagieren sie sich nur selten in Repo-Ge-

schäften. Vielmehr erwerben solche Anleger Anteile an Geldmarktfonds. Diese werben damit, dass ihre Anteile risikolos und
jederzeit zum Nennwert einlösbar seien; mit anderen Worten, sie
bieten vertraglich vereinbarte Liquidität. Anteile an Geldmarktfonds stellen Innengeld dar. Sie sind die Verwahrungsverträge
des Schattenbankensystems, was durch die Tatsache untermau-
ert wird, dass viele Geldmarktfonds auch Zahlungsdienstleistungen anbieten.[8]

Geldmarktfonds sind wichtige Repo-Gläubiger. Wenn einige
Investoren ihre Geldmarktfondsanteile verkaufen wollen, verlängert der Fondsmanager einfach einige Repos nicht um einen weiteren Geschäftstag. Mit den Erlösen kann er sein Versprechen
vertraglicher Liquidität einhalten.

Im Unterschied zu einer traditionellen Bank gibt ein Geldmarktfonds nicht selbst Darlehen aus, da dies seinem Versprechen sofortiger Fälligkeit und Risikolosigkeit zuwiderlaufen
würde. Darüber hinaus könnten derartige Geschäfte sogar die
Bankenaufsicht auf den Plan rufen. Indirekt jedoch finanzieren
Geldmarktfondsanteile Darlehen auf zwei verschiedenen Wegen.
Den ersten dieser Mechanismen haben wir soeben besprochen;
er wird in Abbildung 9 illustriert.

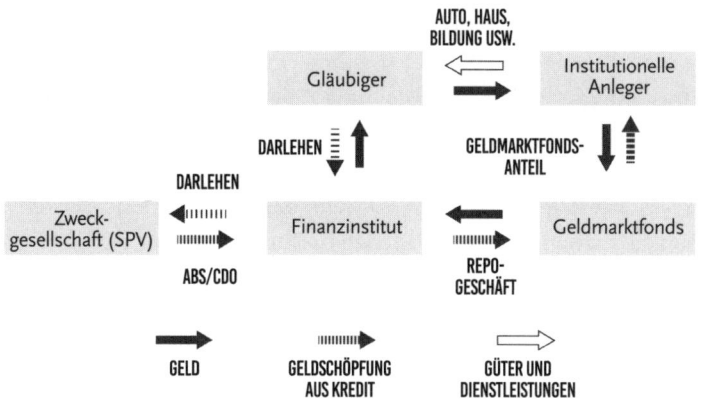

Abb. 9: Das Schattenbankensystem, Teil 1: Repo-Geschäfte

Wenden wir uns nun dem zweiten Mechanismus zu. Geldmarktfonds investieren nicht nur in Repo-Geschäfte, sondern auch in andere Vermögenswerte. Repo-Geschäfte sind sicher und besitzen kurze Restlaufzeiten, weisen aber nur geringe Renditen auf. Würden Geldmarktfonds ausschließlich in Repo-Geschäfte investieren, so hätten sie Mühe, viele Investoren von einer Anlage zu überzeugen. Ähnlich wie Banken, die nicht damit rechnen, dass ihre Einleger all ihr Geld gleichzeitig abheben möchten, erwarten auch Geldmarktfonds nicht, alle ihre Anteile zum selben Zeitpunkt einlösen zu müssen. Folglich investieren sie einen gewichtigen Anteil ihrer Mittel in etwas riskantere Vermögenswerte mit längerer Restlaufzeit, etwa in *besicherte Geldmarktpapiere* (eng. *asset-backed commercial papers*, ABCP).[9]

BESICHERTE GELDMARKTPAPIERE (ABCPS)

ABCP-Programme bündeln ABS auf der Aktivseite ihrer Bilanz und emittieren ABCPs auf deren Passivseite.[10] ABCPs werden in der Regel von Rating-Agenturen bewertet. ABCP-Programme sind SPVs und sehen auf den ersten Blick einer SPV überaus ähnlich, die CDOs emittiert.

Zwischen ABCPs und CDOs bestehen jedoch einige bedeutende Unterschiede. Zunächst einmal weisen Erstere sehr große Stückelungen auf.[11] Zweitens sind viele ABCPs durch explizite oder implizite Kreditgarantien besichert; mit anderen Worten, solche ABCP-Programme werden von ihren Trägergesellschaften gegen Verluste versichert.[12] Drittens bewirken sie eine Fristentransformation. Unter dem Strich bedeutet dies, dass ABCP-Programme traditionellen Banken gleichen, die Bankeinlagen mit hohen Nominalbeträgen anbieten.

Die Fristentransformation geht mit einem Liquiditätsrisiko einher. ABCPs haben typischerweise eine Laufzeit von wenigen Tagen. Folglich müssen ABCP-Programme eine laufende Verlängerung der ABCPs sicherstellen, um den zugrunde liegenden

Vermögenswert zu finanzieren. Um das Liquiditätsrisiko zu minimieren, stellt die Trägergesellschaft zusätzlich zur Kreditgarantie auch eine Liquiditätsgarantie bereit. Gelingt es dem Programm nicht, neue Käufer für seine ABCPs zu finden, springt die Trägergesellschaft ein. Solange sowohl die Kredit- als auch die Liquiditätsgarantie glaubwürdig sind, betrachten Geldmarktfonds ein ABCP als risikofreie und folglich geeignete und attraktive Anlage. Abbildung 10 bezieht diesen Schattenbank-Mechanismus mit ein.

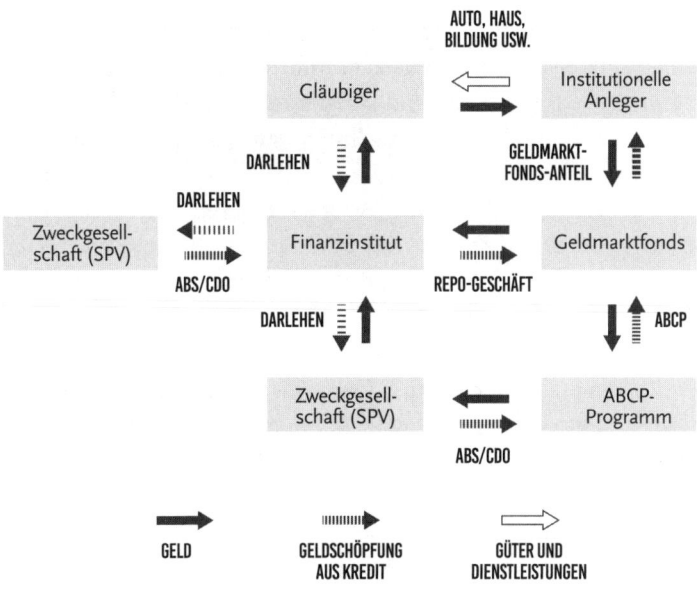

Abb. 10: Das Schattenbankensystem, Teil 2: Repo-Geschäfte und besicherte Geldmarktpapiere (ABCPs)

ABCP-Programme mögen zwar ABS aus der Bilanz einer Bank entfernen, doch ein Großteil des Kredit- und Liquiditätsrisikos verbleibt bei den Trägergesellschaften. Allerdings ist ihre rechtliche Konstruktion so beschaffen, dass die Trägergesellschaften Eigenkapitalarbitrage betreiben können. Die Eigenkapitalanforderungen für die Bereitstellung von Liquidität und Kreditgarantien für ABCP-Programme sind geringer, als wenn die Banken die jeweiligen ABS unmittelbar hielten – ein weiteres Beispiel für das Abgrenzungsproblem der Finanzmarktregulierung.

DIE FUNKTIONSWEISE DES SCHATTENBANKENSYSTEMS: EIN STILISIERTES BEISPIEL

Im Vergleich zu traditionellem Banking ist das Schattenbankwesen undurchsichtig und komplex. Um die beiden Hauptmechanismen des Schattenbankensystems zu erläutern, mussten wir einen ganzen Abkürzungssalat einführen. Im Folgenden präsentieren wir ein einfaches und stilisiertes Beispiel für die Funktionsweise dieses Systems, das Ihnen helfen möge, es trotz aller Komplexität zu durchdringen.

Wir erinnern uns an das Beispiel aus Teil 1, das uns dazu diente, die Funktionsweise des traditionellen Bankwesens zu erläutern. Betrachten wir nun die gleiche Situation innerhalb eines Schattenbankensystems mit Verbriefungen, Repo-Geschäften und Geldmarktfonds. Alex gründet wiederum eine Bank, indem er Außengeld in Höhe von 80 Euro als Eigenkapital bereitstellt, und Sarah bewirbt sich erfolgreich um ein Darlehen in Höhe von 60 Euro.

Im Digitalzeitalter hortet Sarah ihr Geld nicht länger auf einem Sparkonto. Stattdessen besitzt sie ein Geldmarktfonds-Depot. Sie erwirbt 60 Anteile des von Michelle gemanagten Geldmarktfonds mit einer Stückelung von 1 Euro. Michelle verspricht Sarah, Anteile jederzeit zum Wert von 1 Euro zurückzunehmen. Aus Sarahs Perspektive sind die Geldmarktfondsanteile damit ebenso gut wie Bargeld.

Sarah kauft Ryan wiederum eine Röstmaschine ab. Ryan besitzt ebenfalls ein Depot mit Anteilen an Michelles Geldmarktfonds. Sarah und Ryan empfinden es als mühselig, Anteile zu verkaufen, Bargeld auszutauschen und dann neue Anteile zu erwerben. Stattdessen weisen sie einfach Michelle an, die Eigentumsrechte an 60 Anteilen von Sarah auf Ryan zu übertragen.

Zwischenzeitlich teilt Julia Alex mit, dass sie gerne ein Darlehen über 60 Euro aufnehmen würde, um ihre Kaffeerösterei zu starten. Alex würde dieses Darlehen zwar gerne gewähren, besitzt dafür aber nicht genug Bargeld. Daher verbrieft er Sarahs Darlehen: Er gründet eine SPV und überträgt Sarahs Darlehen auf deren Aktivseite. Dann strukturiert er die Passivseite der SPV-Bilanz, indem er dort 6 Euro an Eigenkapital und eine ABS im Wert von 54 Euro verzeichnet. Sowohl die Eigenkapitaltranche als auch die ABS werden auf seine Bankbilanz rückübertragen.

Die Strukturierung der SPV diente Alex dazu, das Ausfallrisiko von Sarahs Kredit zu transformieren. Dank des Schutzes durch den Eigenkapitalpuffer weist die ABS ein niedrigeres Ausfallrisiko als Sarahs Darlehen auf. Alex lässt sich dieses Kreditrisiko durch eine Rating-Agentur zertifizieren. Bei gutem Rating, das ein entsprechend niedriges Risiko anzeigt, kann Alex die ABS als Sicherheit in einem Repo-Geschäft zur Aufnahme von Bargeld dienen.

Alex ruft Michelle an, um ihr ein Repo-Geschäft vorzuschlagen. Michelle willigt gerne ein, da auf der Aktivseite ihrer Geldmarktfonds-Bilanz 60 Euro ungenutzt herumliegen. Sie einigen sich darauf, die ABS als Sicherheit einzusetzen, und vereinbaren eine Fälligkeit am Folgetag. Das Repo-Geschäft ermöglicht es Michelle, ihr Bargeld zu investieren, während sie gleichzeitig das Versprechen, das sie ihren Anteilsinhabern gegeben hat, einlösen kann. Möchten diese ihre Anteile zurückgeben, beendet sie einfach die automatische Verlängerung des Repo-Geschäfts.

Dennoch ist Michelle nicht ganz unbeschwert. Sollte Alex in Zahlungsverzug geraten, könnte die ABS an Wert verlieren, ohne dass es ihr gelänge, ihre Verluste wieder wettzumachen. Um sich dieser Sorge zu entledigen, verlangt sie einen zehnprozentigen Sicherheitsabschlag; sie leiht Alex also nur 49 Euro, wobei ihr eine ABS im Wert von 54 Euro als Sicherheit dient. Abbildung 11 illustriert die Bewegungen auf den Bilanzen von Alex' Bank und von Michelles Geldmarktfonds.

1. Sarah erhält ein Darlehen und zahlt das Geld auf ihr Geld-
marktfonds-Konto ein.

AKTIVSEITE	GELDMARKTFONDS	PASSIVSEITE		AKTIVSEITE	BANK	PASSIVSEITE	
60	Bargeld	Anteile Sarah	60	20	Bargeld		
				60	Darlehen an Sarah		
						Eigenkapital Alex	80
60	Summe	Summe	60	80	Summe	Summe	80

▼

2. Sarah erwirbt eine Röstmaschine von Alex und nutzt dazu die
Zahlungsdienstleistungen des Geldmarktfonds.

AKTIVSEITE	GELDMARKTFONDS	PASSIVSEITE		AKTIVSEITE	BANK	PASSIVSEITE	
60	Bargeld	Anteile Sarah	0	20	Bargeld		
		Anteile Ryan	60	60	Darlehen an Sarah		
						Eigenkapital Alex	80
60	Summe	Summe	60	80	Summe	Summe	80

▼

In unserer Beispiel-Volkswirtschaft haben wir nun 60 Euro an
Innengeld in Form von Geldmarktfondsanteilen geschöpft. Wie
oben erläutert, lassen sich diese Anteile als Zahlungsmittel einsetzen. Darüber hinaus verfügt Alex' Bank über Barmittel in
Höhe von 69 Euro. Alex kann Julia nun das Darlehen gewähren.
Sie bewirbt sich erfolgreich um ein Darlehen in Höhe von
60 Euro und kauft ebenfalls Anteile an Michelles Geldmarktfonds. Dann ruft sie Ryan an und erwirbt eine Röstmaschine, indem sie ihre Fondsanteile auf ihn überträgt.

3. Alex verbrieft Sarahs Darlehen.

AKTIVSEITE	GELDMARKTFONDS	PASSIVSEITE		AKTIVSEITE	BANK	PASSIVSEITE	
60	Bargeld	Anteile Sarah	0	20	Bargeld		
		Anteile Ryan	60	54	ABS Sarah		
				6	Eigenkapital SPV	Eigenkapital Alex	80
60	Summe	Summe	60	80	Summe	Summe	80

▼

4. Alex leiht sich Geld vom Geldmarktfonds mittels eines Repo-Geschäfts.

AKTIVSEITE	GELDMARKTFONDS	PASSIVSEITE		AKTIVSEITE	BANK	PASSIVSEITE	
11	Bargeld	Anteile Sarah	0	69	Bargeld	Repo-Geschäft	49
49	Repo-Geschäft	Anteile Ryan	60	54	ABS Sarah		
				6	Eigenkapital SPV	Eigenkapital Alex	80
60	Summe	Summe	60	129	Summe	Summe	129

Abb. 11: Geldschöpfung im Schattenbankensystem, Teil 1

Alex würde gern weitere Darlehen vergeben. Er verbrieft Julias Darlehen erneut und geht dabei genauso vor wie bei Sarahs Darlehen. Er überträgt Julias Darlehen auf eine SPV und begibt eine ABS, die durch Julias Darlehen besichert und durch einen Eigenkapitalpuffer geschützt ist. Er beschafft sich eine Bonitätsbewertung und nutzt die ABS, um sich bei Michelle via Repo-Geschäft zu gleichen Bedingungen weiteres Geld zu leihen. Abbildung 12 illustriert diese Kontenbewegungen.

Wie wir erkennen können, ist die Innengeldmenge gewach-

5. Julia erhält ein Darlehen und zahlt das Geld ebenfalls in den Geldmarktfonds ein.

AKTIVSEITE	GELDMARKTFONDS	PASSIVSEITE		AKTIVSEITE	BANK	PASSIVSEITE
71	Bargeld	Anteile Sarah	0	9	Bargeld	Repo-Geschäft	49
49	Repo-Geschäft	Anteile Ryan	60	54	ABS Sarah	
		Anteile Julia	60	60	Darlehen Julia	
				6	Eigenkapital SPV	Eigenkapital Alex	80
120	Summe	Summe	120	129	Summe	Summe	129

▼

6. Julia erwirbt von Ryan eine Röstmaschine und nutzt dazu die Zahlungsdienstleistungen des Geldmarktfonds.

AKTIVSEITE	GELDMARKTFONDS	PASSIVSEITE		AKTIVSEITE	BANK	PASSIVSEITE
71	Bargeld	Anteile Sarah	0	9	Bargeld	Repo-Geschäft	49
49	Repo-Geschäft	Anteile Ryan	120	54	ABS Sarah	
		Anteile Julia	0	60	Darlehen Julia	
				6	Eigenkapital SPV	Eigenkapital Alex	80
120	Summe	Summe	120	129	Summe	Summe	129

▼

sen. Nach zwei Runden hat das Schattenbankensystem 120 Euro an Innengeld in Form von Geldmarktfondsanteilen geschöpft. Angenommen, Valerie wäre eine weitere Rösterei-Unternehmerin, die ein Darlehen in Höhe von 60 Euro nachfragt. Nach der

7. Alex verbrieft Julias Darlehen.

AKTIVSEITE	GELDMARKTFONDS	PASSIVSEITE		AKTIVSEITE	BANK	PASSIVSEITE	
71	Bargeld	Anteile Sarah	0	9	Bargeld	Repo-Geschäft	49
49	Repo-Geschäft	Anteile Ryan	120	54	ABS Sarah		
		Anteile Julia	0	54	Darlehen Julia		
				12	Eigenkapital SPV	Eigenkapital Alex	80
120	Summe	Summe	120	129	Summe	Summe	129

▼

8. Alex leiht sich weiteres Geld vom Geldmarktfonds mittels eines Repo-Geschäfts.

AKTIVSEITE	GELDMARKTFONDS	PASSIVSEITE		AKTIVSEITE	BANK	PASSIVSEITE	
22	Bargeld	Anteile Sarah	0	58	Bargeld	Repo-Geschäft	98
98	Repo-Geschäft	Anteile Ryan	120	54	ABS Sarah		
		Anteile Julia	0	54	Darlehen Julia		
				12	Eigenkapital SPV	Eigenkapital Alex	80
120	Summe	Summe	120	178	Summe	Summe	178

Abb. 12: Geldschöpfung im Schattenbankensystem, Teil 2

zweiten Verbriefungsrunde kann Alex ein solches Darlehen nicht mehr gewähren. Die Innengeldschöpfung im Schattenbankensystem kann sich nicht endlos fortsetzen.

Im Gegensatz zum Geldschöpfungsvorgang bei traditionellen

9. Ryan kauft Sarah frisch gerösteten Kaffee ab.

AKTIVSEITE	GELDMARKTFONDS	PASSIVSEITE		AKTIVSEITE	BANK	PASSIVSEITE
22	Bargeld	Anteile Sarah 60		58	Bargeld	Repo-Geschäft 98
98	Repo-Geschäft	Anteile Ryan 60		54	ABS Sarah	
		Anteile Julia 0		54	ABS Julia	
				12	Eigenkapital SPV	Eigenkapital Alex 80
120	Summe	Summe 120		178	Summe	Summe 178

▼

10. Das Repo-Geschäft auf Sarahs ABS wird nicht mehr verlängert.

AKTIVSEITE	GELDMARKTFONDS	PASSIVSEITE		AKTIVSEITE	BANK	PASSIVSEITE
71	Bargeld	Anteile Sarah 60		9	Bargeld	Repo-Geschäft 49
49	Repo-Geschäft	Anteile Ryan 60		54	ABS Sarah	
		Anteile Julia 0		54	ABS Julia	
				12	Eigenkapital SPV	Eigenkapital Alex 80
120	Summe	Summe 120		129	Summe	Summe 129

▼

Banken unterliegt die Innengeldschöpfung hier keinerlei rechtlichen Beschränkungen wie Reserve- oder Eigenkapitalvorschriften. Die Auffassungen der Marktteilnehmer hinsichtlich des Kreditausfallrisikos entscheiden darüber, wie hoch der Eigenkapitalanteil im Verbriefungsvorgang sowie der Sicherheitsabschlag bei Repo-Geschäften ausfällt. Beides begrenzt die im Schattenbankwesen

11. Alex macht die Verbriefung rückgängig und überträgt Sarahs Darlehen zurück auf seine Bilanz.

AKTIVSEITE	GELDMARKTFONDS	PASSIVSEITE		AKTIVSEITE	BANK	PASSIVSEITE	
71	Bargeld	Anteile Sarah	60	9	Bargeld	Repo-Geschäft	49
49	Repo-Geschäft	Anteile Ryan	60	60	Darlehen Sarah		
		Anteile Julia	0	54	ABS Julia		
				6	Eigenkapital SPV	Eigenkapital Alex	80
120	Summe	Summe	120	129	Summe	Summe	129

▼

12. Sarah löst ihre Geldmarktfondsanteile ein und zahlt ihr Darlehen zurück.

AKTIVSEITE	GELDMARKTFONDS	PASSIVSEITE		AKTIVSEITE	BANK	PASSIVSEITE	
11	Bargeld	Anteile Sarah	0	69	Bargeld	Repo-Geschäft	49
49	Repo-Geschäft	Anteile Ryan	60	0	Darlehen Sarah		
		Anteile Julia	0	54	ABS Julia		
				6	Eigenkapital SPV	Eigenkapital Alex	80
60	Summe	Summe	60	129	Summe	Summe	129

Abb. 13: Geldzerstörung im Schattenbankensystem

geschaffene Innengeldmenge. Bei niedrigem Eigenkapitalpuffer und geringem Sicherheitsabschlag lässt sich entsprechend mehr Innengeld schöpfen.

Wie im traditionellen Bankwesen kann der Geldschöpfungsprozess rückgängig gemacht werden. Nehmen wir an, dass Ryan Sarah für 60 Euro frisch gerösteten Kaffee abkauft. Dazu überträgt er 60 Anteile an Michelles Geldmarktfonds zurück an Sarah. Gleichzeitig wird Sarahs Darlehen fällig und sie bittet Michelle, ihre Anteile wieder gegen Bargeld umzutauschen. Michelle beendet die automatische Verlängerung eines der beiden Repo-Geschäfte, die sie mit Alex abgeschlossen hat, und kassiert 49 Euro an Bargeld. Unter zusätzlichem Einsatz ihrer früheren Reserve kann sie 60 Anteile zum vereinbarten Preis von 1 Euro von Sarah zurückkaufen. Da Michelle die automatische Verlängerung des Repo-Geschäfts storniert hat, gelangt die betreffende ABS wieder in die Obhut von Alex. Bei Fälligkeit des Darlehens macht er die Besicherung rückgängig. Sarah zahlt ihr Darlehen zurück, und die Innengeldmenge sinkt. Abbildung 13 illustriert den Prozess der Geldzerstörung.

Unser Beispiel verdeutlicht zwei Eigenschaften des Schattenbankensystems, die jeder Form von Banking innewohnen. Zum einen wirkt ein Geldmultiplikator, dessen Höhe von der Kreditrisikobewertung der Marktteilnehmer abhängt. Im Falle des ersten Schattenbankenmechanismus drückt sich diese Bewertung in der Größe des für eine Verbriefung benötigten Kapitalpuffers aus sowie in dem Sicherheitsabschlag, den die Repo-Gläubiger verlangen. Während der Boomjahre vor Ausbruch der Finanzkrise von 2007/08 sank der Sicherheitsabschlag auf ABS zeitweise auf 0 Prozent, und riskantere ABS-Tranchen wurden in CDOs wiederverbrieft, die ebenfalls im Rahmen von Repo-Geschäften eingesetzt werden konnten. Ein so geringer Kreditschutz ermöglicht einen raschen Zuwachs von Kreditsumme und Innengeldmenge. In unserem Beispiel hätte Alex nach seiner Darlehensvergabe an Sarah und Julia keinen finanziellen Einschränkungen unterlegen. Valerie hätte von Alex' Bank ein Darlehen erhalten können, wodurch weiteres Innengeld geschöpft worden wäre.[13]

Zum anderen kann sich der positive Kreislauf der Geldschöpfung in einen Teufelskreis verwandeln. Das Schattenbankensystem weist dieselben Fallstricke auf wie traditionelles Banking. Wenn allzu viele Besitzer von Geldmarktfondsanteilen und Repo-Gläubiger ihr Geld gleichzeitig »abheben«, kann es zu einer Panik im Schattenbankensystem kommen. Letztlich bleibt die grundlegende Schwäche des Bankings stets unverändert: Es besteht immer die Gefahr von Bank-Runs und Bankenpaniken. In Ermangelung staatlicher Garantien war es nur eine Frage der Zeit, bis tatsächlich eine Panik im Schattenbankensystem ausbrach: die Finanzkrise von 2007/08.[14]

KAPITEL 6
DIE FINANZKRISE VON 2007/08

Das Schattenbankensystem ist undurchsichtig und seine Funktionsweise schwer verständlich. Es erstaunt daher nicht, dass die Regulatoren eine Bankenpanik im Schattenbankensektor nicht auf dem Radar hatten. Diese Nachlässigkeit erklärt wohl teilweise, warum das zu Beginn der Finanzkrise von 2007/08 gültige Regelwerk gänzlich ungeeignet war, eine solche Panik zu verhindern.

DIE RECHTLICHEN RAHMENBEDINGUNGEN

Vor Ausbruch der Krise sahen die Regulierungsbehörden keinerlei Bedarf einer Regulierung des Schattenbankwesens. Sie vertraten die Ansicht, dass mangels expliziter Bankgarantien bereits die Gefahr einer Insolvenz den außerhalb des regulierten Banksektors operierenden Finanzinstituten genügend »Marktdisziplin« auferlegen würde. Verbriefungen und ABCP-Programme schienen die Banken von einem Teil ihres Kreditrisikos zu befreien; insofern wurden diese Finanzinnovationen als Faktor betrachtet, der das Finanzsystem und die Wirtschaft als Ganzes stabilisiere.[1]

Dessen ungeachtet mussten selbst die optimistischsten Regulatoren einräumen, dass Eigenkapitalvorschriften nach Art von Basel I kaum noch effektiv waren.[2] Die Banken verschoben Vermögenswerte von ihren Bilanzen auf andere, behielten aber einen Großteil des Risikos auf den eigenen Büchern. Die Regulatoren bemühten sich daraufhin, die Eigenkapitalanforderungen so zu aktualisieren, dass sie das Geschäftsgebaren der traditionellen

Banken im Digitalzeitalter berücksichtigten. Diese Anstrengungen mündeten in die zweite Basler Eigenkapitalvereinbarung, kurz Basel II.[3]

Das Leitprinzip von Basel II besagt, dass die Eigenkapitalanforderungen einer Bank von ihrem »wahren« Markt-, Kredit- und Betriebsrisiko abhängen sollten. Um dies zu erreichen, führte der Baseler Ausschuss für Bankenaufsicht mehrere Änderungen in der Methodik der Risikogewichtung ein. Zum einen ermunterte er die Banken, ausgefeilte interne Risikomanagementsysteme zu implementieren. Zum anderen wurden die Kapitalvorschriften weiterentwickelt, um Verbriefungen und Versicherungen innerhalb des Schattenbankensystems abzudecken. Und schließlich gab man den externen Kreditrating-Agenturen mehr Macht.

Der Originaltext von Basel II umfasst mehr als 300 Seiten. Es folgten zahlreiche Aktualisierungen, Änderungen und Ergänzungen sowie nationale Richtlinien – insgesamt Tausende von Seiten. Die Komplexität der Bankenregulierung nahm explosionsartig zu. Um die hoch komplizierten Vorschriften umzusetzen und zu überwachen, waren riesige Anstrengungen hoch qualifizierter Kräfte erforderlich, sowohl aufseiten der Banken wie auch aufseiten der Regulatoren.[4]

Man beachte, dass Basel II zwar erst kurz vor Beginn der Finanzkrise von 2007/08 in Kraft trat, zahlreiche Banken aber bereits vorher mit der Umsetzung begonnen hatten. Viele der vorgeschlagenen Maßnahmen waren also beim Ausbruch der Krise bereits verwirklicht, doch sie konnten den verheerenden Lauf der Dinge nicht verhindern. Darüber hinaus hatte Basel II auch einige bedeutende unbeabsichtigte Folgen, die den Verlauf der Krise beeinflussten.

DIE EIGENKAPITALDECKE IST IMMER NOCH ZU DÜNN

Wie bereits erwähnt, forderte Basel II die Banken auf, ausgeklügelte interne Risikomanagementsysteme zu entwickeln. Es stellte sich jedoch heraus, dass die Erlaubnis, seine Kapitalanforderungen mithilfe des eigenen Risikomanagements autonom zu bestimmen, beinahe auf dasselbe hinauslief, als würde man die Banken selbst über ihre Eigenkapitalmenge entscheiden lassen. Eine Bankenaufsicht kann sich auf die Kooperation von Banken nicht verlassen, die unter dem Schutz staatlicher Garantien stehen, da die Risikobereitschaft solcher Institute kaum Grenzen kennt. Der damalige Vorsitzende der Federal Deposit Insurance Corporation (FDIC), des Einlagensicherungsfonds der USA, beschrieb das Dilemma wie folgt: »Das gliche einem Football-Spiel, bei dem jeder Spieler nach seinen eigenen Regeln spielt. Es ist höchst plausibel, anzunehmen, dass Banken, die man sich selbst überließe, weniger – nicht mehr – Eigenkapital vorhalten würden als angemessen.«[5]

Es überrascht nicht, dass Basel II im Vergleich zu Basel I die tatsächlichen Eigenkapitalanforderungen reduzierte. Im Jahr 2006 veröffentlichte die Bank für Internationalen Zahlungsausgleich eine quantitative Folgeabschätzung (engl. *quantitative impact study*, QIS). Diese legte offen, dass Basel II zu einer faktischen Minderung der Eigenkapitalanforderungen geführt hatte: »Die QIS-Ergebnisse für die G10-Länder zeigen, dass die Mindestkapitalquote unter Basel II (...) im Vergleich zum heutigen Abkommen sinken würde.«[6] Eine Studie der FDIC rechnete mit »einem erheblichen prozentualen Rückgang der risikobasierten Eigenkapitalanforderungen«, sollten die US-Banken das Basel-II-Abkommen vollständig umsetzen.[7] Basel II scheiterte eklatant bei dem Versuch, sein Hauptziel zu erreichen; es gelang den Banken, sogar noch weniger Eigenkapital vorzuhalten als unter Basel I. Auch die Auslagerung eines Teils des Risikomanagements an externe Rating-Agenturen änderte hieran leider nichts.

FINANZPRODUKTE DES SCHATTENBANKENSYSTEMS ERHALTEN EIN FEHLERHAFTES RATING

Im Industriezeitalter boten Rating-Agenturen unabhängige Risikobewertungen von Ländern und Unternehmen an. Eine solche Risikoprüfung ist teuer, und irgendjemand muss sie bezahlen.

Bis in die 1970er-Jahre hinein folgten die Rating-Agenturen dem Modell des *zahlenden Anlegers*. Nicht zuletzt infolge des technologischen Fortschritts waren sie jedoch gezwungen, ihr Geschäftsmodell zu überdenken. Fortan galt nun das Modell des *zahlenden Emittenten*.[8]

Ein derartiges Modell beschwört einen Interessenkonflikt herauf. Der Erwerber einer Rating-Dienstleistung ist statt an einer *korrekten* Bewertung an einer *optimistischen* interessiert. Dieser Interessenkonflikt wird durch einen Reputationseffekt abgemildert. Ein guter Ruf ist für eine Rating-Agentur ein wertvoller Aktivposten. Vergibt sie regelmäßig allzu optimistische Ratings, so verliert sie das Vertrauen der Anleger. Ihre Ratings werden nicht mehr als nützlich angesehen und die Wertpapier-Emittenten zahlen nicht länger dafür.

Auf der Suche nach einem Kompromiss zwischen dem kurzfristigen Nutzen, der entsteht, wenn man einen Emittenten erfreut, und den langfristigen Kosten eines Reputationsverlustes entscheiden sich viele Rating-Agenturen für ein korrektes Rating, das die eigene Reputation schützt. Das Modell des zahlenden Emittenten gilt nun schon seit einiger Zeit und hat sich bei Unternehmens- und Länder-Ratings durchaus bewährt.

Wie sich herausstellte, waren aber Bewertungen von Finanzprodukten des Schattenbankensystems, beispielsweise ABS und CDOs, mit schwerwiegenden Mängeln behaftet. Länder- und Unternehmensratings sind leichter zu verstehen als Ratings von Produktlösungen des Schattenbankensystems. Wenn eine Rating-Agentur einem verschuldeten Unternehmen mit ungesundem Geschäftsmodell eine hohe Bonität zubilligt, werden die Wettbewerber und andere gut informierte Anleger das fehlerhafte Rating rasch aufdecken.[9]

Die Komplexität, welche die Finanzprodukte des Schattenbankensystems auszeichnet, erschwert es Anlegern, die Qualität des Kreditratings unabhängig zu überprüfen. Wie wir im letzten Kapitel gesehen haben, sind die zugrunde liegenden Mechanismen komplex und schwer verständlich. Nur wenige Insider wussten, welche Wertpapiere tatsächlich in den Produkten des Schattenbankensystems gebündelt waren. Außenstehende konnten die Qualität der Bewertungen kaum einschätzen, und es dauerte lange, bis man erkannte, dass einige dieser Ratings stark überhöht waren.[10]

In Bezug auf die Finanzprodukte des Schattenbankensystems schlug bei der Abwägung zwischen kurzfristigem Nutzen und langfristiger Reputation das Pendel in Richtung des kurzfristigen Vorteils aus. Die Rating-Agenturen waren bereit, ihren guten Ruf aufs Spiel zu setzen, um ihre Erträge mittels großzügiger Ratings im profitablen Markt der Finanzprodukte des Schattenbankensystems zu steigern.[11] Moral Hazard hielt somit Einzug ins Geschäftsmodell der Rating-Agenturen.

Die US-Börsenaufsichtsbehörde SEC hat die Rolle der Rating-Agenturen bei der Entstehung der Finanzkrise von 2007/08 untersucht. Sie enthüllte, dass die Rating-Agenturen komplexe Finanzprodukte des Schattenbankensystems bewerteten, obwohl ihnen bewusst war, dass diese Praxis sowohl ihre personellen als auch ihre intellektuellen Kapazitäten überforderte. Darüber hinaus waren sich die Agenturen darüber im Klaren, dass ihre Rating-Modelle nicht alle relevanten Parameter berücksichtigten.[12]

Moral Hazard bei der Bewertung von Produktlösungen des Schattenbankensystems führte auf breiter Front zu aufgeblasenen Ratings. Die Emittenten kannten die Schwächen der Rating-Agenturen sehr genau. Das nutzten sie bei der Konzeption von Finanzprodukten des Schattenbankensystems systematisch aus. Trotz hoher Risiken gelang es ihnen, diesen Produkten höchste Bonität bescheinigen zu lassen.[13] Die Agenturen versäumten es, die wahren ökonomischen Risiken dieser Produkte in ihrer Bewertung zu berücksichtigen.[14]

Rating-Agenturen betonen stets, dass ihre Bewertungen reine Meinungsäußerungen darstellten.[15] Mit der Umsetzung von Basel II wurden diese Meinungsäußerungen jedoch zu offiziellen Bestimmungsfaktoren der Eigenkapitalanforderungen von Banken. Bei einem hohen Rating eines Vermögenswerts muss dieser mit weniger Eigenkapital unterlegt werden und umgekehrt.

Als die Finanzkrise von 2007/08 zuschlug, fiel der Wert von Finanzprodukten des Schattenbankensystems viel schneller, als es ihr Rating erwarten ließ. Die Banken verfügten nicht über genügend Eigenkapital, um solche Verluste aufzufangen. Dieser Umstand brachte viele Geldinstitute an den Rand der Zahlungsunfähigkeit, und so drohte der Zusammenbruch des gesamten Finanzsystems.

Es stellte sich heraus, dass nicht nur die Empfehlung, ausgeklügelte Risikomanagementsysteme zur Bestimmung von Kapitalanforderungen zu entwerfen, wenig durchdacht war, sondern auch die Einbeziehung von Rating-Agenturen in das System der Bankenregulierung. Erschwerend kam hinzu, dass Basel II weitere unbeabsichtigte Folgen hatte. Die problematischste dieser Folgen war vermutlich, dass Basel II die Entwicklung riesiger globaler Banken beförderte.

GROSSBANKEN PROFITIERTEN VON DEN NEUEN VORSCHRIFTEN

In den letzten Jahren sind die Großbanken dramatisch gewachsen, und die Konzentration im Bankensektor hat neue Höhen erreicht. Die Zahl der US-amerikanischen Banken ist von 12 000 im Jahr 1990 auf 7 000 im Jahr 2009 gesunken, ein Rückgang um fast 50 Prozent. Gleichzeitig stieg der Anteil der von den vier größten Banken gehaltenen Gesamtaktiva im Zeitraum von 1992 bis 2009 von 14 Prozent auf mehr als 40 Prozent.[16] Einige wenige Akteure dominieren heute das weltweite Finanzsystem. Zwei Regulierungsmaßnahmen haben diese Entwicklung maßgeblich befördert: die Einlagensicherung und Basel II.

Einlagensicherungssysteme wirken sich indirekt auf die Marktkonzentration aus. Im Wirtschafts- wie im Privatleben sind manche Projekte erfolgreich, andere hingegen nicht. Folglich gibt es zahlreiche mögliche Gründe für den Zusammenbruch einer Firma. In einem solchen Krisenfall melden Nichtbanken Insolvenz an und das Leben geht weiter. Anders sieht es jedoch bei Banken mit ihren versicherten Bankeinlagen aus.

Um die mit einer Bankenpleite verbundenen Kosten zu minimieren, fusioniert der US-Einlagensicherungsfonds FDIC bisweilen angeschlagene mit finanziell gesunden Banken. Das scheint zunächst eine sinnvolle Lösung zu sein, denn die Abwicklung sämtlicher Positionen einer Bank ist kostspielig und mit gerichtlichen Streitigkeiten verbunden, die sich oft jahrelang hinziehen. Diese Kosten lassen sich durch eine Fusion mit einer stabilen Bank verringern.[17] Doch wenn man wiederholt zahlungsunfähige Kreditinstitute mit gesunden zusammenschließt, erhält man unweigerlich eine Bankenlandschaft mit weniger und größeren Instituten.

Während die Einlagensicherung zu Zusammenschlüssen und nachfolgend zur Herausbildung größerer Banken führte, schuf Basel II einen Wettbewerbsvorteil für solche Finanzinstitute. Nur Großbanken können sich den Aufbau interner Risikomanagementsysteme leisten. Um Eigenkapitalanforderungen auf der Grundlage interner Rating-Kriterien berechnen zu können, bedarf es Hunderter qualifizierter Kräfte wie etwa Rechtsanwälte, Wirtschaftsprüfer und Spezialisten im quantitativen Risikomanagement. Basel II ermöglicht es Banken weiterhin, ein standardisiertes Verfahren anzuwenden, das ohne interne Risikomanagementsysteme auskommt. Dies führt jedoch zu höheren Eigenkapitalanforderungen.[18] Somit unterliegen kleinere Banken engeren Beschränkungen als große.

Hinzu kommt, dass Basel II einen Anreiz für Großbanken darstellt, weiter zu wachsen, denn interne Risikomanagementsysteme verursachen hohe Fixkosten. Unabhängig vom Umfang ihrer Vermögenswerte muss eine Bank diese Kosten in jedem Fall abdecken. Wenn sie ein Risikomanagementsystem einführt, das ihren Eigenkapitalbedarf wirksam reduziert, dann profitiert hiervon jeder weitere neu erworbene Vermögenswert. Im Klartext: Wem es erst einmal gelungen ist, einige Regulierungslücken auszunutzen, der kann diesen Trick auf jeden zusätzlichen Euro in der eigenen Bilanz anwenden.

KONJUNKTURZYKLEN WERDEN VERSTÄRKT

Auf unserer Liste der unbeabsichtigten Folgen von Basel II fehlt noch ein letzter Punkt. Basel II betrachtet Banking aus einer mikroökonomischen Perspektive. Die Regulatoren konzentrierten sich auf das Schicksal einzelner Banken. Dem lag die Vorstellung zugrunde, dass sich das Bankensystem als Ganzes in einem guten Zustand befindet, wenn dies auf die einzelnen Banken zutrifft. Es stellte sich jedoch heraus, dass ein solcher mikroökonomischer Ansatz Konjunkturzyklen verstärkt und die Stabilität des gesamten Finanzsystems untergräbt.[19]

Interne Risikomanagementsysteme, für die Basel II wirbt, verwenden statistische Modelle zur Bestimmung der jeweiligen Eigenkapitalanforderungen. Um das Risikogewicht eines bestimmten Vermögenswerts zu berechnen, sind diverse Eingangsparameter erforderlich. Die vier grundlegenden Parameter sind die Ausfallwahrscheinlichkeit, die Verlustquote bei Ausfall, die Forderungshöhe bei Ausfall sowie die effektive Restlaufzeit. Je höher diese Parameter, desto höher das Kreditrisiko und desto strenger folglich auch die Eigenkapitalanforderungen.[20]

Interne Risikomanagementmodelle berücksichtigen typischerweise weder die Ausfallwahrscheinlichkeit von Vermögenswerten noch die Verlustquote bei Ausfall über einen gesamten Konjunkturzyklus hinweg, sondern immer nur bezogen auf einen gegebenen Zeitpunkt. In Boomphasen gelangt ein solches Modell zu einer geringen Ausfallwahrscheinlichkeit, während diese in einer Rezession ansteigt. Infolgedessen sind die Eigenkapitalanforderungen in guten Zeiten niedrig und in schlechten Zeiten hoch.[21]

Während einer Hochkonjunktur, kurz bevor die Wirtschaft in die Rezession abgleitet und der Kapitalpuffer zur Abfederung von Verlusten groß sein sollte, erreichen die tatsächlichen Eigenkapitalanforderungen ihren Tiefpunkt. Banken können Kredite zu großzügigen Bedingungen vergeben und ihre Bilanzen weiter ausdehnen. Die erhöhte Verfügbarkeit von Kredit und Innengeld heizt die Konjunktur weiter an.

Wenn die Krise jedoch zuschlägt, beginnen die Eingangsparameter ein erhöhtes Kreditrisiko anzuzeigen und die tatsächlichen Eigenkapitalanforderungen werden strikter. Um hierauf reagieren zu können, senken die Banken ihren Verschuldungsgrad. Das Bankensystem reduziert das Kredit- und Innengeldangebot. Die Rezession verschärft sich und die Eingangsparameter zeigen ein wiederum erhöhtes Kreditrisiko an. Der positive Kreislauf verwandelt sich in einen Teufelskreis.

EINE CHRONOLOGIE DER EREIGNISSE

Getreu dem Motto »Aus den Augen, aus dem Sinn« bezeichneten einige Experten die stabile wirtschaftliche Entwicklung seit Mitte der 1980er-Jahre als »große Beruhigung« (engl. *great moderation*). Doch das Schattenbankwesen ist genauso anfällig für Bankenpaniken wie das traditionelle Bankwesen. Es war daher unausweichlich, dass auch das Schattenbankwesen irgendwann das Schicksal ereilen würde, das 1907 und in den 1930er-Jahren dem traditionellen Bankwesen zusetzte. Doch der Reihe nach: Die Finanzkrise von 2007/08 begann mit einem nicht nachhaltigen Boom, ausgelöst durch ein unreguliertes Schattenbankensystem.

DER BOOM IM SCHATTENBANKENSEKTOR ...

Wir erinnern uns an die Mechanismen, durch die das Schattenbankensystem riskanten langfristigen Kredit in Innengeld verwandelt. Darlehen werden vergeben und anschließend in Form von Produktlösungen des Schattenbankensystems wie ABS und CDOs verbrieft. Diese Produkte werden nachfolgend entweder in Repo-Geschäften eingesetzt oder ABCP-Emissionen als Sicherheit unterlegt. Schließlich kaufen Geldmarktfonds solche ABCPs oder engagieren sich in Repo-Geschäften und geben Anteile aus, die Innengeld darstellen.

Schatten-Banking – und unreguliertes Banking im Allgemeinen – ist hochgradig prozyklisch. In guten Zeiten sind die Preise von Finanzprodukten des Schattenbankensystems stabil. Irgendein Käufer von ABS und CDOs findet sich immer, da man diese als Sicherheit zur Unterlegung eines Repo-Geschäfts verwenden kann und somit je nach Bedarf Liquidität erhält. Sind die Preise stabil, so geben sich die Repo-Gläubiger mit einem geringen Sicherheitsabschlag zufrieden. Während des Booms der Schattenbanken sanken die Sicherheitsabschläge auf viele Wertpapiere bis auf 0 Prozent. Wie wir festgestellt haben, spielen Sicherheitsabschläge auf Repo-Geschäfte eine ähnliche Rolle innerhalb des Schattenbankensystems wie Liquiditätsvorschriften im traditionellen Bankwesen. Niedrige Sicherheitsabschläge ermöglichen die Schaffung neuen Innengeldes, was letztlich die Konjunktur weiter anheizt.

Wie soeben erläutert, werden die tatsächlichen Eigenkapitalanforderungen im Verlauf einer Hochkonjunkturphase weniger restriktiv. Sind beispielsweise die Preise von Finanzprodukten des Schattenbankensystems stabil, so zeigen die internen Risikomanagementsysteme der Banken ein geringeres Kreditrisiko an. Die Banken können daraufhin mit demselben Eigenkapitalpolster mehr Kredit anbieten.

Da die vertrauenswürdigen Schuldner bereits Darlehen erhalten haben, senken die Banken nun ihre Kreditvergabestandards, um neue Schuldner zu finden.[22] Sie nutzen das Schattenbankensystem, um Darlehen in Form undurchsichtiger Wertpapiere wie CDOs und CDO², die von den Rating-Agenturen systematisch überbewertet werden, neu zu verpacken. Dadurch gelingt es ihnen, selbst Hochrisiko-Darlehen in Innengeld umzuwandeln.[23]

Während die Innengeldmenge wächst und Kredit zu günstigen Konditionen gewährt wird, blüht die Realwirtschaft. Jeder, der ein Haus besitzen, ein Auto kaufen oder ein studentisches Darlehen aufnehmen will, kann das tun. Und viele Menschen greifen zu. Einige kaufen ein Haus nicht, um darin zu leben, sondern um auf steigende Preise zu spekulieren. Diese spekulative Nachfrage treibt die Preise weiter an. Steigende Immobilienpreise senken das von den internen Risikomanagementsystemen angezeigte Kreditrisiko, denn Immobilien dienen in Hypothekendarlehen als Sicherheit. Darüber hinaus beeinflussen steigende Immobilienpreise auch die Bewertungen von *hypotheken-besicherten Wertpapieren* (engl. *mortgage-backed securities*, MBS) seitens der Rating-Agenturen in positiver Weise. MBS sind eine Untergruppe von ABS, die durch Hypotheken unterlegt sind. Wie wir wissen, ermöglichen beide Effekte die Schöpfung zusätzlichen Innengeldes.

... FÜHRT ZU EINER PANIK IM SCHATTENBANKENSEKTOR ...

Jede Finanzblase platzt irgendwann. Für die Immobilienblase in den USA kam dieser Zeitpunkt 2007, als die ersten Hypothekarschuldner minderer Bonität (sog. Subprime-Hypothekarschuldner) in Zahlungsverzug gerieten.[24] Werden Schuldner zahlungsunfähig, deren Hypotheken als Bestandteil eines MBS strukturiert wurden, dann fällt der Preis dieses MBS – ebenso wie die Preise aller CDO-Strukturen, die an die Darlehen der notleidenden Schuldner gekoppelt sind. Zunehmende Ausfallquoten führten zu einem Rückgang der Preise von MBS, der CDOs von MBS und der CDO^2 von CDOs von MBS sowie der CDO^3 von CDO^2 von CDOs von MBS.

Die zunehmenden Ausfallquoten auf Hypothekendarlehen führten zu einer großen Zahl an Zwangsversteigerungen und einer wachsenden Leerstandsquote. Der Angebotsüberhang auf dem Immobilienmarkt löste wiederum ein Sinken der Immobilienpreise aus. Da Immobilien bei Hypothekarkrediten als Sicherheit dienen, bedeutete dies, dass viele bislang voll besicherte Hypotheken nun in die Unterdeckung rutschten. In der Folge sanken die MBS-Preise weiter, da die Sicherheiten die Anleger nicht mehr vor einem Kreditausfallrisiko schützten.[25]

Die Repo-Gläubiger erkannten zunehmend, dass MBS riskanter waren, als es während des Booms der Schattenbanken schien. Folglich erhöhten sie ihre Sicherheitsabschläge. Repo-Schuldner, die MBS als Sicherheit aufboten, konnten sich nun weniger Bargeld beschaffen als vorher. Um die verlorenen Finanzierungsquellen auszugleichen, mussten sie MBS verkaufen, was deren Preise weiter drückte. Eine Abwärtsspirale aus sinkenden Preisen von Sicherheiten, steigenden Sicherheitsabschlägen und Notverkäufen von Vermögenswerten gewann zunehmend an Fahrt.[26]

Zu Beginn der Finanzkrise von 2007/08 waren viele Experten noch zuversichtlich, dass die Krise auf den Subprime-Markt beschränkt bliebe.[27] Sie täuschten sich. Die Krise weitete sich zu einer Panik aus, die das gesamte Finanzsystem erschütterte. Finanzinstitute, die ihre kurzfristigen Finanzierungsquellen einbüßten, mussten sich in großem Umfang von Vermögenswerten trennen. Die durch die fallenden Preise ausgelöste Abwärtsspirale griff auf ABS über, die mit dem Subprime-Hypothekenmarkt in keiner Verbindung standen. In der zweiten Hälfte des Jahres 2007 war die Panik bereits auf große Teile des Schattenbankensektors übergeschwappt. Plötzlich versuchten die Finanzinstitute, sich aller möglichen Finanzprodukte des Schattenbankensystems zu entledigen.[28]

Mit der Zeit gerieten auch traditionelle Banken ins Schleudern. Repo-Geschäfte waren für Banken eine wichtige Finanzierungsquelle. Als der Repo-Markt infolge von steigenden Sicherheitsabschlägen und sinkenden Marktpreisen der Sicherheiten zunehmend austrocknete, fiel es ihnen schwer, alternative Finanzierungsquellen zu erschließen.

Zu allem Unglück gerieten die Banken auch aufgrund ihrer ABCP-Verpflichtungen unter Druck. Wir erinnern uns, dass Banken ABCP-Programmen, die durch ABS besichert waren, Kredit sowie Liquiditätsgarantien zur Verfügung stellten. Infolge der sich verschlechternden Marktbedingungen für ABS verloren die Anleger ihr Vertrauen in ABCPs und begannen diese zu verkaufen. Dies zwang die Trägergesellschaften, den betreffenden ABCP-Programmen umfangreiche Kapitalspritzen zuzuführen, um deren Versicherungsversprechen einlösen zu können.[29]

Zum ersten Mal im Digitalzeitalter erlebte das Bankwesen eine ausgewachsene Panik. Die Finanzkrise von 2007/08 wird gelegentlich als *stiller Bank-Run* bezeichnet.[30] Im Unterschied zu früheren Bankenpaniken gab es keine Schlangen vor den Bankschaltern. Die Panik verbreitete sich vielmehr unter den Geldmarktakteuren, insbesondere unter Banken, Geldmarktfonds, Hedge-Fonds und großen Investoren. Als Repo-Gläubiger oder ABCP-Käufer zogen sie ihr Geld auf elektronischem Wege ab, indem sie kurzfristige Kredite nicht mehr automatisch verlängerten.

Die Folgen der Panik im Schattenbankensystem glichen jedoch denen früherer Bankenpaniken. Eine Kreditklemme entstand, da es Unternehmen nicht mehr gelang, Darlehen aufzunehmen.[31] Große Mengen an Innengeld wurden zerstört, was zu einer scharfen monetären Kontraktion führte und das Gespenst der Deflation wiederauferstehen ließ.[32]

... UND EINER UMFANGREICHEN RETTUNGSAKTION

Als die Panik die Funktionsfähigkeit des Finanzsystems zu bedrohen begann, sprang die Fed als Lender of Last Resort ein. Sie ersetzte die verloren gegangene Liquidität, die bislang vom Schattenbankensystem bereitgestellt worden war: Zum einen senkte sie ihre Zielmarke für die Federal Funds Rate.[33] Zum anderen begann die Fed, im Schattenbankensektor tätigen Finanzinstituten direkt Geld zu leihen, insbesondere Finanzmaklern wie beispielsweise Investmentbanken. Sie verlängerte zudem die Rückzahlungsfristen ihrer Darlehen; so konnten Banken nun Darlehen mit Laufzeiten von bis zu 90 Tagen bei der Fed aufnehmen. Schließlich wurden die Anforderungen an die zu erbringenden Sicherheiten für die oben genannten Darlehensfazilitäten gelockert.[34]

Diese Maßnahmen sollten Liquiditätsprobleme sowohl im traditionellen wie auch im Schattenbankwesen bekämpfen, doch die Panik war bereits über eine reine Liquiditätskrise hinaus eskaliert. Der rasche Preisverfall von ABS, MBS und CDOs traf die Banken schwer, da sie die anfälligsten Tranchen dieser Papiere in ihren Büchern hielten. Infolgedessen erlitten sie dramatische Verluste.[35] Da es den Banken so erfolgreich gelungen war, die Kapitalanforderungen von Basel II zu minimieren, arbeiteten sie mit hauchdünnen Eigenkapitalpuffern. Plötzlich schwebte über ihnen das Schreckgespenst der Insolvenz. Bear Stearns war eine der ersten großen Banken, die zusammenbrachen, und die Regulatoren sorgten für ihren Zusammenschluss mit J. P. Morgan, um eine weitere Eskalation der Panik abzuwenden.[36]

Kurz nachdem das Problem mit Bear Stearns »gelöst« war, geriet eine weitere große Bank ins Trudeln: Lehman Brothers. Anders als im Fall von Bear Stearns entschieden die Regulatoren, Lehman pleitegehen zu lassen. Die Insolvenz von Lehman Brothers war ein historischer Wendepunkt. Zuvor war es unvorstellbar gewesen, dass eine große Investmentbank nicht imstande sein könnte, ihren vertraglichen Verpflichtungen nachzukommen. Infolge der Lehman-Insolvenz brach das Vertrauen der Anleger in die Bankenwelt schlagartig zusammen.[37]

Für das Schattenbankwesen hatte dies weitreichende Folgen, da die Banken viele ABCP-Programme aufgelegt und mit Kredit- und Liquiditätsgarantien versehen hatten. Es dauerte nicht lange, bis Geldmarktfonds ins Scheinwerferlicht gerieten, da einige von ihnen ABCPs mit Kredit- und Liquiditätsgarantien von Lehman besaßen. Niemand wusste genau, welche Geldmarktfonds mit Lehman verbunden waren. Folglich versuchten die in Geldmarktfonds investierten Anleger panisch, ihre Anteile zu veräußern.

Bald musste die US-Regierung für alle Verbindlichkeiten von Geldmarktfonds garantieren. Diese Notfallmaßnahme wurde getroffen, obwohl Geldmarktfonds explizit von der Einlagensicherung ausgenommen waren. Um den Ansturm auf die Geldmarktfonds zu bremsen, pumpte die Fed weitere Liquidität in die Finanzmärkte. Auch das Schattenbankwesen kam nun in den Genuss von Bankgarantien: Nichtbanken wurde der Zugang zum Lender of Last Resort gewährt und Geldmarktfondsanteile – die Bankeinlagen des Schattenbankensystems – erhielten umfassende öffentliche Garantien.[38]

Angesichts der katastrophalen Ereignisse im Gefolge der Lehman-Pleite wagten es die Regulatoren nicht, eine weitere große Bank in die Insolvenz zu schicken. Die US-Regierung verkündete vielmehr den Start des Troubled Asset Relief Program (TARP), das es dem Schatzamt ermöglichte, sowohl Eigenkapital der Banken als auch Finanzprodukte des Schattenbankensystems zu kaufen. Durch direkte Käufe von ABS und MBS gelang es, deren Preise zu stabilisieren, und die Panik im Schattenbankensystem konnte endlich eingedämmt werden.[39]

Die während der Finanzkrise von 2007/08 getroffenen Maßnahmen waren unausweichlich, denn sie verhinderten den totalen Zusammenbruch der Finanzmärkte, der in eine Katastrophe gemündet wäre. Trotz aller politischen Maßnahmen löste die Finanzkrise dennoch eine schwere Rezession aus, die heute bisweilen als *Große Rezession* bezeichnet wird. Die Einkommen fielen und die Arbeitslosigkeit stieg dramatisch an.

Darüber hinaus waren die staatlichen Maßnahmen selbst mit erheblichen Kosten verbunden. So erreichte beispielsweise die Staatsverschuldung neue Höhen. Solche direkten Kosten sind ausführlich erörtert worden. Tiefgreifender noch sind allerdings die indirekten Kosten. Die massive Ausweitung staatlicher Garantien wird unser Finanzsystem noch jahrzehntelang prägen.

KAPITEL 7
DAS FINANZSYSTEM NACH 2008

Die großen Rettungsaktionen während der letzten Krise verstärkten die schon bestehenden Funktionsstörungen unseres Finanzsystems. Besonders beunruhigend ist aus ordnungspolitischer Sicht, dass die Ausdehnung der staatlichen Garantien nicht mehr von einer wirksamen Regulierung flankiert wird. Seit jeher sollten sich Garantien nur auf Bankeinlagen beziehen. Die Finanzkrise von 2007/08 zwang die Aufseher jedoch, eine weitaus umfassendere Rolle einzunehmen.

DAS BANKWESEN IST AUSSER KONTROLLE GERATEN

Die Regierungen und Zentralbanken haben den Umfang der staatlichen Garantien in zweierlei Hinsicht erweitert. Zum einen wurden sie auf Finanzinstitute im Schattenbankensektor ausgedehnt. In gleicher Weise, wie die öffentliche Hand in der ersten Hälfte des 20. Jahrhunderts das von traditionellen Banken geschöpfte Innengeld garantierte, haftet sie nun auch für das im Schattenbankwesen geschöpfte Geld. Zum anderen umfassen die staatlichen Garantien nun sämtliche Geschäfte der Großbanken. Nach der Lehman-Pleite wurde die Insolvenz eines weiteren großen Finanzinstituts undenkbar. Solche Institutionen werden heute oft als *too big to fail* bezeichnet – zu groß, um zu scheitern.[1]

TOO-BIG-TO-FAIL-INSTITUTE BEHERRSCHEN DIE FINANZWELT

Die Wendung »*too big to fail*« verbreitete sich erstmals im Jahre 1984, als der US-Einlagensicherungsfonds FDIC die Continental Illinois National Bank and Trust Company vor der Insolvenz rettete.[2] Finanzinstitute gelten dann als »zu groß, um zu scheitern«, wenn ihr Zusammenbruch massive Turbulenzen an den Finanzmärkten verursachen würde. Diese Drohkulisse hält die Aufseher regelmäßig davon ab, ein notleidendes Institut in die Insolvenz zu zwingen. Mehr als 20 Jahre nach der Rettung der Continental Illinois bestätigte die Lehman-Pleite die Gültigkeit dieser Grundannahme auf dramatische Weise.

Ein Institut, das als zu groß gilt, um zu scheitern, genießt das Privileg, dass nicht nur seine Kundeneinlagen, sondern seine sämtlichen Verbindlichkeiten unter staatlichem Schutz stehen. Die Marktteilnehmer sind daher gewillt, solchen Instituten zu geringeren Risikoprämien Geld zu leihen. Sie wissen ja, dass ihre Investition in letzter Instanz vom Staat garantiert wird. Geringere Risikoprämien gehen mit niedrigeren Kapitalbeschaffungskosten einher. Und niedrigere Kosten führen zu höheren Profiten. Wir sollten diese Bürgschaften daher als das betrachten, was sie in Wirklichkeit sind: eine Subvention für Großbanken.

Wir haben bereits festgestellt, dass die heutigen Regulierungen Großbanken begünstigen. Die Too-big-to-fail-Subvention erhöht nun sogar noch den Anreiz für Banken, sich zu vergrößern. Einige Beobachter schätzen die implizite Subvention für die 29 systemisch wichtigsten Banken weltweit auf 700 Milliarden US-Dollar.[3] Dies bedeutet nichts anderes, als dass jeder einzelne Mensch auf der Welt diesen Großbanken jährlich 100 US-Dollar aushändigt.

Die Ausdehnung der Staatshaftung auf alle Verbindlichkeiten von Too-big-to-fail-Instituten verschärft das Moral-Hazard-Problem.[4] Den Gläubigern fehlt jeglicher Anreiz, solche Institute zu überwachen und sie vom Eingehen exzessiver Risiken abzuhalten. Je länger wir mit Too-big-to-fail-Instituten leben müssen, umso normaler erscheint es uns, dass alle ihre Verbindlichkeiten mit einer staatlichen Garantie ausgestattet sind. Diese Situation ist analog der weiter oben beschriebenen, in der es um die staatliche Einlagensicherung ging. Genauso wie wir heute alle Bankeinlagen als risikofrei betrachten, werden wir irgendwann sämtliche Verbindlichkeiten von Too-big-to-fail-Instituten als frei von Risiken erachten.

DIE REGULATOREN ZÜGELN TOO-BIG-TO-FAIL-INSTITUTE NICHT

Angesichts dieser Situation reagierten die Regulatoren wie immer: Sie ersannen und implementierten zusätzliche Regeln. Dabei standen erneut die Kapitalvorschriften im Fokus. Die Aufseher aktualisierten die Eigenkapitalanforderungen und hofften, damit die Too-big-to-fail-Institute vom Eingehen exzessiver Risiken abzuschrecken.

Dieser neue internationale Versuch, die Mängel der Bankenregulierung zu beheben, wird als Basel III bezeichnet und ist genauso zum Scheitern verurteilt wie seine Vorgänger. Basel III berührt die oben angesprochenen Grundprobleme kaum. Es setzt weiterhin auf interne Risikomanagementmodelle zur Risikogewichtung.[5] Die Eigenkapitalanforderungen verbleiben auf absurd niedrigem Niveau.[6] Darüber hinaus erhöht Basel III die Komplexität der Regulierungsvorschriften weiter.[7] Und schließlich bleibt das Schattenbankensystem im Wesentlichen unberührt; die Regeln beziehen sich auf Banken, nicht auf Banking.

Manche Ökonomen, die mit Basel III unzufrieden sind, haben sich für deutliche höhere Kapitalanforderungen eingesetzt. Ein entsprechender lautstarker Vorstoß seitens Admati und Hellwig stieß auf breite Resonanz. Beide plädieren für die Abschaffung ausgefeilter Risikogewichtungsmethoden, die sie durch Eigenkapitalanforderungen von 20–30 Prozent ersetzen möchten – dem Bereich, in dem sich Eigenkapitalquoten vor Einführung einer Lender-of-Last-Resort-Politik und von Einlagensicherungssystemen einst befanden.[8]

Leider versäumten es auch Admati und Hellwig, zwischen Banken und Banking zu differenzieren. Sie bieten keine überzeugenden Lösungen für das Abgrenzungsproblem an. Die Banken werden auf höhere Eigenkapitalanforderungen genauso reagieren wie früher: Sie werden ihre Bankgeschäfte in den Schatten verlagern. Zudem werden neue Finanzinstitute in Erscheinung treten, die auf eine Art Innengeld schöpfen, dass sie den von Admati und Hellwig vorgeschlagenen hohen Kapitalanforderungen nicht unterworfen sind.[9]

Die Finanzkrise von 2007/08 hat gezeigt, dass ein unregulierter Bankensektor rasch genügend Innengeld schöpfen kann, um systemrelevant zu werden. Die Systemrelevanz führt zu impliziten staatlichen Garantien und folglich auch zu niedrigeren Finanzierungskosten. Unregulierte Institute erlangen so einen starken Wettbewerbsvorteil gegenüber Banken, welche die von Admati und Hellwig geforderten erhöhten Kapitalanforderungen erfüllen müssen. Gleichzeitig bedeutet die Systemrelevanz, dass im Krisenfall eine Rettungsaktion erforderlich wird. Damit landen wir genau dort, wo wir schon einmal waren.

Eigenkapitalanforderungen sind bislang die Standardreaktion vieler Ökonomen und Politiker gewesen. Noch immer wollen sie das Zuckerbrot der staatlichen Bürgschaft durch die Peitsche der Kapitalanforderungen ergänzen. Doch in den letzten 40 Jahren haben die Informationstechnologien die Peitsche in eine schlappe Schnur verwandelt. Kapitalanforderungen sind im Digitalzeitalter wirkungslos geworden.

Institute, für deren Verbindlichkeiten die öffentliche Hand haftet, werden immer Möglichkeiten finden, Regulierungen wie etwa Kapitalvorschriften zu umgehen. Es ist einfach zu profitabel, exzessive Risiken einzugehen, wenn die eigenen Abwärtsrisiken gedeckt sind. Im Folgenden möchten wir ein Beispiel für das Eingehen exzessiver Risiken vorstellen, das durch die weit verbreiteten Bürgschaften für Too-big-to-fail-Institute befeuert worden ist: Derivate.

ÜBERHÖHTE RISIKOBEREITSCHAFT AUF DEM 700 BILLIONEN US-DOLLAR SCHWEREN DERIVATEMARKT

Derivate existieren, seit es Finanzmärkte gibt, und viele davon sind durchaus nützlich. Das Erkennungsmerkmal eines *Derivats* besteht darin, dass sich sein Wert von einem zugrunde liegenden Vermögenswert ableitet. So wird beispielsweise der Wert von Mais-Termingeschäften vom Maispreis bestimmt.[10] Wir möchten hier nun nicht in eine ausführliche Erörterung des Terminhandels einsteigen, sondern stattdessen die wichtige Beziehung zwischen Derivaten und Too-big-to-fail-Instituten herausarbeiten.

Too-big-to-fail-Institute können Derivate nutzen, um sogenannte *Tail-Risk-Strategien* zu verfolgen. Ein *Tail Risk* ist ein als äußerst gering eingeschätztes Risiko – es befindet sich an den flachen Enden (engl. *tails*) der zugrunde liegenden Wahrscheinlichkeitsverteilung. Solche Strategien erzielen in normalen Zeiten positive Renditen, führen aber im Falle von Extremereignissen zu hohen Verlusten.[11]

Wo Tail-Risk-Strategien auf öffentliche Garantien treffen, sichern sich Händler, Manager und Bankeigentümer in guten Zeiten die positiven Renditen, während der Staat im Krisenfall eingreifen muss. Der riesige Verlust, der im Fall eines Extremereignisses eintritt, muss also vom Steuerzahler geschultert werden. Tail-Risk-Strategien auf den Terminmärkten trugen ihren Teil zu den fantastischen Profiten bei, welche die Banken während des »goldenen Zeitalters der Finanzbranche« zwischen 1990 und 2007 einfuhren.[12]

Die American International Group (AIG), ein großer Versicherungskonzern, ist ein Paradebeispiel für ein Unternehmen, das mithilfe von Derivaten eine Tail-Risk-Strategie verfolgte. AIG verkaufte einen Derivatetyp, der als *Kreditausfallversicherung* (engl. *credit default swap*, CDS) bezeichnet wird. Ein CDS versichert seinen Käufer gegen den Ausfall eines bestimmten Wertpapiers. Die von AIG emittierten CDS versicherten insbesondere Inhaber von CDOs, denen Subprime-MBS als Sicherheit zugrunde lagen. Ein solcher CDS zahlt bei Ausfall der zugrunde liegenden CDO eine Prämie in Höhe des entstandenen Verlustes aus. Wir erinnern uns, dass eine CDO selbst aus MBS besteht, in denen wiederum zahlreiche Hypotheken gebündelt sind. Kurz gesagt: Die Werthaltigkeit der von AIG emittierten CDS hing letztlich von der Fähigkeit Tausender von Hausbesitzer ab, ihre Hypothekarkredite zu bedienen.

Bei Ausbruch der Finanzkrise von 2007/08 hatte AIG Subprime-Hypothekenpapiere im Nennwert von über 500 Milliarden US-Dollar versichert. Der Konzern verfolgte eine überaus simple Tail-Risk-Strategie: Verkaufe Versicherungen und drücke die Daumen, dass der Versicherungsfall nie eintritt. Als das Extremereignis – die Finanzkrise von 2007/08 – eintrat, dauerte es nur ein Jahr, bis AIG insolvent war. Seine Eigenkapitaldecke reichte nicht aus, um den erlittenen Gesamtverlust auszugleichen. Angesichts der Erfahrungen mit der Lehman-Pleite sprang die US-Regierung in die Bresche und rettete AIG, um eine zusätzliche Belastung der Finanzmärkte zu verhindern. AIG erhielt vorübergehend beinahe 200 Milliarden US-Dollar an staatlichen Geldern.[13]

Das Beispiel von AIG veranschaulicht die Grundprinzipien von Tail-Risk-Strategien. AIG konnte seine Zusagen nur erfüllen, weil der US-amerikanische Staat eingriff. Käufer von Derivaten aus dem Hause AIG wussten, dass im Falle einer Schieflage des Konzerns letztlich die öffentliche Hand einspringen würde. Diese implizite staatliche Bürgschaft erlaubte es den Teilnehmern am Derivatehandel, das Gegenparteirisiko weitgehend zu ignorieren.[14]

Als *Gegenparteirisiko* bezeichnet man die Möglichkeit, dass die Gegenpartei eines Vertrags zahlungsunfähig wird und ihren Verpflichtungen daher nicht nachkommen kann. Es handelt sich somit um eine Form von Kreditrisiko. Die meisten Derivate unterliegen einem Gegenparteirisiko. Wenn der Verkäufer eines Derivats pleitegeht, wird das Derivat wertlos.[15]

Um das Gegenparteirisiko zu minimieren, bitten Käufer von Derivaten den Verkäufer, eine Sicherheit zu hinterlegen. Beide Parteien einigen sich darüber, wie das Derivat laufend bewertet werden soll. Der Verkäufer – beispielsweise AIG – verbucht daraufhin die entsprechende Sicherheit. Gerät der Verkäufer in Verzug, so wird das Derivategeschäft zum vereinbarten Wert aufgelöst und der Käufer kann das Sicherheitspfand verkaufen, um zu seinem Geld zu kommen.[16]

Man könnte nun vermuten, dass das Gegenparteirisiko im Derivatehandel dank dieser Sicherungsmaßnahmen kaum eine Rolle spielte und staatliche Garantien daher irrelevant wären. Dem ist aber nicht so. Selbst bei täglicher Berechnung des Marktwerts und entsprechender Verbuchung des Sicherheitspfands kann der Käufer das Gegenparteirisiko niemals vollständig ausschalten.

Ein Beispiel möge dies verdeutlichen: Nehmen wir an, Sie hielten eine CDO. Um sich gegen Verluste abzusichern, kaufen Sie ein CDS auf Ihre CDO. Dieses CDS wird durch ein Pfand besichert. Nun wird der Verkäufer Ihres CDS zahlungsunfähig. Infolgedessen erhalten Sie das Sicherheitspfand, besitzen aber weiterhin die ursprüngliche CDO. Da Sie es ja ursprünglich auf eine Versicherung abgesehen hatten, sind Sie nicht zufrieden damit, nun das Pfand anstatt der Versicherung zu besitzen. Daher suchen Sie nun nach jemand anderem, der Ihnen ein CDS verkaufen möchte. Doch da Ihr ursprünglicher CDS-Emittent ein größeres Finanzinstitut war, belastet dessen Zusammenbruch die Stabilität des gesamten Finanzsystems. In einer solchen Situation wird es schwierig, wenn nicht gar unmöglich, eine neue Gegenpartei zu finden, die bereit ist, Ihnen ein weiteres CDS zu verkaufen. Diese Art von systemischem Gegenparteirisiko – Wiedereindeckungsrisiko genannt – lässt sich nicht vollständig mit einem Sicherheitspfand ausschalten. Das können nur staatliche Garantien.[17]

Die meisten Institute, die Derivate verkaufen, sind *too big to fail*. Jene Banken, die von AIG emittierte CDS erwarben, wussten genau, dass die öffentliche Hand einspringen würde, falls AIG ins Schleudern geraten sollte. Folglich kümmerten sie sich wenig um das Gegenparteirisiko. Müssten die Marktteilnehmer den systemischen Teil des Gegenparteirisikos berücksichtigen, wären viele Derivate nicht mehr attraktiv.

Zurzeit werden nicht nur Derivate zum Schutz gegen Kreditausfälle, sondern auch solche auf Zinssätze, Währungen, Rohstoffe und Aktien angeboten. Ende 2013 wurde der Nennwert ausstehender Derivatekontrakte auf 710 Billionen US-Dollar geschätzt.[18] Das ist mehr als das Zehnfache des weltweiten Bruttoinlandprodukts (BIP), mit anderen Worten: mehr als der Wert aller im Verlauf von zehn Jahren weltweit produzierten Güter und Dienstleistungen. Der Nennwert ausstehender Derivatekontrakte hat sich seit dem Jahr 2000 mehrfach verdoppelt. Irgendwann wird erneut ein Derivatverkäufer gerettet werden müssen. Angesichts der Tatsache, dass AIG nur CDS im Nennwert von rund 500 Milliarden US-Dollar ausstehen hatte – weniger als 0,1 Prozent der weltweiten Gesamtsumme –, könnte die nächste Rettungsaktion alle bisherigen in den Schatten stellen.

Da die öffentliche Hand für die Verbindlichkeiten aller *Too-big-to-fail*-Institute geradesteht, ist der Boden für einen gigantischen Derivatemarkt bereitet. Die massive Ausdehnung staatlicher Garantien erhöht den Anreiz, sich in übertrieben risikoreiche Geschäfte zu stürzen; gleichzeitig gelingt es der Bankenaufsicht nicht, die Finanzinstitute wirksam vom Eingehen dieser Risiken abzuhalten. Das Bankwesen ist außer Kontrolle geraten.

DEN ZENTRALBANKEN ENTGLEITET DIE KONTROLLE

Als das Banking immer mehr aus dem Ruder zu laufen begann, entglitt auch den Zentralbanken zunehmend die Kontrolle. Im Digitalzeitalter fällt ihnen der Umgang mit dem Bankwesen zunehmend schwer. Ihr geldpolitischer Werkzeugkasten war für das Industriezeitalter konzipiert, als das traditionelle Bankwesen den Ton angab. Das Aufkommen des Schattenbankwesens hat nun aber die Wirksamkeit konventioneller Geldpolitik untergraben.

KONVENTIONELLE GELDPOLITIK UND DAS SCHATTENBANKWESEN

In einem Bankensystem ist Geld in erster Linie Innengeld. Das Preisniveau wird damit stark vom Angebot an Innengeld beeinflusst. Da jede Geldpolitik auf die Stabilisierung des Preisniveaus abzielt, versucht sie im Wesentlichen, die Schöpfung von Innengeld zu beeinflussen. Die Zentralbanken können diese jedoch nicht unmittelbar steuern. Daher nutzen sie Instrumente, die die Innengeldschöpfung über *geldpolitische Transmissionskanäle* beeinflussen.[19]

Konventionelle Geldpolitik lehnt sich eng an die Aktivitäten von Geschäftsbanken und deren Nachfrage nach Zentralbankreserven an. Die Geschäftsbanken halten einen Teil ihrer Vermögenswerte in Form von Zentralbankreserven. Auf diese Weise können sie Kundeneinlagen auf Wunsch auszahlen, Zahlungen im Interbankenverkehr leisten und die gesetzlichen Liquiditätsvorschriften einhalten. Die US-Zentralbank beeinflusst die Schöpfung von Innengeld, indem sie die verfügbare Menge an Zentralbankreserven steuert. Setzt sie diese Reserven ein, um damit Staatsanleihen in Offenmarktgeschäften zu kaufen, so erhöht sie die verfügbare Menge an Reserven, und umgekehrt.[20]

Auf dem *Federal-Funds-Markt* leihen sich die Banken gegenseitig Zentralbankreserven über Nacht. Die *Federal Funds Rate* ist der Zinssatz, den sich die Banken hierfür berechnen. Weitet die Zentralbank die Menge an Reserven aus, so sinkt dieser Zinssatz in der Regel. Umgekehrt steigt er normalerweise, wenn die Zentralbank die verfügbare Menge an Reserven einschränkt. Die Fed gibt eine Zielgröße für die Federal Funds Rate bekannt und richtet ihre Offenmarktgeschäfte an dieser Größe aus.[21]

Die Federal Funds Rate beeinflusst das Schattenbankwesen jedoch nicht unmittelbar. Im Vorfeld der Finanzkrise von 2007/08 trug das innerhalb des Schattenbankensystems geschöpfte Innengeld erheblich zur Ausweitung des Geldangebots bei.[22] Zu den wesentlichen Einflussgrößen der Innengeldschöpfung innerhalb des Schattenbankensektors gehören unter anderem die Vermögenspreise, die Qualität von Sicherheiten sowie die Höhe

von Sicherheitsabschlägen bei Repo-Geschäften. Offenmarktgeschäfte und andere konventionelle geldpolitische Instrumente
wirken sich nicht direkt auf diese Einflussgrößen aus. Die digitale Revolution hat dazu geführt, dass die Geldpolitik einen Großteil ihres Einflusses auf die Innengeldschöpfung eingebüßt hat.[23]

Die Zentralbanken scheiterten daran, dem nicht nachhaltigen
Boom der Schattenbanken etwas entgegenzusetzen. Zwar wurde
die Zielmarke für die Federal Funds Rate von 1 Prozent im Jahre
2004 schrittweise bis auf 5 Prozent Anfang 2007 heraufgesetzt,
doch trug dies nicht dazu bei, die Kreditvergabe im Schattenbankensektor zu begrenzen. Der Fed gelang es nicht, die massive
Ausweitung der Innengeldmenge einzudämmen.[24] Ebenso wenig konnte sie verhindern, dass die Innengeldmenge drastisch
schrumpfte, als die Krise schließlich ausbrach. Die Federal Funds
Rate wurde immer weiter abgesenkt, bis sie 2009 ihre technische
Untergrenze von 0 Prozent erreichte. Damit wurde es für die
Zentralbanken noch schwieriger, eine wirksame Geldpolitik zu
betreiben.

DIE NULL-PROZENT-UNTERGRENZE

Die Zentralbank kann die Federal Funds Rate nicht unter 0 Prozent drücken. Bekanntlich handelt es sich um den Zinssatz, zu
dem sich die Banken gegenseitig Zentralbankreserven leihen.
Wäre die Federal Funds Rate negativ, dann würde eine Bank,
die heute Zentralbankreserven verleiht, morgen weniger davon
zurückbekommen. In diesem Fall würden die Banken ihre Zentralbankgelder einfach horten, anstatt sie zu verleihen. Um das
zu verhindern, müsste die Zentralbank den Geschäftsbanken
einen negativen Zinssatz auf ihre Bestände an Reserven auferlegen. Die Banken könnten dem jedoch begegnen, indem sie
ihre Reserven in Bargeld umwandelten. Da Bargeld keinen negativen Zinssatz annehmen kann, würden die Banken einfach
auf die Haltung von Zentralbankreserven verzichten und stattdessen Bargeld halten. Bargeld – also Währung in physischer

Form – bedingt, dass die *Untergrenze der nominalen Zinssätze* bei null liegt.[25]

Liegt die Federal Funds Rate bei null, dann können die Geschäftsbanken sich zinslos Zentralbankreserven auf dem Federal-Funds-Markt beschaffen. Ihre Liquidität ist nun unbeschränkt, und keine Mindestreserveverpflichtungen hindern sie mehr an der Darlehensvergabe und Geldschöpfung. Dennoch halten sie sich damit zurück.

Im Nachgang der Finanzkrise von 2007/08 wurde die Schöpfung von Innengeld nicht durch eine mangelnde Verfügbarkeit von Zentralbankgeldern behindert. Wir erinnern uns, dass die Geldschöpfung nicht nur von Mindestreserveverpflichtungen auf der Aktivseite der Bankenbilanzen beschränkt wird, sondern auch von Eigenkapitalvorschriften auf der Passivseite. Die Krise hatte einen Großteil des Eigenkapitals der Banken aufgefressen. Um dieses nach Ende der Krise wieder aufstocken zu können, mussten sie ihre Darlehensaktivitäten zurückfahren und Fremdkapital abbauen – mit anderen Worten, ihre Bilanzen verkürzen.

Obwohl die Fed ihre Zielmarke für die Federal Funds Rate auf 0 Prozent absenkte, reduzierten die Banken ihren Verschuldungsgrad weiter und glichen nicht den Rückgang an Innengeld aus, das zuvor vom Schattenbankensystem bereitgestellt worden war. Die *Geldmenge*, also die Summe allen Außen- und Innengelds, schrumpfte während und nach der Finanzkrise von 2007/08. Die konventionelle Geldpolitik hatte sich erschöpft.

Wenn konventionelle Geldpolitik an der Null-Prozent-Untergrenze nicht mehr die Darlehensvergabe zu stimulieren vermag, wird bisweilen von einer *Liquiditätsfalle* gesprochen. Beginnen die Preise zu fallen, setzt also Deflation ein, so verschlimmert sich die Lage. Bei sinkenden Preisen wird das Halten von Außengeld durch eine positive reale Rendite belohnt. Selbst wenn die Menschen ihr Bargeld einfach nur horten, können sie künftig dafür mehr Güter und Dienstleistungen erwerben als heute. Das Horten von Geld dämpft sowohl die Kreditvergabe als auch den Konsum. Die Schöpfung von Innengeld wird eingedämmt und deflationäre Tendenzen werden bestärkt.

UNKONVENTIONELLE GELDPOLITIK

Wenn die Zentralbanken sich auf eine konventionelle Geldpolitik beschränkt hätten, hätte in vielen Ländern womöglich eine Deflationsspirale nach Art der Großen Depression eingesetzt. Dieser Gefahr waren sich die Zentralbanken sehr wohl bewusst. Als die Krise zu eskalieren begann, griffen sie daher rasch auf unkonventionelle geldpolitische Maßnahmen zurück. So versuchte beispielsweise die Fed, das verschwundene Innengeld durch eine Erhöhung der Außengeldmenge zu ersetzen. Bekanntlich können Zentralbanken in einer reinen Papiergeldwährung nach Belieben Außengeld schaffen. Nach Ende der Finanzkrise von 2007/08 kaufte die Fed große Mengen an Finanzprodukten des Schattenbankensystems sowie Staatsschulden auf, wozu sie neu geschaffene Zentralbankgelder einsetzte. Eine solche Vorgehensweise wird als *quantitative Lockerung* (engl. *quantitative easing*) bezeichnet.

Einerseits verhinderte der Einsatz von unkonventionellen geldpolitischen Maßnahmen wie der quantitativen Lockerung, dass die Wirtschaft in eine Deflationsspirale geriet. Andererseits verlängerten sich die Bilanzen der Zentralbanken auf ein nie da gewesenes Niveau. So blähte sich etwa die Bilanz der Fed von 0,9 Billionen US-Dollar im September 2008 auf 2,2 Billionen US-Dollar im November 2008 auf. Ende 2013, rund sechs Jahre nach Ausbruch der Krise, befindet sich die Fed in der dritten Runde ihres Programms der quantitativen Lockerung, und ihre Bilanz ist weiter auf nunmehr 4 Billionen US-Dollar angewachsen.[26]

Die Außengeldmenge hat sich seit 2007 mehr als verdreifacht. Weltweit haben die Zentralbanken ihre Aktivitäten ausgeweitet und ihre Bilanzen aufgebläht. Zwar konnte man eine deflationäre Entwicklung abwenden, doch diese drastischen Maßnahmen genügten nicht, um die Kreditvergabe anzukurbeln oder die Innengeldschöpfung wieder in Gang zu setzen. Bislang reichte es nur für eine schleppende wirtschaftliche Erholung.

Anders als im Falle konventioneller Geldpolitik führten die hier dargestellten unkonventionellen Maßnahmen dazu, dass die

Zentralbanken private Darlehen aufkauften und hielten. Ihre ausgedehnten Käufe wirken sich auch auf die Preise aus. Damit begannen die Zentralbanken, die Wohlstandsverteilung innerhalb der Volkswirtschaft in nicht unerheblichem Maße zu beeinflussen. So lösten beispielsweise die umfangreichen Käufe von MBS einen Preisauftrieb bei diesem Finanzprodukt aus. In diesem Fall profitierten die Besitzer von MBS von der Intervention der Zentralbank.[27]

Um das Zinsniveau zu drücken, haben die Zentralbanken auch breit angelegte Käufe von Staatsanleihen getätigt. Während das offizielle Ziel dieser Käufe in einer Steigerung des Geldangebots bestand, halfen sie nebenbei vielen Staaten bei der Finanzierung ihrer Defizite. Unkonventionelle geldpolitische Maßnahmen verwischen damit die Grenzen zwischen Geld- und Fiskalpolitik.[28]

DIE POLITISIERUNG DER ZENTRALBANKEN

Obwohl man geneigt sein könnte, die Unterscheidung von Fiskal- und Geldpolitik als rein akademische Angelegenheit zu betrachten, ist sie es nicht. Die Ressourcenallokation einer Zentralbank zeitigt Verteilungseffekte sowohl innerhalb des Privatsektors als auch zwischen dem privaten und dem öffentlichen Sektor. Je größer die Bilanz der Zentralbank, umso mehr Wohlstand wird umverteilt.

Das Umverteilungspotenzial von Zentralbanken und ihre Rolle bei der Bankenrettung hat ihre politische Wirkungsmacht erhöht. Die Öffentlichkeit betrachtet Zentralbanken zu Recht als mächtige wirtschaftspolitische Akteure. Folglich sehen sie sich zunehmend politischem Druck ausgesetzt. Ihr Zuwachs an Macht und Entscheidungsgewalt gefährdet ihre Unabhängigkeit.[29]

Viele Staaten sind große und auf Dauer nicht tragbare Haushaltsdefizite eingegangen, um Rettungsaktionen zu finanzieren und die Auswirkungen der Finanzkrise von 2007/08 zu mildern.

Immer öfter versuchen nun Politiker, die Geldpolitik zu beeinflussen, um damit schwierige Entscheidungen wie eine Senkung der Staatsausgaben oder eine Erhöhung der Steuern aufschieben zu können. Staatsdefizite in Verbindung mit einer schwindenden Unabhängigkeit der Zentralbanken innerhalb eines unbeschränkten Papiergeldsystems bergen die Gefahr einer Inflation. Übertreibt man es damit, könnte diese Vorgehensweise einen vollständigen Zusammenbruch des Finanzsystems auslösen.[30]

TEIL 3

EIN FINANZSYSTEM

FÜR DAS

DIGITALZEITALTER

KAPITEL 8

WARUM BANKEN HEUTE NICHT MEHR GEBRAUCHT WERDEN

Teil 1 dieses Buches beschäftigte sich mit den Verdiensten und den Mängeln von Banken im Industriezeitalter. In Teil 2 zeigten wir, wie das Bankwesen im Digitalzeitalter außer Kontrolle geriet. Die Störeffekte, die im Zuge der digitalen Revolution auf das Bankensystem einwirkten, gipfelten in der Finanzkrise von 2007/08. Die Informationstechnologien haben die Spielregeln grundlegend verändert, weil sie das Abgrenzungsproblem unlösbar machten. Doch es genügt nicht, die Defizite unseres heutigen Bankensystems einfach nur zu benennen. In diesem Teil wechseln wir die Perspektive und wenden uns den neuen Chancen zu, welche die digitale Revolution eröffnet hat. Wir lösen unser Versprechen ein und präsentieren einen Vorschlag, wie sich ein funktionierendes Finanzsystem wiederherstellen lässt.

Unser Vorschlag ist einzigartig, weil er das Digitalzeitalter mit offenen Armen begrüßt. Er trägt den schöpferischen Möglichkeiten der Informationstechnologien systematisch Rechnung, ohne ihren negativen Effekten anheimzufallen. An dieser Stelle sei noch einmal betont, dass wir nicht die Übergangsphase vom heutigen Bankensystem zu dem uns vorschwebenden Finanzsystem erörtern werden. Bevor wir den Weg zum Ziel beschreiben, müssen wir zunächst zeigen, dass wir uns ein sinnvolles Ziel gesetzt haben: ein Finanzsystem ohne Banking.

Was genau meinen wir damit? Wir erinnern uns, dass Banking als Geldschöpfung aus Kredit definiert ist. Nicht alle Aktivitäten von Banken erfüllen dieses Kriterium, und Banking wiederum wird nicht nur von Banken betrieben. Ein *Finanzsystem ohne*

Banking ist also ein Finanzsystem ohne Innengeld. Es muss jedoch keineswegs ohne Finanzinstitute auskommen, die Zahlungsdienstleistungen erbringen oder Anlageberatung und Vermögensverwaltung anbieten. Ebenso kann es Finanzinstitute geben, die Darlehensanträge bearbeiten und Unternehmen einen Zugang zum Kapitalmarkt verschaffen.

Der Unterschied zwischen einem Finanzsystem mit und einem ohne Banking offenbart sich auf der Systemebene. In diesem Kapitel betrachten wir im Einzelnen die Bankfunktionen, die uns im Industriezeitalter als unerlässlich erschienen, und erklären, warum wir Banken heute nicht mehr dafür benötigen. Ein modernes Finanzsystem kann die Bedürfnisdiskrepanz zwischen Gläubigern und Schuldnern überbrücken, Informationsasymmetrien bekämpfen und nützliche Zahlungsdienstleistungen anbieten – ganz ohne Banking.

Wenn wir unser Finanzsystem neu »verkabeln«, ändert sich kaum etwas an der »Schnittstelle«, an der Haushalte und Schuldner auf Finanzdienstleistungen zugreifen. Sie werden Ihre Geldangelegenheiten ebenso bequem regeln können wie heute mithilfe von Banking. Am Ende dieses Kapitels zeigen wir anhand eines stilisierten Beispiels, wie das in einem Finanzsystem ohne Banking funktioniert.

POOLING UND RISIKODIVERSIFIZIERUNG

Wir erinnern uns, dass sich die Bedürfnisse von Gläubigern und Schuldnern hinsichtlich der Darlehenssumme und des Kreditrisikos unterscheiden. Auf der einen Seite stehen Unternehmen, die große Darlehen bevorzugen, um damit teure Maschinenparks oder Ausrüstungsgegenstände für risikobehaftete Aktivitäten zu finanzieren. Ihnen stehen die Sparer gegenüber, also Haushalte, die nicht über die benötigten großen Beträge verfügen und zudem in der Regel risikoscheu sind. Haushalte möchten ihr finanzielles Schicksal nicht von einem einzigen Schuldner abhängig machen.

Kreditinstitute als Finanzintermediär überwinden diese Bedürfnisdiskrepanz. *Finanzintermediäre* verwenden für ihre Aktivitäten eine intermediäre Bilanz. So verzeichnen etwa traditionelle Banken auf der Passivseite ihrer Bilanz viele kleine Kundeneinlagen, während die Aktivseite ein diversifiziertes Darlehensportfolio aufweist.

Eine intermediäre Bilanz führt nicht automatisch zu Banking-Aktivitäten, das heißt zu Geldschöpfung aus Kredit. So sind etwa *Investmentfonds* nichts anderes als Finanzintermediäre, die keine Banking-Aktivitäten betreiben. Sie bündeln die Sparvermögen vieler Einzelhaushalte und halten ihrerseits ein diversifiziertes Portfolio von Finanzanlagen. Investmentfonds und Banken unterscheiden sich durch die Struktur ihrer Passivseite. Banken nehmen Eigenkapital auf und verbuchen Kundeneinlagen. Investmentfonds begeben ausschließlich Anteile, deren Wert schwankt und die somit kein Innengeld darstellen.[1]

Zur Kreditvergabe bedarf es nun aber nicht unbedingt eines Finanzintermediärs. Wir sprechen von *direkter Kreditvergabe*, wenn Darlehensangebot und -nachfrage unmittelbar aufeinandertreffen. Unsere Definition dieses Begriffs unterscheidet sich von anderen, die Verbriefungen hierin einschließen. Da Verbriefungen auf einer oder mehreren intermediären Bilanzen stattfinden, sollten sie nicht als direkte Kreditvergabe bezeichnet werden.[2]

Ohne intermediäre Bilanz müssen Schuldner und Gläubiger in eine Vielzahl von Kreditbeziehungen miteinander eintreten, um Kapital zu bündeln und das Kreditrisiko zu streuen. Ein einzelner Schuldner muss die Bankeinlagen zahlreicher Gläubiger zusammenführen, um eine große Investition finanzieren zu können, während ein einzelner Gläubiger sein Geld auf zahlreiche Schuldner verteilen muss, um sein Kreditrisiko zu streuen.

Im Industriezeitalter war eine Kreditvergabe ohne Finanzintermediär nur für Staaten, Großunternehmen und institutionelle Investoren eine Option; Staaten begeben *Staatsanleihen*, Unternehmen emittieren *Unternehmensanleihen*. Letztere sind standardisierte Kreditverträge, die üblicherweise das Versprechen beinhalten, bei Fälligkeit den Nominalwert zu erstatten und bis dahin regelmäßige Zinszahlungen zu leisten. Obwohl nur wenige Unternehmen am Markt für Unternehmensanleihen teilnehmen, ist dieser keineswegs unbedeutend. Im Jahre 2011 belief sich seine Marktkapitalisierung auf 92 Prozent des BIP der Vereinigten Staaten. Dieser Wert ist höher als die Gesamtsumme aller Bankeinlagen im gleichen Jahr, die sich auf 81 Prozent des BIP belief.[3]

Unternehmensanleihen, oft auch Obligationen genannt, werden zumeist in Stückelungen von 1000 Euro oder höher emittiert. Angesichts dieser großen Stückelungen fällt es dem durchschnittlichen Haushalt schwer, ein genügend diversifiziertes Anlageportfolio zusammenzustellen. Wenn die Stückelungen der einzelnen Kreditverträge zu groß sind, ist eine Risikostreuung bei der Kreditvergabe ohne Finanzintermediär erschwert.

Einer der Gründe für das Fehlen kleiner Stückelungen ist technischer Art. Im Industriezeitalter rechnete sich die Emission von Unternehmensanleihen nur in großen Stückelungen. Es war bedeutend einfacher, 1000 Kreditverträge abzuschließen als eine Million. Das gilt heute nicht mehr. Die Informationstechnologien ermöglichen einem Gläubiger oder Schuldner, eine Vielzahl von Kreditbeziehungen zu unterhalten.

Im Digitalzeitalter können Kreditverträge mit sehr kleiner Stückelung aufgesetzt werden. Eine Diversifizierung (Risikostreuung) lässt sich ebenso gut in einem Modell mit direkter Kreditvergabe erzielen wie mithilfe eines Finanzintermediärs. Die gleiche Argumentation greift für die Bündelung von Kapital; Schuldner können eine Vielzahl von Kreditbeziehungen mit Gläubigern unterhalten. Risikostreuung und Diversifizierung sind heute ganz ohne Finanzvermittlung möglich.

Man beachte: Dies bedeutet nicht, dass sich nun alle in Finanzexperten verwandeln und viel Zeit darauf verwenden müssen, ein Portfolio aus mehreren Tausend Kreditverträgen zu erstellen. Finanzinstitute werden ihren guten Rat anbieten und sich um die Finanzangelegenheiten von Haushalten kümmern.

Am Ende dieses Kapitels zeigen wir beispielhaft, wie Haushalte und Unternehmen ihre Finanzen ganz ohne Banking organisieren können.

Peer-to-Peer-(P2P-)Kreditplattformen zeigen, dass Haushalten sowie kleinen und mittleren Unternehmen (KMUs) sowohl Pooling als auch Kreditrisikostreuung gelingen kann, wenn sie Kreditverträge ohne Beteiligung von Finanzintermediären abschließen. P2P-Kreditvermittlungen sind ein neues Phänomen und in absoluten Zahlen gemessen noch immer relativ unbedeutend, doch ihre Zahl wächst rasant. Haushalte können dabei ihr Sparkapital in kleinste Einheiten unterteilen und es Tausenden von Schuldnern zur Verfügung stellen. Gleichzeitig können Kleinunternehmen und Einzelpersonen Kapital von Tausenden von Gläubigern bündeln. In Kapitel 9 gehen wir genauer auf dieses Phänomen ein.[4]

DER KAMPF GEGEN INFORMATIONSASYMMETRIEN UND INTERESSENKONFLIKTE

Woher nehmen Gläubiger die Gewissheit, dass ihre Schuldner tatsächlich Zinsen zahlen und bei Fälligkeit den vollen Nennwert des Darlehens erstatten werden? In Teil 1 haben wir Informationsasymmetrien als ein mit der Kreditgewährung verbundenes Problem identifiziert. Normalerweise wissen Schuldner mehr als Gläubiger, wodurch Moral Hazard droht. Durch Überwachung ihrer Schuldner können Gläubiger die aus Informationsasymmetrien erwachsenden Probleme minimieren.

Wer auf Finanzintermediäre verzichtet, kann seine Schuldner nicht alle selbst überwachen. Das Prinzip der Diversifizierung bedingt, dass ein Gläubiger Tausende von Schuldnern überwachen müsste. Aufgrund des Pooling-Prinzips müsste er sich außerdem mit Tausenden von anderen Gläubigern abstimmen. Der damit verbundene Koordinationsaufwand und die Gefahr von Trittbrettfahrern führen dazu, dass kein Gläubiger eine individuelle Überwachung von Schuldnern vornimmt.

In der Regel wird daher die Aufgabe der Überwachung einer Drittpartei übertragen, einem sogenannten *Delegated Monitor* (zu Deutsch etwa »beauftragter Überwacher«). Im Falle der P2P-Kreditvermittlung übernimmt diese Rolle der Betreiber der Kreditplattform. Er überwacht die Schuldner und wird aktiv, wenn sie ihren Zahlungsverpflichtungen nicht nachkommen.[5]

DER UMGANG MIT INTERESSENKONFLIKTEN IM BANKWESEN UND BEI DIREKTER KREDITVERGABE

Hat ein Delegated Monitor wie etwa eine P2P-Plattform die richtigen Anreize, um Schuldner angemessen zu überwachen? Schließlich hat er nichts zu verlieren: Sein eigenes Vermögen ist nicht gefährdet, wenn ein Schuldner in Zahlungsverzug geraten sollte. Alle Verluste haben am Ende die Gläubiger zu tragen. Dies begründet einen Interessenkonflikt zwischen den Gläubigern und dem Delegated Monitor, sodass nicht von vornherein ersichtlich ist, ob das Monitoring auf diese Weise delegiert werden kann.[6]

Auf den ersten Blick scheinen die Ereignisse im Verlauf der Finanzkrise von 2007/08 die Befürchtungen hinsichtlich von Delegated Monitors, die »nichts zu verlieren« haben, zu bestätigen. Einem beliebten Narrativ zufolge spielten Verbriefungen – der Prozess, bei dem Banken Darlehen aus ihrer Bilanz in die Bilanz einer SPV verschieben – eine zentrale Rolle beim Ausbruch der Krise, da sie es den Banken erlaubten, Kreditrisiken loszuwerden. Dadurch hatten sie keinen Anreiz mehr, Schuldner sorgfältig zu überwachen, und senkten deshalb ihre Kreditvergabestandards.

Diese Argumentation mag intuitiv sein, aber sie hat Schwachstellen. Wir erinnern uns, dass der Hauptgrund für Verbriefungen in der Eigenkapitalarbitrage bestand, nicht darin, Kreditrisiken von Banken auf ahnungslose Investoren abzuwälzen. Die Banken beließen die risikoreichsten Tranchen von SPVs meist in der eigenen Bilanz – auch bei ABCPs, die ABS von SPVs hielten, stellten die Banken Liquiditäts- und Kreditgarantien zur Verfügung. Der Großteil des Kreditrisikos verblieb bei den Banken, die als Trägergesellschaften fungierten, und diese mussten während der Finanzkrise von 2007/08 enorme Verluste hinnehmen. Verbriefungen dienten Banken dazu, Eigenkapitalvorschriften zu umgehen. Durch Verbriefungen und laxere Kreditvergabestandards setzten sich die Banken selbst einem Kreditrisiko aus.[7]

Die Finanzkrise von 2007/08 deckte jedoch Interessenkonflikte aufseiten der Kreditrating-Agenturen auf. Diese Interessenkonflikte offenbarten sich in Form fehlerhafter Bewertungen von Finanzprodukten des Schattenbankensystems. Das Versagen der Rating-Agenturen bedeutet jedoch nicht, dass direkte Kreditvergabe kein tragfähiges Modell wäre. Wie bereits erwähnt, sind Verbriefungen keine Form von direkter Kreditvergabe.

Die Rating-Agenturen versagten bei der Bewertung von Produkten des Schattenbankensystems, weil diese absichtlich intransparent konzipiert waren. Niemand konnte die Qualität der Darlehen beurteilen, die letztlich in diesen Produkten steckten, bevor es zu spät war. Die Rating-Agenturen haben komplexen Produkten wie etwa CDO[2], deren Wert von Tausenden von Darlehen an Tausende von Schuldnern abhängt, eine systematisch überhöhte Bonität bescheinigt – das Modell eines Delegated Monitors funktioniert in einem Bankenmodell offensichtlich nicht.[8]

Betrachten wir hingegen ein Modell ohne Bankwesen, so ergibt sich ein anderes Bild. Hier wird ein einzelnes Darlehen an einen einzelnen Schuldner bewertet. Individuelle Kreditrisiken sind viel leichter zu bewerten als das Risiko eines Finanzprodukts des Schattenbankensystems – das gilt sowohl für den Delegated Monitor als auch für den Gläubiger.

Dies lässt sich anhand von Unternehmensanleihen belegen. Die Rating-Agenturen haben davor zurückgeschreckt, mit allzu großzügigen gewinnsteigernden Bewertungen von Unternehmensanleihen ihren guten Ruf aufs Spiel zu setzen. Tatsächlich haben sie diese in den letzten 100 Jahren recht zuverlässig bewertet. Die Märkte für Unternehmensanleihen haben sich bewährt. Würde direkte Kreditvergabe nicht funktionieren, hätten die

Zeichner solcher Anleihen über Jahrzehnte hinweg Geld verloren und würden Unternehmensanleihen längst meiden.[9]

Während das Beispiel der Unternehmensanleihen zeigt, dass sich Interessenkonflikte bezüglich Delegated Monitors erfolgreich lösen lassen, erhöhen die Informationstechnologien sogar noch die Tragfähigkeit von direkter Kreditvergabe. Die digitale Revolution ermöglicht es, den Interessenkonflikt zwischen Gläubigern und Delegated Monitors noch besser in den Griff zu bekommen. Wie ihr Name bereits andeutet, schaffen die Informationstechnologien ganz neue Möglichkeiten, mit Informationsasymmetrien umzugehen.

WIE DIE DIGITALE REVOLUTION DIE KREDITÜBERWACHUNG VERBESSERT UND INTERESSENKONFLIKTE MINIMIERT

Im Industriezeitalter fand die Kreditüberwachung auf einer persönlichen Ebene statt. Die Kreditfachleute bei den Geschäftsbanken bauten langfristige Beziehungen zu ihren Schuldnern auf und gründeten ihre Vergabeentscheidungen überwiegend auf *weichen Informationen*. Der persönliche Austausch mit ihren Schuldnern diente ihnen als Grundlage ihrer Bewertung, ob diese vertrauenswürdig waren. Als wichtigste Entscheidungskriterien galten dabei subjektive Faktoren wie Ehrlichkeit und Kompetenz.

Weiche Informationen lassen sich nur schwer kommunizieren. Ein Kreditfachmann kann seinen persönlichen Eindruck hinsichtlich der Vertrauenswürdigkeit eines Schuldners kaum objektiv beschreiben. Im Gegensatz dazu sind *harte Informationen* – wie etwa Gewinn-und-Verlust-Rechnungen oder Bilanzen – quantifizierbar und überprüfbar. Wenn ein Delegated Monitor harte Informationen über Schuldner zusammenträgt, um zu einer Bonitätsbewertung zu gelangen, können Drittparteien und Gläubiger sich ein Urteil über seine Kontrollstandards bilden.[10]

Harte Informationen erlauben es Gläubigern, verschiedene Delegated Monitors miteinander zu vergleichen. Dies ermöglicht es, Anbieter mit unzureichenden Kontrollstandards frühzeitig zu identifizieren. Solche Anbieter mit einem schlechten Kreditvergabestandard erleiden rasch einen Reputationsverlust. Der Interessenkonflikt zwischen ihnen und den Gläubigern wird dadurch entschärft.[11]

Delegierte Überwachung hat auf Anleihenmärkten nicht zuletzt deshalb so gut funktioniert, weil hier eine Fülle an harten Informationen vorliegt. Unternehmen, die Anleihen begeben, sind zur *Finanzberichterstattung* verpflichtet. Sie veröffentlichen regelmäßige Erfolgsrechnungen und Bilanzen. Diese Berichte müssen von dritter Seite geprüft werden. Finanzberichte enthalten harte Informationen und ermöglichen es potenziellen Gläubigern, sich einen unabhängigen Eindruck von der Leistungsfähigkeit und finanziellen Solidität eines Unternehmens zu verschaffen. Die Rating-Agenturen verzichteten im Gegenzug darauf, Unternehmen, die eine Anleihemission planten, überoptimistische Bewertungen zu erstellen. Dies hätte ihrem Ruf rasch geschadet. Die Finanzberichterstattung konnte somit den Interessenkonflikt zwischen Anleiheemittenten und Rating-Agenturen überwinden.

Eine Finanzberichterstattung ist aufgrund ihrer hohen Kosten jedoch keine Option für kleine Unternehmen. So kann beispielsweise Sarah, die ihre Kaffeerösterei betreibt, sich eine regelmäßige Veröffentlichung detaillierter und geprüfter Finanzberichte nicht leisten. Glücklicherweise gibt es noch andere Möglichkeiten, an harte Informationen zu gelangen.

Als Kreditkarten in den 1960er-Jahren ihren Siegeszug antraten, begannen die Kreditfachleute der Geschäftsbanken, das sogenannte *Kreditscoring* anzuwenden. Dabei werden statistische Methoden auf eine Vielzahl von quantitativen Informationen angewendet, etwa die Zahlungs- und Einkommenshistorie. Um die als Input verwendeten Daten effizient zu erfassen, benötigt man Informationstechnologien. Die statistischen Methoden, mithilfe deren aussagekräftige Informationen über das Kreditrisiko gewonnen werden können, erfordern zudem eine Rechenleistung, die vor Beginn der digitalen Revolution nicht zur Verfügung stand.[12]

Kreditscoring hat sich gegenüber den auf persönlichen Beziehungen fußenden Bewertungsmethoden als überlegener Ansatz erwiesen.[13] Im Laufe der Jahre wurde er auf allen möglichen Märkten für Verbraucherkredite angewandt, etwa bei Kfz-Finanzierungen oder Hypothekargeschäften. In den 1990er-Jahren begannen die Banken, Kreditscoring auch zur Bewertung von KMUs einzusetzen, bei denen weiche Informationen seit jeher als wichtigste Kriterien galten. Auch dies erwies sich als Erfolgsgeschichte. Angesichts der Fülle an verfügbaren harten Informationen greifen die Banken heute immer weniger auf weiche Informationen zurück.[14]

Da harte Informationen mittlerweile für sämtliche Kreditsegmente von Verbraucherdarlehen bis hin zu Darlehen an kleine und große Unternehmen verfügbar sind, können Gläubiger jeder Art nun auf Finanzintermediäre verzichten. Wie im Falle von Unternehmensanleihen minimiert die zunehmende Verfügbarkeit harter Informationen den Interessenkonflikt zwischen Gläubigern und Delegated Monitors. Das im traditionellen Bankwesen angesiedelte Modell der beziehungsbasierten Darlehensvergabe hat seine besondere Funktion bei der Bekämpfung von Informationsasymmetrien im Kreditwesen verloren.

Die digitale Revolution lässt direkte Kreditvergabe aber auch noch auf andere Weise als praktikabel erscheinen. Das Internet erleichtert es Gläubigern weiter, Delegated Monitors zu bewerten und miteinander zu vergleichen. Informationen hinsichtlich Kontrollstandards werden heute besser und kostengünstiger erhoben, verarbeitet und verbreitet als je zuvor. Dies steigert erheblich ihren Nutzen bei der Leistungsbeurteilung von Delegated Monitors.

So informieren einige P2P-Kreditplattformen online über die Zuverlässigkeit, mit der Kredite in der Vergangenheit bedient wurden, über die angewandten Kreditscoring-Modelle sowie über die in diese Modelle einfließenden Variablen. Es ist nur eine

Frage der Zeit, bevor Dritte damit beginnen werden, diese Informationen systematisch zu sammeln und detaillierte Statistiken zum Vergleich verschiedener Delegated Monitors auf Online-Plattformen zu veröffentlichen. Nachlassende Kontrollstandards bei einem Einzelanbieter werden somit schnell bekannt und schädigen seinen guten Ruf. Im Digitalzeitalter spielt der Reputationseffekt eine entscheidende Rolle.

Unsere Vision für die Finanzdienstleistungsbranche ist in vielen anderen Wirtschaftssektoren bereits Realität. Die Informationstechnologien haben unseren Umgang mit Informationsasymmetrien revolutioniert. Dienstleistungsanbieter aller Art werden im Internet laufend beobachtet und bewertet. Manche Online-Plattformen haben beispielsweise erfolgreich die Informationsasymmetrie zwischen vormals uninformierten Reisenden und örtlichen Dienstleistern wie Restaurants, Hotels und Autovermietern ausgeschaltet.[15]

Viele etablierte Geschäftsmodelle, die auf die Überwindung von Informationsasymmetrien abzielten, wurden mit dem Aufkommen der Informationstechnologien revidiert oder aufgegeben. In der Reisebranche etwa werden sowohl traditionelle Reisebüros als auch Reiseführer zunehmend von ihren digitalen Pendants verdrängt. In gleicher Weise ist die beziehungsbasierte Darlehensvergabe, die sich auf weiche Informationen stützte, aus der Mode gekommen. Im Digitalzeitalter bieten Banken im Kampf gegen Informationsasymmetrien und Interessenkonflikte keinen echten Mehrwert mehr.

LIQUIDITÄTSVERSORGUNG UND ZAHLUNGSDIENSTLEISTUNGEN

Bislang haben wir uns noch nicht mit der Frage befasst, wie sich Banken bei der Bereitstellung von Liquidität und Zahlungsdienstleistungen ersetzen lassen. Wer ein Bankguthaben besitzt, ist gegenüber Inhabern einer Unternehmensanleihe oder eines P2P-Kreditvertrags im Vorteil. Ein Einleger kann sein Guthaben jederzeit am Geldautomaten in Außengeld verwandeln. Wir bezeichnen dies als vertraglich vereinbarte Liquidität. Hingegen weisen sowohl eine Unternehmensanleihe als auch ein P2P-Kredit einen festen Fälligkeitstermin auf. Man kann also vor diesem Termin nicht vom Schuldner eine Umwandlung in Bargeld verlangen.

DAS AUFKOMMEN DER MARKTLIQUIDITÄT

Die Zusicherung vertraglicher Liquidität ist Teil der Losgrößen-, Risiko- und Fristentransformation, mit der die Banken der Bedürfnisdiskrepanz zwischen Gläubigern und Schuldnern begegnen. Gläubiger wünschen sich Flexibilität, um unerwartete Ausgaben tätigen zu können, während Schuldner üblicherweise langfristige Darlehen bevorzugen, um ihre Aktivitäten zu finanzieren. Durch die Zusicherung vertraglicher Liquidität gewährleisten Kreditinstitute die Liquidität von Bankeinlegern und ermöglichen gleichzeitig die Vergabe langfristiger Darlehen an Schuldner.

Vertragliche Liquidität lässt sich jedoch durch Marktliquidität ersetzen. So werden etwa Unternehmensanleihen seit jeher auf Sekundärmärkten gehandelt. Gläubiger konnten sich Liquidität verschaffen, indem sie solche Anleihen an andere potenzielle Gläubiger verkauften. Die Marktliquidität verhinderte, dass Käufer von Unternehmensanleihen an langfristige Kreditbeziehungen gefesselt blieben.[16]

Im Industriezeitalter stellte Marktliquidität einen unzureichenden Ersatz für vertragliche Liquidität dar. Zwischen Käufern und Verkäufern der meisten Kreditformen bestand eine ausgeprägte Informationsasymmetrie. Die Verkäufer von Kreditverträgen wussten üblicherweise mehr über die Kreditqualität als potenzielle Käufer, die daher vor Handelsgeschäften zurückschreckten. Mit anderen Worten verfügten die Verkäufer über *Insiderinformationen*. Die hieraus erwachsende Gefahr eines Insiderhandels verhinderte die Entstehung liquider Sekundärmärkte.[17]

Wenn sich die Kreditüberwachung auf weiche Informationen stützt, fällt es potenziellen Käufern schwer, die Qualität eines auf einem Markt angebotenen Darlehens zu beurteilen. Sie müssen davon ausgehen, dass der Verkäufer einen Informationsvorsprung besitzt. Wir haben eben gesehen, dass Kreditüberwachung dank der Informationstechnologien heute überwiegend auf harten Informationen gründet. Diese Entwicklung verbessert auch die Liquidität auf Sekundärmärkten, da sie das Problem des Insiderhandels entschärft.

Finanzberichte und Offenlegungsvorschriften senken beispielsweise bei den Emittenten von Unternehmensanleihen die Gefahr, dass manche Marktteilnehmer über Insiderinformationen verfügen. P2P-Kreditvermittler können Ähnliches bewirken, indem sie Kreditscoring-Resultate und andere kursrelevante Informationen veröffentlichen. Dies ermöglicht es potenziellen Käufern, die Qualität von auf Sekundärmärkten angebotenen Darlehen zu vergleichen. Transparenz trägt dazu bei, die Informationsasymmetrie zwischen Verkäufern und potenziellen Käufern auf Sekundärkreditmärkten zu verringern.[18]

P2P-Kreditvermittler können weitere Maßnahmen ergreifen, um einem Insiderhandel vorzubeugen. So können sie ein Positionslimit verhängen, das die Risikoposition eines einzelnen Gläubigers gegenüber einem einzelnen Schuldner begrenzt. Dies senkt die möglichen Vorteile eines Handels aufgrund von Insiderinformationen. Darüber hinaus können sie mit technischen Mitteln verhindern, dass Gläubiger einzelne Darlehen gezielt verkaufen, indem sie für Kreditgeschäfte lediglich die Definition eines bestimmten Kreditrisikos und Fälligkeitsprofils ermöglichen. Bei einer solchen Konstruktion kann ein Verkäufer nicht gezielt einzelne Darlehen verkaufen und somit nicht aufgrund von Insiderinformationen handeln.

Die Informationstechnologien tragen nicht nur durch die Reduzierung von Insiderhandel zu Marktliquidität bei, sondern auch, indem sie *virtuelle Marktplätze* ermöglichen. Solche Marktplätze haben die Marktliquidität sämtlicher Güter und Dienstleistungen erhöht, selbst hochspezifischer und nicht standardisierter Güter. Veranschaulichen wir dies anhand eines Beispiels aus der nichtfinanziellen Welt. Stellen Sie sich vor, Sie zögen in eine neue Wohnung. Sie besitzen eine wertvolle antike viktorianische Öllampe, aber in Ihrer neuen Wohnung findet sich dafür kein Platz. Was tun? Nun, Sie könnten sie auf einer Auktions-Website verkaufen. Dort stehen die Chancen gut, dass Sie für Ihre Lampe innerhalb einer angemessenen Zeitspanne einen fairen Preis erzielen.[19]

Stellen Sie sich nun vor, Ihre Großmutter wäre vor 50 Jahren in derselben Lage gewesen. Sie hätte ihre Lampe damals nicht online verkaufen können. Vielleicht hätte sie ihre Freunde oder Bekannten gefragt, ob sie an einer viktorianischen Öllampe interessiert seien, oder hätte sie einem nahe gelegenen Trödelladen angeboten. Vermutlich hätten die Leute, die sie über diese beiden Kanäle erreichen konnte, nicht eben verzweifelt eine solche Lampe gesucht. Die Marktliquidität viktorianischer Öllampen wäre entsprechend niedrig gewesen und die Chance groß, dass Ihre Großmutter einen deutlich niedrigeren Verkaufspreis erzielt hätte, als es Ihnen heute möglich ist.

Virtuelle Marktplätze haben die Marktliquidität viktorianischer Öllampen erhöht. Welche Gründe hat das? Zum einen erfordern virtuelle Marktplätze keine gleichzeitige physische Anwesenheit der Marktteilnehmer. Marktteilnehmer aus aller Welt können zu geringfügigen Kosten am gleichen virtuellen Marktplatz teilhaben. Damit bündeln solche Marktplätze mehr Marktteilnehmer als ihre physischen Pendants. Dank geringeren Suchfriktionen finden interessierte Käufer und Verkäufer eines bestimmten Gegenstandes viel leichter zusammen.[20]

Zum anderen erhöhen virtuelle Marktplätze die Transparenz. Virtuelle Auftragsbücher zeigen, wie viele Marktteilnehmer zu einem gegebenen Preis zum Kauf oder Verkauf bereit sind. Zudem implementieren virtuelle Marktplätze oft eine elektronische Berichterstattung, die Auskunft über die Volumina und Preise früherer Handelsgeschäfte gibt. Der bequeme Zugang zu diesen Marktinformationen erleichtert sowohl die Suche nach einem Handelsgeschäftspartner als auch den Preisbildungsprozess. Die

Transaktionskosten sinken und die Marktliquidität verbessert sich weiter.[21]

Heute werden bereits Güter und Dienstleistungen aller Art auf virtuellen Marktplätzen gehandelt. Finanzanlagen eignen sich dabei besonders gut zum Handel auf solchen Märkten, da sie selbst virtueller Natur sind. Es überrascht daher nicht, dass viele Finanzanlagen bereits auf virtuellen Marktplätzen gehandelt werden. Ein Beispiel sind Indexfonds (ETFs), die besonders niedrige Transaktionskosten aufweisen.[22] Auch Anleihenmärkte haben Merkmale virtueller Marktplätze angenommen, auch wenn sie bis heute nicht vollständig auf elektronischen Handel umgestellt wurden. So haben sich beispielsweise dank verstärkter elektronischer Berichterstattung auf den Märkten für Unternehmensanleihen die Transaktionskosten halbiert; sie liegen heute bei 0,05 bis 0,08 Prozent.[23]

Einige P2P-Kreditvermittler haben eigene virtuelle Marktplätze eingerichtet, auf denen Schuldner P2P-Kreditverträge vor dem Fälligkeitstermin verkaufen können.[24] Andere P2P-Kreditplattformen haben sich mit einer Drittpartei darauf verständigt, einen gemeinsamen virtuellen Marktplatz für P2P-Kreditverträge zu organisieren, die über verschiedene Plattformen abgeschlossen wurden.[25] Zurzeit sind diese Märkte sehr klein und die Marktliquidität ist gering. Mit steigender Anzahl an Marktteilnehmern und höherem Handelsvolumen wird die Marktliquidität jedoch ein Niveau erreichen, das sich mit dem auf anderen Marktplätzen für Finanzanlagen messen kann.

ZAHLUNGSSYSTEME FÜR DAS DIGITALE ZEITALTER

Im Digitalzeitalter ist Marktliquidität zu einem tragfähigen Ersatz für vertragliche Liquidität geworden. Doch Kreditinstitute bieten auch Zahlungsdienstleistungen an. In diesem Zusammenhang sollten wir klar zwischen Zahlungsdienstleistungen und Liquidität unterscheiden. Liquidität bezeichnet die Möglichkeit, einen beliebigen Vermögenswert in Außengeld umzutauschen. Wenn Sie am Geldautomaten Bargeld von Ihrem Bankeinlagenkonto abheben, so ist das gleichbedeutend mit einem Zugriff auf vertraglich vereinbarte Liquidität. Der Verkauf eines Vermögenswerts auf einem Markt bedeutet, auf Marktliquidität zuzugreifen. Bei Zahlungsdienstleistungen geht es hingegen um Überweisungen, sei es von Innen- oder von Außengeld. Wer Geld von einem Bankeinlagenkonto auf ein anderes überträgt, nutzt die Zahlungsdienstleistungen des Bankwesens.[26]

Wir haben gesehen, dass Banken ein *Zahlungsverkehrssystem* unterhalten, um Zahlungen mittels einfacher Buchungen vornehmen zu können. Solch praktische Zahlungsdienstleistungen können Banken aufgrund der virtuellen Natur von Innengeld anbieten. Das Zahlungsverkehrssystem ermöglicht es Menschen, Güter und Dienstleistungen auch ohne physischen Kontakt zu tauschen, ein entscheidender Vorteil gegenüber der Bargeldnutzung. Im Industriezeitalter war diese Zahlungsabwicklung über Banken sehr wichtig.

Ein Zahlungsverkehrssystem ist jedoch nicht auf das Bankwesen beschränkt. Erinnern wir uns an das Beispiel aus Teil 1: Sittah und Nathan nutzten die praktischen Zahlungsdienstleistungen des Treuhänders Bonafides. Dafür bedurfte es keines Bankings – der Geldschöpfung aus Kredit. Jeder Treuhänder kann seinen Kunden Zahlungsdienstleistungen anbieten. Und tatsächlich werden solche Dienstleistungen heute auch von Nichtbanken angeboten.[27]

Banking war also niemals eine notwendige Voraussetzung für Zahlungsdienstleistungen, doch die Informationstechnologien haben noch eine andere Möglichkeit geschaffen, um Zahlungen unkompliziert tätigen zu können: *Digitalwährungen*, bei denen es sich um virtuelles Außengeld handelt. Wie beim Zahlungsverkehrssystem zwischen Banken müssen auch Menschen, die eine Digitalwährung als Tauschmittel verwenden, einander nicht physisch begegnen.

Digitalwährungen stecken noch in den Kinderschuhen, doch sie ermöglichen prinzipiell Zahlungsverkehrssysteme, für welche nicht einmal mehr Treuhänder benötigt werden. Ob wir nun traditionelle Zahlungsverkehrssysteme oder Digitalwährungen verwenden, das Ergebnis bleibt identisch: Ein effizientes Zahlungssystem kommt auch ohne Banking aus.[28]

Ein letztes Problem verbleibt: Banken verbinden auf bequeme Weise Zahlungsdienstleistungen und vertraglich vereinbarte Liquidität. Einleger können einfach auf Liquidität zugreifen sowie Zahlungen leisten, indem sie beispielsweise mit einer Debitkarte bezahlen. Ohne Banking wären hierzu zwei getrennte Schritte erforderlich: Zunächst müsste man Kredit auf Sekundärmärkten verkaufen, um an Bargeld zu gelangen, und anschließend müsste dieses Geld den Empfänger per Überweisung erreichen. Bedeutet ein Verzicht auf Banking also, dass wir auf Komfort verzichten müssen?

Die Antwort lautet wiederum Nein. Niemand wird Kreditverträge von Hand verkaufen müssen, um an Außengeld für Zahlungen zu gelangen. Finanzinstitute außerhalb des Bankensektors wie etwa P2P-Kreditplattformen werden hierfür passende Handelsalgorithmen anbieten. Diese automatisieren Kauf- und Verkaufsentscheidungen und erleichtern den Zugriff auf Marktliquidität. Wie auch das P2P-Kreditgeschäft sind solche Algorithmen bereits in der Praxis erprobt worden. So nutzen beispielsweise Investmentbanken heute Handelsalgorithmen, um ihre Kundenauftragsflüsse in den Devisen- oder Aktienmärkten zu steuern.[29]

WIE MAN SEINE GELDANGELEGENHEITEN GANZ OHNE BANKING REGELT

Wir haben argumentiert, dass der Unterschied zwischen einem Bankensystem und einem Finanzsystem ohne Banken in der »Verkabelung« liegt, nicht in der »Schnittstelle«. Wie erläutert lässt sich ein bankenloses Finanzsystem mithilfe von Informationstechnologien bestens »verkabeln«. Lassen Sie sich nun davon überzeugen, dass die Schnittstelle so simpel bleiben wird wie heute. Um Ihnen zu zeigen, wie wenig Haushalte und Nichtfinanzunternehmen vom Ende der Banken berührt wären, führen wir unser Beispiel von Sarah und ihrer Kaffeerösterei weiter fort, nur dass es nun im Digitalzeitalter spielt und ohne Banking auskommt.

FINANZDIENSTLEISTUNGEN FÜR DARLEHENSGEBER

Nehmen wir an, Sarahs Kaffeerösterei hätte sich als Erfolg erwiesen. Sie hat anständige Gewinne erzielt und konnte etwas Geld beiseitelegen. Anstatt ihre Ersparnisse und Finanzangelegenheiten vom Bankier Alex betreuen zu lassen, verlässt sie sich nun auf Jakob, einen Finanzberater. Jakob bietet ihr kein Bankeinlagenkonto an, aber ein Depotkonto, das sie für Zahlungen und Anlagegeschäfte nutzen kann.

Wie seinerzeit mit Alex trifft sich Sarah auch mit Jakob anfangs zu einem persönlichen Gespräch. Gemeinsam erarbeiten sie einen Kapitalanlageplan, der zu Sarahs Risikoprofil passt. Sie ist relativ risikoavers, daher achtet Jakob darauf, dass ihre Ersparnisse überwiegend in Finanzanlagen – zum Beispiel P2P-Kredite – mit geringem Kreditausfallrisiko, kurzen Laufzeiten und hoher Marktliquidität investiert sind. Darüber hinaus diversifiziert er ihre Ersparnisse: Er investiert in keinen einzelnen Schuldner mehr als 1 Cent.

Natürlich ist jede Anlage weiterhin mit einem Risiko verbunden, ganz so wie früher beim Eröffnen eines Bankeinlagenkontos in den Zeiten vor der Einführung staatlicher Garantien. Niemand weiß, was die Zukunft bereithält, und Investitionsvorhaben gehen manchmal schief. Ein Kreditportfolio unterliegt immer geringen Wertschwankungen. Insbesondere droht Sarah ein Wertverlust ihrer Anlage in Kreditverträge, falls einer der Schuldner zahlungsunfähig wird. Doch ihr Risiko ist gut diversifiziert und wird durch ihre Zinseinkünfte aufgewogen.

Nach dem anfänglichen Treffen mit Jakob erhält Sarah eine Kontonummer und eine Zahlungskarte. Sie kann Geld auf ihr Konto einzahlen und in Geschäften mit ihrer Zahlungskarte einkaufen; beides fühlt sich für sie praktisch genauso an wie in den alten Zeiten, als sie noch ein Bankkonto unterhielt – die Schnittstelle hat sich nicht verändert.

Die dahinter liegende Verkabelung hingegen sehr wohl: Jakob hat Handelsalgorithmen entwickelt, die ihn bei der Abwicklung von Sarahs Zahlungen und Anlagegeschäften unterstützen. Zum einen sorgen diese Algorithmen dafür, dass ihr Geld automatisch entsprechend ihren Bedürfnissen investiert wird. Sobald Sarah Geld auf ihr Depotkonto einzahlt, beginnen Handelsalgorithmen die weltweiten Finanzmärkte nach passenden Kaufgelegenheiten abzusuchen und nutzen diese.

Zum anderen stellen Jakobs Handelsalgorithmen sicher, dass Sarah ihre Zahlungskarte nutzen kann. Sobald Sarah ihre Karte durch das Lesegerät zieht, verkaufen Handelsalgorithmen finanzielle Vermögenswerte, damit genügend Bargeld zur Bezahlung ihrer Einkäufe bereitsteht. Jakob wird ihre Geldbestände gemäß ihrem Liquiditätsbedarf optimieren, sodass bei kleineren Käufen keine Vermögenswerte veräußert werden müssen. Das Geld aus Sarahs Depotkonto wird dann auf das Depotkonto des Ladenbesitzers überwiesen. All diese Schritte vollziehen sich binnen weniger Sekunden, während deren der Ladenbesitzer Sarahs Einkäufe einpackt.

Kurz gesagt sorgt Jakob dafür, dass es für Sarah attraktiv wird, ihr Geld in Kredit zu investieren. Sarah hat ausschließlich niedrige und gut diversifizierte Risiken zu tragen; sie verdient Zinsen und bleibt angesichts unerwarteter Ausgaben flexibel. Nach Abzug aller Vergütungen an Jakob für seine Dienstleistungen winkt ihr höchstwahrscheinlich ein positiver Ertrag. Dank den Informationstechnologien kann der Kreditmarkt blühen und gedeihen, ohne auf Banking zurückgreifen zu müssen.

Anders als im Bankwesen muss Sarah jedoch keine Verluste befürchten, falls Jakob zahlungsunfähig wird. In den alten Zeiten war Sarah stets besorgt, dass Alex pleitegehen könnte. Sie wusste, dass sie in diesem Fall Verluste erleiden und den Zugriff auf ihre Ersparnisse verlieren würde. Mit Jakob als Treuhänder sieht es anders aus. Jakob verwahrt Sarahs Geld und Finanzanlagen lediglich. Ihre Ersparnisse werden von einer möglichen Insolvenz nicht berührt. Jakob hat sogar Vorsorge dafür getroffen, dass Sarah auf ihre Ersparnisse sofort zugreifen kann, falls er sein Geschäft aufgeben muss.[30]

FINANZDIENSTLEISTUNGEN FÜR DARLEHENSNEHMER

Bisher haben wir gezeigt, dass sich die Schnittstelle für einen sparenden Haushalt ohne Banking kaum verändert. Nehmen wir nun die Sicht eines Schuldners ein. Angenommen, Sarah wollte ihre Rösterei weiter ausdehnen und bräuchte dafür ein Darlehen. Sie wendet sich zunächst wiederum an Jakob, ihren Finanzberater. Jakob bietet Verwahrung, Geldanlage und Zahlungsdienstleistungen an, kann selbst aber keine Darlehen gewähren. Er hat jedoch entsprechende Kontakte und leitet Sarahs Darlehensantrag an mehrere P2P-Kreditplattformen weiter.

Ethan ist einer der P2P-Vermittler, die Sarahs Darlehensantrag erhalten. Er erhebt für jedes gewährte Darlehen eine Gebühr und könnte folglich einen Anreiz haben, beide Augen zuzudrücken, wenn ein Gläubiger nicht vertrauenswürdig ist. Doch über die Jahre hinweg hat sich seine P2P-Plattform einen wertvollen Ruf erworben. Auf Websites, die Statistiken über die Leistungsstärke von P2P-Kreditplattformen veröffentlichen, erhält er verlässlich gute Bewertungen. Dadurch lockt er viele Haushalte an, die auf der Suche nach sicheren Geldanlagen sind, ebenso wie viele kreditwürdige Schuldner, die nach bezahlbaren Darlehen Ausschau halten. Ethan hat ein Interesse daran, bei der Beurteilung von Sarahs Darlehensantrag hohe Maßstäbe anzusetzen. Langfristig wird er mehr Geld verdienen, wenn er der Versuchung widersteht, mithilfe wohlwollender Ratings kurzfristige Profite zu erzielen.

Daher bemüht sich Ethan, das Kreditrisiko so genau wie möglich abzuschätzen. Ähnlich wie die Kreditfachleute heutiger Banken verwendet er dazu ein Kreditscoring-Modell, das er entwickelt und im Laufe der Jahre verfeinert hat. Er füttert das Modell mit den Informationen aus Sarahs Darlehensantrag und jeglichen weiteren Daten, die sie zur Verfügung gestellt hat. Das Scoring-Modell berechnet Sarahs Ausfallrisiko und schätzt den Zinssatz, den sie für das Darlehen entrichten muss. Ethan stellt Sarah diese Informationen in Form einer Offerte zur Verfügung.

Wie sich herausstellt, hat Ethan das wettbewerbsfähigste Angebot unterbreitet. Daher entscheidet sich Sarah, das Darlehen über ihn aufzunehmen. Jakob teilt Ethan die Entscheidung von Sarah mit, und Ethan listet in der Folge das Darlehen auf seiner Plattform auf. Gläubiger weltweit bieten nun darum, Sarah Geld leihen zu dürfen. Am Ende der Auktion stellt Ethans Plattform den Gläubigern das Geld in Rechnung und überweist es auf Sarahs bei Jakob geführtes Depotkonto. Sarah kann nun ihren Betrieb erweitern.

Sarah benötigt kein Banking mehr, um an ein Darlehen zu gelangen. Zudem hat sich die Schnittstelle in Bezug auf ihre Rolle als Schuldnerin kaum verändert. Sie hat einen Darlehensantrag ausgefüllt, diesen ihrem Ansprechpartner für Finanzangelegenheiten zugeleitet und ein Angebot erhalten. Die Verkabelung ist hingegen neu. Weder ihr Ansprechpartner Jakob noch Ethan haben das Darlehen gewährt, sondern Tausende von Gläubigern. Informationsasymmetrien und Interessenkonflikten wird auf ganz neue Weise begegnet.

Unser Beispiel mit Sarah verdeutlicht, dass Geldangelegenheiten im Digitalzeitalter problemlos ohne Banking abgewickelt werden können. Sparende Haushalte können Zinsen einstreichen und dennoch bequeme Zahlungsdienstleistungen genießen. Investierende Unternehmen können sich ein Darlehen schnell und zu guten Konditionen sichern. Dass es heute so leicht ist, finanzielle Angelegenheiten zu regeln, hat nichts mit Banking zu tun. Die einfache und bequeme Schnittstelle verdanken wir vielmehr den Informationstechnologien.

Da das Bankwesen im Gefolge der digitalen Revolution außer Kontrolle geraten ist, wird der Abschied vom Banking einen großen Schritt nach vorne bedeuten. Wir werden uns all der in Teil 2 ausführlich beschriebenen Probleme entledigen. Die Abschaffung des Bankings zugunsten eines neuen Systems gleicht dem Ersetzen eines alten, zentralisierten und unzuverlässigen Stromnetzes durch ein neues, dezentralisiertes und robustes, das künftigen Stromausfällen und exzessiven Übertragungsverlusten vorbeugt. Die Nutzung des Stromnetzes bliebe dabei so einfach wie vorher: Es genügt, das Gerät an die Steckdose anzuschließen.

Im Digitalzeitalter ist Banking nichts Besonderes mehr. Es lässt sich ersetzen und ein besseres Finanzsystem ist vorstellbar. Und so stellt sich die Frage: Wenn Banken überflüssig sind, warum beherrschen sie unser Finanzsystem noch immer?

KAPITEL 9

SCHLIESST DIE BANKEN: DER ENTWURF FÜR EIN ZUKUNFTSFÄHIGES GESELLSCHAFTSRECHT

Unsere Erkenntnisse aus dem vorigen Kapitel sind nicht grundlegend neu. Schon oft wurde die Frage gestellt, ob wir Banken im digitalen Zeitalter noch benötigen. So bemerkte etwa Andrew G. Haldane einmal: »Die Mittelsmänner in den Banken könnten über kurz oder lang zu überflüssigen Kettengliedern werden. Das Finanzwesen könnte das Schicksal der Musik- und der Verlagsbranche ereilen. Ein Informationsnetzwerk, das von einer gemeinsamen Sprache zusammengehalten wird, lässt jenes Modell des Finanzwesens, das auf direkter Kreditvergabe beruht, als zunehmend realistische Möglichkeit erscheinen.«[1] Dieser Moment ist bereits gekommen. Banking ist schon heute das überflüssige Kettenglied – es wird nicht mehr gebraucht.

DAS BANKWESEN DOMINIERT NOCH IMMER

Die Tatsache, dass wir Banken nicht mehr brauchen, bedeutet aber noch nicht, dass sie verschwinden werden. Der technologische Fortschritt allein wird dem Banking nicht den Garaus machen. Banken sind so allgegenwärtig, weil Geldschöpfung aus Kredit so attraktiv ist. Das Halten von Innengeld weist einen entscheidenden Vorteil gegenüber dem Halten anderer Kreditformen auf, wie nachfolgend beschrieben.

Mit jedem Kredit ist ein gewisses Kreditausfall- und Zinsrisiko verbunden: Schuldner können zahlungsunfähig werden und Zinssätze variieren. Beides führt zu laufenden Preisschwankungen für Kredite im Nichtbankensektor. Selbst ein perfekt diversifiziertes Portfolio aus Kreditverträgen unterliegt stets einer gewissen Wertschwankung. Ein Kreditportfolio, das heute 100 Euro wert ist, könnte morgen mit 100,10 Euro oder 99,90 Euro bewertet sein.

Hingegen schwankt Innengeld nicht im Wert. Einerseits ist Innengeld Kredit und wirft Zinsen ab. Andererseits fühlt sich Innengeld so sicher wie Außengeld an. Außer in Krisenzeiten sind 100 Euro Innengeld auch morgen noch 100 Euro wert.

Wir haben gesehen, dass fehlende Preisschwankungen nicht bedeuten, dass Innengeld völlig risikofrei wäre. Banking sorgt nur für eine Risikotransformation, kann aber das Risiko nicht beseitigen. Es ersetzt das Kreditausfall- und Zinsrisiko durch ein Liquiditätsrisiko. Letzteres sollte eigentlich eher als Bankenrisiko bezeichnet werden. Banken gelingt es in normalen Zeiten, Kreditausfall- und Zinsrisiken zu unterdrücken, doch die Kehrseite der Medaille lautet, dass Innengeldhalter einem *Tail Risk* ausgesetzt sind: der Gefahr von Bank-Runs und Bankenpaniken.

Bekanntlich wirken sich Bankenpaniken verheerend auf die Realwirtschaft aus, was Regierungen zur Einführung staatlicher Garantien zwingt. Während es vor dem Ereignis als sinnvoll erschienen sein mag, Rettungsaktionen jeder Art abzulehnen, wird der Staat inmitten einer tatsächlichen Bankenpanik gezwungen, seine Politik über den Haufen zu werfen. Die Kosten einer Nichtintervention wären einfach zu hoch. Ungeachtet ihrer früheren Versprechen haben alle Regierungen auf eine Bankenpanik bisher mit einer Versicherung des Bankenrisikos reagiert und somit den Wert des Innengelds garantiert.[2]

In einem Papiergeldsystem kann der Staat immer für den Nominalwert des Innengeldes bürgen. Im Bedarfsfall lässt er Außengeld drucken und tauscht es im Verhältnis 1:1 gegen Innengeld. Der allmächtige Staat ist dennoch eine Illusion. So gelingt es ihm nicht immer, den Realwert des Innengeldes zu garantieren, da die Innengeldschöpfung nicht kontrolliert werden kann. Wird zu viel Innengeld geschaffen, kann keine Regierung sicherstellen, dass sich mit 100 Euro Innengeld heute genauso viele

Güter und Dienstleistungen erstehen lassen wie gestern. Dass Innengeld keinen Wertschwankungen unterliegt, stellt sich angesichts von Inflation nur zu schnell als Illusion heraus.

Trotz dieser Illusion bilden staatliche Garantien noch immer einen Anreiz, Innengeld zu halten – also an Banking teilzunehmen. Es ist relativ unattraktiv, Nichtbankenkredit zu halten, denn die Garantien verteilen das Banking-Risiko um: entweder an die Steuerzahler (wenn die Rettungsaktionen mit Steuergeldern finanziert sind) oder an jeden, der eine Nominalforderung geltend machen kann (wenn die Rettungsaktionen durch die Notenpresse finanziert werden). Um das Banking-Risiko kommt man nicht herum, ganz gleich, ob man sein Vermögen in Form von Innengeld hält oder nicht. Hierin besteht die Externalität von Banking im Digitalzeitalter, das heißt von unbeschränktem, staatlich garantiertem Banking: Niemand kann dem Banking-Risiko wirklich entkommen.[3]

Aus individueller Sicht ist es deshalb stets vorteilhaft, am Banking teilzunehmen. Wenn man ohnehin gezwungen ist, ein Banking-Risiko zu tragen, dann kann man wenigstens die Vorteile von Innengeld genießen. Die Subventionierung des Bankings und die Art und Weise, wie die Kosten dieses Eingriffs umgelegt werden, erschweren es Nichtbanken, mit Banken zu konkurrieren. Weitere informationstechnische Fortschritte werden deshalb nicht notwendigerweise das Ende des Bankings einläuten, sondern nur dazu führen, dass es in verschiedenen neuen Gewändern wiederaufersteht. Das hat sich nach der Finanzkrise von 2007/08 eindrücklich bestätigt.

DIE WUNDERSAME WANDLUNG VON FINTECH

Kurz nach Ende der Krise schien es, als ob eine Bewegung hin zu einem dezentralisierten und marktbasierten Finanzsystem einsetzen würde. Neue Unternehmen nutzten die digitalen Technologien für Finanzdienstleistungen, welche auf den im letzten Kapitel beschriebenen Konzepten aufbauten.

Diese Unternehmen begriffen sich nicht länger als traditionelle Finanzdienstleister, sondern bezeichneten sich selbst als *Fintech*-Firmen. Der Begriff »Fintech« sollte die Verschmelzung von Finanzen und Technologie hervorheben. Er kann auch als klare Abgrenzung zu den Finanzinnovationen verstanden werden, die bei der Entstehung der Finanzkrise von 2007/08 eine zentrale Rolle spielten.[4]

Zu Beginn war diese Abgrenzung zwischen den Begriffen »Fintech« und »Finanzinnovation« gerechtfertigt. Die Finanzinnovationen, die zentraler Bestandteil des Schattenbankwesens waren, verschachtelten und konzentrierten Risiken auf komplexe Weise. Eines der ersten Geschäftsmodelle der Fintech-Bewegung, die Peer-to-Peer-(P2P-)Kreditvermittlung, wollte hingegen das Kreditgeschäft radikal vereinfachen und transparenter machen.

WAS ALS PEER-TO-PEER-KREDITVERMITTLUNG STARTETE ...

Wie so oft im Zusammenhang mit digitalen Technologien nahmen Firmen in den Vereinigten Staaten eine Führungsrolle in der P2P-Kreditvermittlung ein. Der größte amerikanische P2P-Kreditvermittler Lending Club startete 2007 in Kalifornien und verzeichnete nach der Finanzkrise ein fulminantes Wachstum. Bis Ende 2016 hatte Lending Club Kredite im Gesamtwert von rund 25 Milliarden US-Dollar vermittelt.[5]

Auch Europa zog mit. Die größten P2P-Kreditvermittler Europas, Zopa und Funding Circle, sind im Vereinigten Königreich beheimatet. Bis Ende 2016 hatten die beiden Plattformen Kredite in Höhe von etwa 2,5 Milliarden Pfund vermittelt. Deutschland befindet sich hinter dem Vereinigten Königreich auf dem zweiten Platz in Europa. P2P-Kreditvermittlungen sind auf dem alten Kontinent also bislang noch wesentlich weniger bedeutend als in den USA oder im Vereinigten Königreich.[6]

Doch selbst die USA, das digitale Schwergewicht der Weltwirtschaft, steht bei P2P-Kreditvermittlungen nicht an der Spitze.

Der mit Abstand größte Markt befindet sich in Asien: In China tummeln sich über 2 000 Anbieter. Schätzungen zufolge betrug das bis Ende 2015 vermittelte Kreditvolumen über 100 Milliarden US-Dollar.[7] Tabelle 1 bietet einen Überblick über die in den vergangenen Jahren vermittelten Kreditsummen für verschiedene Länder.

	2013	2014	2015	2016
CHINA	4 156,7	17 923,5	87 878,2	
USA	2 387,1	6 561,4	19 254,3	21 143,0
VEREIN. KÖNIGREICH	565,4	1 607,5	3 303,0	
DEUTSCHLAND	36,4	86,5	184,7	
FRANKREICH	43,2	88,0	163,0	
ITALIEN	0	2,5	11,0	
SPANIEN	2,8	13,7	22,3	
SCHWEIZ	1,7	2,9	7,9	50,6

Tabelle 1: Volumina von P2P-Kreditvermittlungen in verschiedenen Staaten (in Mio. US-Dollar)[8]

Die meisten P2P-Kreditvermittler starteten als Plattform für Verbraucherkredite. Später entwickelten sie sich weiter und begannen auch Kredite an kleine und mittlere Unternehmen oder zur Finanzierung einer Ausbildung oder einer Immobilie zu vermitteln. In all diesen Marktsegmenten wurden sowohl die Kreditentscheidung als auch das spätere Monitoring vollautomatisiert mithilfe von Kreditscoring-Modellen durchgeführt.[9]

Ein potenzieller Kreditnehmer muss lediglich online eine Eingabemaske mit den Daten füttern, die für das Scoring-Modell benötigt werden. Innerhalb kürzester Zeit erhält er dann eine Kreditentscheidung und wird in eine Risikokategorie eingeteilt, welche die Höhe des Zinses bestimmt. Vom alten Modell der Bankbeziehung und der persönlichen Beurteilung eines Kreditfachmanns in einer Bankfiliale mit »weichen« Informationen bleibt nichts mehr übrig.

Rund um die P2P-Kreditvermittler entstand nach und nach eine neue Finanzdienstleisterbranche. Firmen wie beispielsweise Orchard oder LendingRobot stellen Algorithmen und Datenbanken zur Verfügung, damit Investoren P2P-Kredite mit minimalem Aufwand analysieren und vergleichen, kaufen und verkaufen können. Wie Jakob im letzten Kapitel entwickelten neue Finanzdienstleister Instrumente, die Privatanlegern halfen, ihr Portfolio an P2P-Krediten unkompliziert zu verwalten.

Für einen Moment schien es so, als ob sich das überkommene Bankwesen in ein transparentes und dezentrales Finanzsystem verwandeln würde. Diese Hoffnung währte aber nicht lange.

... ENDETE ALS »MARKETPLACE LENDING«

Es zeigte sich bald, dass auch die P2P-Plattformen denselben Weg einschlagen würden wie schon die Finanzinnovationen im Vorfeld der Finanzkrise von 2007/08. Es ist schließlich weitaus lukrativer, neue Technologien im Dienste des Bankensystems einzusetzen, als damit das Finanzsystem transparenter und effizienter zu gestalten.

Das mussten bald auch die P2P-Kreditvermittler einsehen. Personen und Unternehmen, die direkt in P2P-vermittelte Kredite investieren, müssen das volle Risiko tragen. Da ist es attraktiver, sein Geld einer Bank zu leihen – ein völlig risikofreies Unterfangen, denn die öffentliche Hand garantiert die Zahlungsfähigkeit der Bank.

Wegen dieser öffentlichen Garantien weisen Banken zudem einen hohen Risikoappetit auf. Sie können sich dank der Garantien beinahe unbegrenzt und günstig mit Fremdkapital finanzieren und müssen nur wenig von ihrem Eigenkapital aufs Spiel setzen.

Die besseren Finanzierungskonditionen und der höhere Risikoappetit sorgen dafür, dass Banken andere Investoren vom Kreditmarkt verdrängen. P2P-Kreditvermittler mussten denn auch bald erkennen, dass ihr Geschäftsmodell in einem von Banken dominierten Finanzsystem nicht funktionieren kann. Daraus zogen sie Konsequenzen und gliederten sich in das bestehende (Schatten-)Bankengeflecht ein.

So begannen einige P2P-Kreditvermittler, Kredite nicht mehr direkt an Anleger zu vermitteln, sondern sie in Asset-backed Securities (ABS) zu verbriefen. Diese ABS wurden dann von institutionellen Investoren – teils von Banken, teils von Institutionen des Schattenbankensystems – gekauft.

Banken und Schattenbanken verdrängten die anderen Investoren zunehmend vom P2P-Kreditvermittlungsmarkt. Wurden im Jahre 2013 lediglich 10 Prozent der vermittelten Kredite in den Vereinigten Staaten verbrieft, waren es im Jahre 2016 bereits 70 Prozent.[10] Um dieses Geschäft besser abwickeln zu können, gingen viele P2P-Kreditvermittler strategische Partnerschaften mit Banken ein.[11]

Die vormaligen P2P-Kreditvermittler wurden dadurch zu Kreditproduzenten für Banken und Schattenbanken degradiert. Sie können dank technologiebasierter Prozesse die Kreditvergabe kostengünstiger als Banken durchführen. Am Ende landen die Kredite direkt oder via Verbriefungen aber doch wieder im Bankensystem. Natürlich hat ein solches Geschäftsmodell nichts mehr mit P2P-Kreditvermittlung zu tun. Deshalb wurde der Begriff weltweit auch durch den inhaltsleeren Begriff »Marketplace Lending« ersetzt.

Der einzige Aspekt, den das »Marketplace Lending« vom vormaligen P2P-Modell beibehalten hat, sind die automatisierten Kreditscoring-Modelle und deren technologische Integration. Ansonsten ist »Marketplace Lending« genauso wenig marktbasiert wie das Schattenbankwesen vor der Finanzkrise von 2007/08.

Kaum eine Firma verkörperte den Wandel vom transparenten P2P-Kreditvermittler zum »Marketplace Lender« im Schattenbankensektor markanter als Lending Club. Lending Club verschrieb sich über Jahre dem P2P-Kreditvermittlungsmodell. Der Gründer und damalige CEO, Renaud Laplanche, charakterisierte noch im Jahr 2011 sein Geschäftsmodell als »[t]he shortest possible path between the source of capital [...] and the use of capital«.

So strebte er an, sowohl Kreditnehmern als auch Kreditgebern bessere Konditionen anzubieten, als es Banken je könnten.

Nur drei Jahre später vollzog Laplanche aber eine radikale Kehrtwende. 2014 stand für ihn fest: »[You] see banks being participants on both sides of the marketplace.« Banken spielen beim neuen Geschäftsmodell des »Marketplace Lending« offensichtlich eine zentrale Rolle. Damals hatte Laplanche gerade eine strategische Partnerschaft mit der Citibank angekündigt. Dabei investiert die Citibank via einen Hedgefonds in von Lending Club vermittelte Kredite.[12] Der von Laplanche einst propagierte Effizienzvorteil einer direkten Kreditvermittlung konnte sich gegen eine mit Staatsgarantien alimentierte Bank nicht behaupten.[13]

Eine zweite Generation von Marketplace-Lending-Firmen, wie beispielsweise SoFi, nimmt gar nicht erst Gelder von privaten Anlegern an. Vielmehr vergeben sie Kredite in einem ersten Schritt aus der eigenen Kasse. Im Anschluss werden die Verbindlichkeiten dann aus der Bilanz entfernt, indem die Kredite wiederum verbrieft, von Rating-Agenturen bewertet und weiterverkauft werden.[14] Bei diesem Geschäftsmodell ist offenkundig, dass es nicht mehr darum geht, Kredite direkt zu vermitteln, sondern darum, Kredit-Rohmaterial für das Bankensystem zu generieren.

Das rasche Aussterben der P2P-Kreditvermittlung ist ein globales Phänomen. Auch in Großbritannien zeichnete sich die Hinwendung zum (Schatten)bankenwesen rasch und deutlich ab. Zopa begann das P2P-Vermittlungsmodell zu untergraben, als es im Jahr 2013 einen Garantiefonds aufsetzte. Der »Safeguard Fund« von Zopa wird dann angezapft, wenn ein Kreditnehmer einen Kredit nicht mehr bedienen kann.[15] Mit dieser Kreditversicherung werden die P2P-Kredite in etwas verwandelt, das Innengeld sehr nahe kommt.[16] Doch damit noch nicht genug. Ende 2016 beantragte auch Zopa eine Banklizenz.[17] Der erste P2P-Kreditvermittler der Welt ist damit auf dem Weg, sich in nichts weiter als eine digitale Bank zu verwandeln – mit all den damit verbundenen Risiken und Problemen.

DIE BEHARRUNGSKRÄFTE DER GRUNDLEGENDEN FINANZORDNUNG

Die Evolution von P2P-Kreditvermittlung zu Marketplace Lending demonstriert eindrücklich, dass der technologische Fortschritt allein nicht vermag, die Probleme unseres Finanzsystems zu lösen. Neue Finanztechnologien werden in einem Bankensystem immer dazu missbraucht werden, Regulierungen zu umgehen und öffentliche Garantien auszunutzen.

Inwiefern Marketplace Lending bereits heute eine Gefahr für die globale Finanzstabilität darstellt, lässt sich nur schwer abschätzen. In den westlichen Ländern nimmt Marketplace Lending im Rahmen des gesamten Finanzsystems noch einen geringen Stellenwert ein – das gilt in besonderem Maße für Deutschland und Kontinentaleuropa. Andererseits spielt diese Art der Kreditvermittlung in China bereits eine sehr große Rolle, aber die Erhebung und Qualitätsprüfung von Daten gestaltet sich dort relativ schwierig.

Schließlich dürfen andere Fintech-Entwicklungen nicht in Vergessenheit geraten. Die Blockchain-Technologie steht zwar erst am Anfang ihrer Entwicklung, schlägt derzeit aber besonders hohe Wellen. Viele Jungunternehmer – und selbst die Banken[18] – sind davon überzeugt, dass Anwendungen, die sich dieser Technologie bedienen, dereinst die Finanzwelt auf den Kopf stellen werden.

Wie funktioniert diese Technologie? Anstatt dass Transaktionen zentralisiert von einzelnen Institutionen gespeichert werden, wird eine öffentliche und anonymisierte Transaktionsliste, die *Blockchain*, dezentral von allen Teilnehmern geführt und verifiziert. Falls die neue Technologie hält, was sie verspricht, wären Unternehmen und Haushalte nicht mehr auf Finanzintermediäre angewiesen, welche ihre Bilanz zur Abwicklung von Zahlungen zur Verfügung stellen.[19] Transaktionspartner könnten darauf vertrauen, dass die Transaktion unwiderruflich auf der Blockchain veröffentlicht wird und dass ihr Anspruch auf die ausgetauschten Vermögenswerte exklusiv ist und bleibt.

Die Möglichkeit, Zahlungen ohne Nutzung der Bilanz eines Finanzintermediärs, sondern über eine Blockchain zu tätigen, hat schon so manchen Exponenten der Fintech-Bewegung dazu bewogen, das Ende der Banken auszurufen.[20] Wie wir in Kapitel 1 gesehen haben, tun Banken jedoch mehr, als ihre Bilanz zur Abwicklung von Zahlungen zur Verfügung zu stellen: Sie nutzen ihre Bilanz, um Innengeld aus Kredit zu schöpfen.

Die Blockchain stellt die Konzepte der juristischen Personen und der Bilanz als Vehikel der doppelten Buchführung nicht zur Disposition. Am Ende werden juristische Personen via Blockchain gehandelte Vermögenswerte weiterhin auf ihrer Bilanz verbuchen. Mithilfe der Bankenmethoden, welche wir in Kapitel 5 beschrieben haben, können diese juristischen Personen weiterhin Innengeld aus diesen Vermögenswerten schöpfen.

Eine dramatische Reduktion von Transaktionskosten – wie sie die Blockchain verheißt – steigert die Mobilität von Geld und Kredit weiter. Dies versetzt Banken in die Lage, noch weitaus dichtere und komplexere Schattenbankenkonstrukte zu entwerfen als bisher. Dadurch können Finanzinstitute einschränkende Regulierungen noch effektiver umgehen und dementsprechend noch höhere Risiken eingehen.

So paradox es erscheinen mag: Obwohl die Blockchain dezentral und transparent organisiert ist, wird sie – wie die vorherigen technologischen Durchbrüche – das Bankensystem noch undurchsichtiger und instabiler machen. Banking wird nicht von allein verschwinden. Vielmehr braucht es eine politische Antwort: Es gilt, dem Bankwesen aktiv ein Ende zu bereiten.

WIE MAN DIE BANKEN NICHT ABSCHAFFT

Die Probleme des Bankwesens sind seit Langem bekannt. Wir sind nicht die Ersten, die die Banken abschaffen möchten. Nach der Erfahrung mit der Großen Depression haben manche Ökonomen, darunter mehrere Nobelpreisträger, das Ende des Bankwesens gefordert.[21]

NARROW BANKING: EINE NEUBETRACHTUNG DER BANKEN

Narrow Banking ist der bedeutendste Vorschlag dieser Art. Dieser englischsprachige Begriff ist irreführend, da Narrow Banking tatsächlich darauf abzielt, das Banking – die Schöpfung von Innengeld aus Kredit – nicht nur einzuengen (*narrow down*), sondern ganz abzuschaffen. Seine Befürworter fordern, dass es Banken künftig nicht mehr erlaubt sein dürfe, auf dem Sparkonto hinterlegtes Geld zu verleihen. Einlagenverträge würden wieder zu Verwahrungsverträgen. Wer als Einleger ein Konto bei einer Narrow Bank unterhielte, würde keine Zinszahlungen erhalten, da seine Bankeinlage nicht mehr dazu verwendet würde, verzinste Darlehen an Schuldner zu vergeben. Banken könnten Geld nur dann verleihen, wenn die Einleger auf die vertragliche Liquidität ihrer Bankeinlagen verzichteten und ihre Spargelder auf Konten ohne kurzfristige Zugriffsmöglichkeit überwiesen. Kurz gesagt zielt Narrow Banking darauf ab, das Bankwesen in zwei unterschiedliche Geschäftsmodelle aufzuteilen – Kreditgeschäft und Treuhandgeschäft –, um die Schöpfung von Innengeld zu verhindern.

Verschiedene Versionen dieser Idee wurden entwickelt, von denen die bekannteste vermutlich Fishers Konzept des 100-Prozent-Geldes ist. Dieses sieht vor, dass die Kreditinstitute für jeden Dollar oder Euro an verbuchten Kundeneinlagen eine gleich hohe Summe an Liquiditätsreserven in Form von Bargeld oder Staatsanleihen vorhalten müssen. Alle Kundeneinlagen sind durch eine 100-prozentige Liquiditätsreserve abgesichert. Dadurch ist sichergestellt, dass die Banken Abhebungswünschen ihrer Einleger stets nachkommen können. Sie wären nicht länger imstande, Geld aus Kredit zu schöpfen, und ein Bank-Run wäre ausgeschlossen.[22]

Viele Ökonomen kritisierten das Konzept des Narrow Banking, da es die Liquiditätsversorgung beschneide, und prognostizierten, dass es die Fähigkeit des Finanzsystems zur Kapitalakkumulation beeinträchtigen werde. Narrow Banking gestattet den Banken nicht, vertragliche Liquidität anzubieten. Seine Kritiker behaupten, dass Schuldner auf diese Unannehmlichkeit reagieren würden, indem sie ihr Vermögen vermehrt in Form von Bargeld oder Narrow-Banking-Konten hielten, anstatt es auf Sparkonten zu parken, denn nur so könnten sie flexibel bleiben. Die Verfügbarkeit von Krediten in der Ökonomie würde dadurch reduziert.[23]

Die digitale Revolution nahm dem Liquiditätsargument seine Durchschlagskraft. Narrow Banking ist ein Konzept aus dem Industriezeitalter. Damals wurden Banken noch als Vermittler zwischen Gläubigern und Schuldnern gebraucht. Doch die Zeiten haben sich geändert. Wir haben in Kapitel 8 gesehen, wie Marktliquidität im Digitalzeitalter vertragliche Liquidität ersetzen kann.

Das zweite Hauptargument gegen Narrow Banking lässt sich hingegen nicht widerlegen. Fishers 100-Prozent-Geld-Konzept berücksichtigt nicht das Abgrenzungsproblem. Es verhindert, dass Banken Kundeneinlagen verleihen können, aber es hält Schattenbanken nicht davon ab, Kredite anzubieten und diese über Verbriefungen, Repo-Geschäfte und Geldmarktfonds in Innengeld umzuwandeln. Wie wir auf schmerzliche Weise während der Finanzkrise von 2007/08 erfahren mussten, beschränkt sich Banking nicht auf jene Institute, die wir als »Banken« bezeichnen. [24]

Nachdem das Konzept jahrzehntelang kaum beachtet worden war, wurde Narrow Banking im Gefolge der Finanzkrise von 2007/08 erneut öffentlich diskutiert.[25] *Positive Money* beispielsweise ist eine politische Bewegung, die das Konzept des Narrow Banking wiederentdeckt hat.[26] Im deutschsprachigen Raum wird in diesem Kontext meist von *Vollgeld* gesprochen. In der Schweiz ist dazu sogar eine Volksinitiative zustande gekommen: Voraussichtlich 2018 wird der Schweizer Souverän über die Einführung von Vollgeld abstimmen können. Ob Positive Money oder Vollgeld, auch die modernen Varianten von Narrow Banking gleichen seinem Vorgänger stark und stoßen daher ebenso auf das Abgrenzungsproblem.

In der Regel berücksichtigen heutige Befürworter des Narrow Banking nicht die weltweiten Veränderungen aufgrund der digitalen Revolution. Das Narrow-Banking-Konzept wurde vor mehr als 80 Jahren ersonnen, als Banking noch ein papierbasiertes Geschäft war. Zum einen verkennen die aktuellen Narrow-Banking-Vorschläge, dass die Informationstechnologien das Abgrenzungsproblem verschärft haben. Zum anderen ignorieren sie die Möglichkeiten, welche die Informationstechnologien bereithalten. Doch unabhängig von unserer Kritik sind Narrow-Banking-Vorschläge ein Schritt in die richtige Richtung, denn sie zielen darauf ab, ein besseres Finanzsystem zu errichten. Die Vollgeld-Verfechter weisen beispielsweise zu Recht darauf hin, dass Banken eine Unsicherheitsquelle darstellen und durch ihre Schöpfung von Innengeld enorme Profite für ihre Eigentümer und Angestellten herausschlagen.[27]

LIMITED PURPOSE BANKING: EINE NEUBETRACHTUNG DER FINANZINSTITUTE

Im Gegensatz zu Narrow Banking nimmt das Modell des *Limited Purpose Banking* das Abgrenzungsproblem ernst. Das geschieht, indem es sämtliche Finanzinstitute reguliert, nicht nur Banken. Im Kern sieht das Konzept vor, dass sämtliche Finanzinstitute als Investmentfonds errichtet werden, sich also ausschließlich mit Eigenkapital finanzieren.[28]

Darüber hinaus dürften Finanzinstitute diesem Konzept zufolge nur in solchen Kredit investieren, der vom Regulator oder einer vom Regulator bevollmächtigten Rating-Agentur überprüft wurde. Die oberste staatliche Finanzdienstleistungsaufsicht wäre also letztlich für die Ausstellung oder Zertifizierung sämtlicher Bonitätsbewertungen in der Volkswirtschaft verantwortlich. Sie würde dadurch zu einer nahezu allmächtigen staatlichen Behörde, welche die volle Verantwortung für die Überwachung sämtlicher Schuldner übernähme.[29]

Zwar begegnet Limited Purpose Banking dem Abgrenzungsproblem, doch es weist einige gewichtige Nachteile auf. Insbesondere monopolisiert es das Monitoring und verlagert es aus dem privaten in den öffentlichen Raum. Der Preis für die Belastung der öffentlichen Hand mit dieser Aufgabe wäre hoch. Die Konkurrenz zwischen Delegated Monitors würde im Dickicht bürokratischer gesetzlicher Vorschriften ersticken. Mangels gesunden Wettbewerbs wäre die Gefahr groß, dass es zu Ineffizienzen käme, die letztlich sowohl Schuldner als auch Gläubiger mit höheren Kosten belasten würden.

Zudem geht mit der Zusammenfassung sämtlicher Überwachungsaktivitäten in einer einzigen Institution – gleich ob staatlich oder privat – eine unnötige Machtkonzentration einher. Man denke an das bekannte, von Lord Acton geprägte Sprichwort: »Macht korrumpiert, und absolute Macht korrumpiert absolut.« Dank ihrer Schlüsselrolle entscheidet letztlich die oberste Finanzdienstleistungsaufsicht, welche Wirtschaftsakteure Zugang zu Kredit erhalten und welche nicht. Limited Purpose Banking würde ein staatliches Monopol hinsichtlich Auslese und Monitoring begründen, das letztlich in Klüngelei und Korruption münden dürfte.[30]

Limited Purpose Banking ist ein Schritt in die richtige Richtung, um dem Abgrenzungsproblem zu begegnen. Doch es etabliert dabei eine erdrückende staatliche Behörde. Zudem löst es das Abgrenzungsproblem nicht vollständig. Limited Purpose Banking verlangt vom Regulator, zwischen Finanz- und Nichtfinanzunternehmen zu unterscheiden. Die Aktivitäten der Finanzabteilungen großer Industriekonzerne lassen sich von denjenigen echter Finanzinstitute aber kaum unterscheiden; sie steuern den Liquiditätsbedarf des Unternehmens und sichern Finanzrisiken ab. Selbst kleine und mittelständische Unternehmen gewähren ihren Kunden oft kurzfristige Kredite. Es ist also schlicht unmöglich, eindeutige rechtliche Kriterien zu definieren, die Unternehmen in Finanzinstitute und Nichtfinanzunternehmen einteilen.

WIE MAN DEM BANKWESEN EIN ENDE BEREITET

Das Abgrenzungsproblem der Finanzmarktregulierung bereitet nicht nur der heutigen Bankenaufsicht einige Kopfschmerzen, sondern muss von jedem, der das Bankwesen abschaffen will, sorgfältig berücksichtigt werden.

Der Versuch, die Geldschöpfung aus Kredit durch Banken zu verbieten – wie im Narrow Banking –, wird das Banking nicht beenden. Es wird außerhalb der traditionellen Institution Bank in neuem Gewande wiedererstehen. Selbst wenn man allen Finanzinstituten ein erdrückendes Regelwerk überstülpt, um Banking zu verhindern – wie im Limited Purpose Banking –, löst man das Abgrenzungsproblem nicht vollständig. Banking wird in Firmen wiederauftauchen, die sich als »nichtfinanziell« bezeichnen.

Wie wir wissen, beschränkt sich Banking nicht auf eine Gruppe von Unternehmen, die sich selbst als Banken oder Finanzinstitute bezeichnen. Es lässt sich noch nicht einmal an bestimmten Bilanzen festmachen. Seine Wurzeln reichen tiefer, bis zum Prinzip der doppelten Buchführung. Wer dem Bankwesen ein Ende bereiten will, muss auf dieser grundlegenden Ebene des Rechnungswesens ansetzen.

BANKING ALS SPEZIELLE ANWENDUNGSFORM VON FINANZTECHNIKEN

In Kapitel 4 haben wir sechs Finanztechniken identifiziert, die der Umwandlung von Kredit in Innengeld dienen: Bündelung, Diversifizierung, Strukturierung, Besicherung, Versicherung und vertragliche Liquidität. Würde die Anwendung dieser Techniken explizit untersagt, wäre Banking nicht mehr möglich. Doch wir wollen das Kind nicht mit dem Bade ausschütten. Diese Finanztechniken dienen manchem sinnvollen Zweck.

So investieren beispielsweise Haushalte ihre Ersparnisse in einem diversifizierten Portfolio und fast jedes Unternehmen finanziert seine Aktivitäten mit einer Mischung aus Eigen- und Fremdkapital; das heißt, es strukturiert die Passivseite seiner Bilanz. Besicherung wiederum gestattet es Schuldnern, Darlehen zu niedrigeren Zinsen zu erhalten, und bringt ihre Anreize mit jenen der Gläubiger in Übereinstimmung. Und schließlich ha-

ben die meisten von uns bereits Versicherungsleistungen einge-
kauft und den damit verbundenen Schutz genossen.

Alle Finanzaktivitäten, welche die Koordinierung wirtschaftlicher Tätigkeiten und die Kapitalakkumulation erleichtern, ohne
dem Banking Vorschub zu leisten, sind sinnvoll. Der Sinn und
Zweck des Finanzsystems besteht ja gerade darin, eine dezentrale und kapitalintensive Volkswirtschaft zu ermöglichen. Wir
müssen also eine Möglichkeit finden, die Anwendung von Finanztechniken im Banking zu verhindern, ohne gleichzeitig
auch ihre nützlichen Anwendungen auszuschließen.

Treffen wir an dieser Stelle eine vorläufige Unterscheidung
zwischen Finanz- und Nichtfinanzunternehmen. Ein Finanzunternehmen wie eine Bank oder ein Investmentfonds verzeichnet
auf seiner Bilanz überwiegend Finanzanlagen. Im Unterschied
dazu hält ein Nichtfinanzunternehmen, wie etwa eine Kaffeerösterei, überwiegend nichtfinanzielle Vermögenswerte. Natürlich
haben wir es auch hier wieder mit dem Abgrenzungsproblem der
Finanzmarktregulierung zu tun, denn die meisten Nichtfinanzunternehmen halten auch Finanzanlagen. Wir versichern Ihnen,
dass wir diese Arbeitsdefinition nur verwenden, um unsere Argumentation zu stützen. Sie spielt am Ende keine Rolle für unseren
Vorschlag, wie man das Bankwesen abschaffen könnte.

Wie wenden Nichtfinanzunternehmen die genannten Finanztechniken an? Die meisten dieser Unternehmen nehmen Fremd-
und Eigenkapital auf. Mit anderen Worten, sie *strukturieren die
Passivseite* ihrer Bilanz. Außerdem sind ihre Schuldtitel normalerweise kurzfristiger fällig, als der Zeithorizont ihrer Geschäfts-
aktivitäten reicht: Nichtfinanzunternehmen betreiben *Fristentransformation*. Schließlich bieten sie oft ein *Sicherheitspfand* auf,
um sich bessere Kreditvergabekonditionen zu sichern. Obwohl
Nichtfinanzunternehmen verschiedene Finanztechniken anwenden, schöpfen sie kein Innengeld. Erinnern wir uns an die drei
Eigenschaften von Innengeld: Es muss als risikofrei betrachtet
werden und dieselbe Währung und Liquidität wie Außengeld besitzen. Die Schuldenlast von Nichtfinanzunternehmen erfüllt
diese drei Bedingungen nicht.[31]

Zum einen weist das Fremdkapital von Nichtfinanzunternehmen keine vertragliche Liquidität auf.[32] Zum anderen – und dies ist wichtiger – sind Darlehen, die von Nichtfinanzunternehmen aufgenommen werden, mit einem erheblichen Kreditausfallrisiko behaftet. Die Rentabilität und letztlich auch die Existenz solcher Unternehmen beruhen auf einer engen Palette von Gütern oder Dienstleistungen. Ein Schock auf ihren jeweiligen Märkten beeinflusst ihre Fähigkeit, ihren finanziellen Verpflichtungen nachzukommen. Selbst große und angesehene Nichtfinanzunternehmen können kein Innengeld schöpfen.[33]

Warum können Finanzunternehmen nun Innengeld schöpfen, Nichtfinanzunternehmen jedoch nicht? Das liegt an der Zusammensetzung der Aktivseite der Bilanz. Im Unterschied zu Nichtfinanzunternehmen verzeichnen Finanzinstitute dort Kreditverträge wie etwa Darlehen. Ein diversifiziertes Kreditportfolio ist weniger risikobehaftet als ein Portfolio aus realen Vermögenswerten, wie es Nichtfinanzunternehmen halten. Dafür gibt es zwei Gründe:

Erstens ist es bereits weniger riskant, Kreditverträge eines Nichtfinanzunternehmens auf seiner Aktivseite zu verzeichnen, als die realen Vermögenswerte desselben Unternehmens zu halten und zu verwalten. Das ergibt sich aus der Struktur der Passivseite eines Nichtfinanzunternehmens. Ein Großteil des Risikos der Aktivseite wird von den Gesellschaftern des Nichtfinanzunternehmens getragen: Die Kreditverträge sind mit einem geringeren Risiko behaftet.

Zweitens können Finanzunternehmen ihre Aktivseite viel besser diversifizieren, als dies Nichtfinanzunternehmen möglich ist. Sie halten normalerweise Kredit vieler Hundert individueller Schuldner – beispielsweise Hypotheken von Einzelpersonen, die an unterschiedlichen Orten leben, oder Darlehen von Unternehmen, die in unterschiedlichen Märkten tätig sind. Ein Finanzunternehmen kann daher seine Verwundbarkeit gegenüber Schocks, die einen speziellen Markt befallen, ausgleichen, während Nichtfinanzunternehmen dies nicht können.

Nur Finanzunternehmen können ein Kreditausfallrisiko so

weit reduzieren, dass die Schöpfung von Innengeld möglich wird. Dafür genügt es jedoch noch nicht, ein diversifiziertes Kreditportfolio auf der Aktivseite der Bilanz zu halten. Stellen Sie sich ein Finanzunternehmen vor, das dies tut, aber die Passivseite seiner eigenen Bilanz nicht strukturiert, sich also ausschließlich mit Eigenkapital finanziert. Zum einen verzichtet dieses Unternehmen auf Fristentransformation – und beseitigt damit das Zinsrisiko nicht. Zum anderen bleibt ein Kreditausfallrisiko bestehen. Preisschwankungen der Finanzanlagen wirken sich unmittelbar auf das Eigenkapital aus. Um Innengeld zu schöpfen, müssen Finanzunternehmen einen weiteren Schritt tun: Sie müssen ihre Passivseite strukturieren, also Schuldtitel ausgeben, die vertragliche Liquidität bieten.

Bekanntlich stellt traditionelles Banking die einfachste Möglichkeit dar, mithilfe von Finanztechniken Innengeld zu schöpfen. Eine Bank hält ein diversifiziertes Portfolio von Kreditverträgen auf ihrer Aktivseite, während sie ihre Passivseite in Bankeinlagen und Eigenkapital strukturiert. Diversifizierung senkt ihre Anfälligkeit für marktspezifische Schocks. Strukturierung beschützt die Bankeinlagen vor Verlusten aufgrund derartiger Schocks. Bündelung vollzieht sich, indem Darlehen mit hohem Nennwert eingeräumt und Bankeinlagen mit geringeren Nennwerten angenommen werden. Zudem sichern Liquiditätsreserven auf der Aktivseite das Versprechen vertraglicher Liquidität auf der Passivseite ab. Schattenbanken arbeiten zwar über mehrere Bilanzen hinweg, wenden die Finanztechniken jedoch auf die gleiche Weise an wie traditionelle Banken.

DIE GRENZEN DER DOPPELTEN BUCHFÜHRUNG NEU ZIEHEN

Die Betrachtung von Banking als eine spezifische Anwendung von Finanztechniken weist in die Richtung, wie dem Bankwesen ein Ende bereitet werden kann. Am Ende muss es sich dabei um eine Bilanzierungsregel handeln. Aus Gründen des besseren Verständnisses formulieren wir zunächst eine Anpassung der technischen Solvenzregel, die Banking mithilfe sämtlicher Finanztechniken außer jener der Versicherung ausschließt.

In Teil 1 haben wir bereits das Konzept der technischen Solvenz eingeführt. Um technisch solvent zu sein, muss der Wert der Vermögenswerte eines Unternehmens den Wert seiner Verbindlichkeiten übersteigen; mit anderen Worten, der Wert seines Eigenkapitals muss positiv sein. Wir schlagen folgende einfache systemische Solvenzregel vor:

Der Wert der realen Vermögenswerte eines Unternehmens muss mindestens dem Wert seiner Verbindlichkeiten entsprechen.

Die einzige Veränderung gegenüber dem heutigen Konzept der technischen Solvenz besteht darin, dass wir Vermögenswerte durch reale Vermögenswerte ersetzt haben. *Reale Vermögenswerte* sind negativ definiert – als Vermögenswerte, die nicht einen finanziellen Vermögenswert darstellen. Ein *finanzieller Vermögenswert* ist ein Vermögenswert, der auf der Passivseite einer anderen impliziten oder expliziten Bilanz erscheint. Das definierende Kriterium für einen finanziellen Vermögenswert lautet also, dass es zwei individuelle Bilanzen miteinander verbindet. Im Falle von Einzelpersonen und Unternehmen ohne Bilanzierungspflicht handelt es sich dabei um eine implizite Bilanz.[34]

Kreditverträge und Eigenkapitalansprüche sind Standardbeispiele für finanzielle Vermögenswerte.[35] Auch Versicherungs- und Derivatverträge sind aus Sicht des Begünstigten finanzielle Vermögenswerte, da sie auf der Bilanz der Gegenpartei als Verbindlichkeiten erscheinen. Im Unterschied zu anders lautenden Definitionen finanzieller Vermögenswerte fällt Geld nicht unter unsere Definition. Wie wir im nächsten Kapitel sehen werden, kommt Geld in einem Finanzsystem ohne Banking keine verbindende Funktion zwischen zwei unabhängigen Bilanzen mehr zu; das Halten von Geld kann nur noch als Anspruch gegenüber der gesamten Gesellschaft interpretiert werden, dieser Anspruch erscheint aber auf keiner Passivseite irgendeiner Bilanz.[36]

Zu den realen Vermögenswerten zählen folglich direkte Eigentumsansprüche auf materielle und immaterielle Objekte. Beispiele für materielle Objekte wären etwa Maschinen oder Werkzeuge, während beispielsweise Patente zu den immateriellen Objekten gehören. Physische Existenz zählt somit nicht zu den Kriterien, die darüber entscheiden, ob ein Vermögenswert real ist. Jeder nichtfinanzielle Vermögenswert ist Bestandteil der Realwirtschaft und als solcher real. Nur die Bilanz entscheidet darüber, ob ein Vermögenswert als real oder finanziell betrachtet wird.

Lassen Sie uns nun das zweite wichtige Konzept der einfachen systemischen Solvenzregel definieren: die *Verbindlichkeiten*. Wir haben Verbindlichkeiten bereits in Teil 1 als alle offenen Verpflichtungen definiert, die ein Unternehmen eingegangen ist – mit anderen Worten, als die Summe dessen, was ein Unternehmen anderen Parteien schuldet. Wir sollten zunächst betonen, dass Hybridprodukte aus Eigenkapital und Schuldtiteln, wie etwa Vorzugsaktien oder Wandelanleihen, als Verbindlichkeiten im Sinne unserer einfachen systemischen Solvenzregel gelten. Vollständig haftendes Eigenkapital ist die einzige Komponente der Passivseite einer Bilanz, die nicht als Verbindlichkeit betrachtet wird. Eine so enge Definition von Eigenkapital impliziert eine breite Definition von Verbindlichkeiten – ohne eine solche Definition könnten Unternehmen die einfache systemische Solvenzregel mithilfe von Finanzstrukturen unterlaufen, die verschiedene Senioritätsstufen der oben erwähnten Hybridprodukte beinhalten.

Die einfache systemische Solvenzregel gilt für alle Unternehmen. Nur so lässt sich das Abgrenzungsproblem der Finanzmarktregulierung lösen. Zwar haben wir bei der Herleitung dieser Regel zwecks einfacherer Darstellung zwischen Finanz- und Nichtfinanzunternehmen unterschieden, doch die Regel selbst stützt sich nicht auf eine solche Unterscheidung. Sie gilt für sämtliche Unternehmen, nicht jedoch für Privatpersonen. Dies ist leicht erklärlich: Privatpersonen können nicht in nennenswertem Umfang Innengeld schöpfen. Privatkredite hängen von der Person ab, die sie absichern, und sind stets mit einem Kreditausfallrisiko behaftet.[37]

Nachdem wir nun alle Aspekte der einfachen systemischen Solvenzregel betrachtet haben, wollen wir deren Implikationen anhand eines Beispiels untersuchen. Angenommen, das Eigenkapital eines Unternehmens beträgt 40 Euro. Darüber hinaus nimmt es ein Darlehen in Höhe von 60 Euro auf. Wenn es für weniger als 40 Euro finanzielle Vermögenswerte erwirbt, so erfüllt es die einfache systemische Solvenzregel. Übersteigt der Wert seiner finanziellen Vermögenswerte 40 Euro, so verletzt es sie. Abbildung 14 illustriert beide Situationen.

AKTIVSEITE		PASSIVSEITE		AKTIVSEITE		PASSIVSEITE	
20	Finanzielle Vermögens- werte	Verbind- lichkeiten (z. B. auf- genommene Darlehen)	60	50	Finanzielle Vermögens- werte	Verbind- lichkeiten (z. B. auf- genommene Darlehen)	60
80	Reale Vermögens- werte			50	Reale Vermögens- werte		
		Eigenkapital	40			Eigenkapital	40
100	Summe	Summe	100	100	Summe	Summe	100

Abb. 14: Bilanz eines Unternehmens bei Erfüllung (links) und Verletzung (rechts) der einfachen systemischen Solvenzregel

Die einfache systemische Solvenzregel besagt, dass ein Unternehmen finanzielle Vermögenswerte nicht mit Krediten finanzieren darf. In unserem Beispiel darf das Unternehmen finanzielle Vermögenswerte im Wert von maximal 40 Euro halten, unabhängig von der Höhe seines Fremdkapitals. Es muss diese entweder in Form von Geld halten, um Liquiditätsmanagement zu betreiben, oder damit nichtfinanzielle Vermögenswerte erwerben, etwa Immobilien, Bauten, Ausrüstungsgegenstände, Patente oder Vorräte.

Die einfache systemische Solvenzregel lässt sich folgendermaßen umformulieren: *Der Gesamtwert der finanziellen Vermögens-*

werte eines Unternehmens darf höchstens dem Wert seines Eigenkapitals entsprechen. Diese Lesart betont, dass Unternehmen solche Vermögenswerte, die bei anderen Parteien auf der Passivseite der Bilanz auftauchen, durch Eigenmittel – sprich durch Eigenkapital – unterlegen müssen. Unternehmen können Kredit nicht durch Kredite anderer finanzieren.

Dies mag zunächst nach einer konservativen Investmentregel klingen, doch auf gesamtwirtschaftlicher Ebene verhindert es eine Verkettung von Bilanzen. Die Solvenz einer einzelnen Bilanz hängt nicht mehr von der Solvenz anderer Bilanzen entlang einer Kette ab. Somit verhindert die einfache systemische Solvenzregel, dass Unternehmen ihre Bilanz einem systemischen Finanzrisiko aussetzen.

Bankeinlagen, die Darlehen finanzieren; MBS, die Hypotheken finanzieren; Repo-Geschäfte, die MBS finanzieren – all dies ist unter der einfachen systemischen Solvenzregel nicht mehr möglich. Sie beendet faktisch das traditionelle Banking sowie alle derzeitigen Erscheinungsformen des Schattenbankwesens. Gleichzeitig ermöglicht sie aber weiterhin die Anwendung von Finanztechniken, um eine dezentrale und kapitalintensive Volkswirtschaft im Digitalzeitalter zu unterstützen.

Direkte Kreditvergabe, wie etwa P2P-Kreditvermittlungen, wird durch die einfache systemische Solvenzregel nicht beschränkt. P2P-Plattformen verzeichnen keine finanziellen Vermögenswerte auf ihrer Bilanz, sondern erleichtern nur Kreditvereinbarungen zwischen Drittparteien. Das Geschäftsmodell von Investmentfonds bleibt von der einfachen systemischen Solvenzregel ebenfalls unberührt; jedes Unternehmen kann ein diversifiziertes Portfolio von Finanzanlagen unterhalten, sofern es vollständig durch Eigenkapital unterlegt ist.

Ein Schlupfloch für Banking verbleibt jedoch. Weiterhin möglich unter der einfachen systemischen Solvenzregel ist ein Banking, das sich Versicherungstechniken bedient. Denken Sie an ein Finanzunternehmen, das ausschließlich Eigenkapital aufnimmt und ein gut diversifiziertes Portfolio von Finanzanlagen mit geringem Kreditausfallrisiko unterhält. Dieses Unternehmen – im Prinzip ein Anlagefonds – schöpft kein Geld aus Kredit. Und unter der einfachen systemischen Solvenzregel kann es dies auch nicht tun, indem es seine Passivseite strukturiert. Es könnte jedoch Versicherungsleistungen einkaufen, um sein Eigenkapital in Innengeld zu verwandeln.

Eine solche Versicherung würde den Kredit- und Liquiditätsgarantien ähneln, denen wir bei der Analyse von ABCPs begegnet sind. Die Versicherungsklauseln könnten den Versicherer dazu verpflichten, die Investmentanteile stets zum Nennwert zurückzukaufen, wenn ein Anteilseigner dies wünscht. Ist dieses Versprechen glaubwürdig, dann verwandeln sich die Investmentfondsanteile in Innengeld; die Versicherung beseitigt das Kreditausfallrisiko und bietet vertragliche Liquidität.

Wenn nun eine Mitteilung an den Versicherer genügt, um einen Investmentfondsanteil unmittelbar zum Nennwert in Außengeld umzutauschen, wird die Öffentlichkeit diese Anteile als Tauschmittel akzeptieren. Dies unterstellt, dass die Versicherung in normalen Zeiten nur selten in Anspruch genommen wird. Solange die Menschen den Versicherungsvertrag für glaubwürdig halten, besteht für sie kein Grund, ihn zu testen, indem sie Anteile in Außengeld umtauschen. Im Gegenzug muss der Versicherer nur begrenzte Liquiditätsreserven zurückstellen, um seiner Rückkaufgarantie nachkommen zu können. Damit sind wir zurück im Banking.

DIE SYSTEMISCHE SOLVENZREGEL

Wie können wir Unternehmen davon abhalten, Versicherungstechniken zum Betreiben von Banking zu missbrauchen? Wiederum lohnt es sich, die Verknüpfungen zwischen verschiedenen Bilanzen genau zu analysieren. Die Rückkaufgarantie verwandelt nicht nur die Investmentfondsanteile in Innengeld, sondern erscheint auch als Verbindlichkeit in der Bilanz des Versicherers. Die Frage lautet nun, wie diese Verbindlichkeit hinsichtlich der Frage bewertet werden sollte, ob ein Unternehmen solvent ist.

Diese Bewertung sollte so beschaffen sein, dass Versicherer keinerlei Anreize erhalten, Banking-Aktivitäten zu betreiben, aber sinnvolle Versicherungsaktivitäten dennoch möglich bleiben. Um dies zu erreichen, schlagen wir folgende allgemeine systemische Solvenzregel vor:

> *Der Wert der realen Vermögenswerte eines Unternehmens muss mindestens dem Wert seiner Verbindlichkeiten in einer Worst-Case-Finanzlage entsprechen.*

Die systemische Solvenzregel stellt eine Verallgemeinerung der oben besprochenen einfachen systemischen Solvenzregel dar. Um zu verhindern, dass Versicherungsaktivitäten zum Betreiben von Banking eingesetzt werden, müssen wir ein zusätzliches Konzept – die Worst-Case-Finanzlage – einführen.

Bevor wir die Worst-Case-Finanzlage definieren können, müssen wir uns mit einigen weiteren Definitionen und Konzepten vertraut machen. Bekanntlich ist ein finanzieller Vermögenswert so definiert, dass er auch auf der Passivseite einer anderen impliziten oder expliziten Bilanz erscheint. Der Begriff *Finanzvertrag* umfasst nun sowohl den finanziellen Vermögenswert als auch die entsprechende Verbindlichkeit auf der verbundenen Bilanz. Das Konzept des Finanzvertrags ist somit eng mit jenem des finanziellen Vermögenswerts verwandt, doch es ist breiter, da es auch die zugehörige Verbindlichkeit einschließt.

Wir können weiter zwischen bedingten und unbedingten Finanzverträgen unterscheiden. Die nominalen Verpflichtungen aus einem *unbedingten Finanzvertrag* werden bei dessen Abschluss vollständig festgelegt. Ein solcher Vertrag ist beispielsweise ein simples Darlehen mit festem Zins und festem Nominalbetrag. Die Vertragsparteien einigen sich vor Inkrafttreten des Vertrags, wie viel Geld wann genau den Besitzer wechseln soll; die nominalen Verpflichtungen hängen also nicht von späteren Ereignissen ab.

Ein Finanzvertrag, dessen nominale Verpflichtungen bei Inkrafttreten noch nicht eindeutig feststehen, wird als *bedingter Fi-*

nanzvertrag definiert.[38] Derivate und Versicherungspolicen sind hierfür bekannte Beispiele. So wird die nominale Verpflichtung aus einer Brandschutzversicherung nicht bei Vertragsabschluss definiert. Der Vertrag legt eine nominale Verpflichtung von null für den Fall fest, dass er erlischt, ohne dass Ihr Haus in Brand geraten ist. Sollte es hingegen zu einem Brand kommen, wird der Schaden kalkuliert und die nominale Verpflichtung des Versicherers errechnet sich aus dem Schaden, den das Feuer verursacht hat.

Bedingte Finanzverträge bestimmen die nominale Verpflichtung anhand von Real- oder Finanzereignissen. Ein *Finanzereignis* ist definiert als Zustandsveränderung eines anderen Finanzvertrags hinsichtlich seiner Bewertung oder Vertragsspezifikationen zu einem gegebenen Zeitpunkt. So ist beispielsweise der Kurs einer bestimmten Aktie zu einem bestimmten Zeitpunkt ein Finanzereignis. Folglich stellt eine Kreditausfallversicherung einen bedingten Finanzvertrag dar, der von einem Finanzereignis abhängt. Auch eine Veränderung des Referenzzinssatzes, der für einen Kreditvertrag zu einem bestimmten zukünftigen Zeitpunkt gelten und den variablen Zinssatz einer Hypothek bestimmen soll, ist ein Finanzereignis.[39]

Ein *Realereignis* ist jedes Ereignis, das kein Finanzereignis ist. Wenn Ihr Haus Feuer fängt, ist das ein Realereignis. Auch der Marktpreis eines realen Vermögenswerts wie Mais ist ein Realereignis, da er von Angebot und Nachfrage nach einem realen Vermögenswert bestimmt wird.

Man beachte, dass ein bedingter Finanzvertrag, der von einem Realereignis abhängt, deshalb noch kein realer Vermögenswert ist. Er fällt weiterhin unter obige Definition eines finanziellen Vermögenswerts. Unternehmen, die Versicherungsleistungen genießen oder Derivatverträge auf der Aktivseite ihrer Bilanz halten, müssen diese zur Berechnung ihrer systemischen Solvenz als finanziellen Vermögenswert betrachten. Ob der Vertrag von einem Real- oder Finanzereignis abhängig ist, entscheidet jedoch über die Beschaffenheit der Worst-Case-Finanzlage.

Die *Worst-Case-Finanzlage* ist gegeben, wenn alle Finanzereignisse, die zur Bestimmung der nominalen Verpflichtungen aus einem bedingten Finanzvertrag relevant sind, so eintreten, dass der Wert des Eigenkapitals eines Unternehmens maximal beeinträchtigt wird. Die Worst-Case-Finanzlage hängt nicht von Wahrscheinlichkeiten ab. Das Konzept unterscheidet sich somit in fundamentaler Weise von einer Risikogewichtung. Die Wahrscheinlichkeit, dass ein Finanzereignis tatsächlich eintritt, ist für die Bestimmung der Worst-Case-Finanzlage ohne Belang. Diese wird durch die rechtlichen Eigenschaften des Vertrags begründet und nicht durch statistische Wahrscheinlichkeiten. Ist die aus einem bedingten Finanzvertrag erwachsende rechtliche Verpflichtung theoretisch unbegrenzt, dann beträgt der Vertragswert bei Eintritt der Worst-Case-Finanzlage minus unendlich.

Die systemische Solvenzregel unterscheidet zwischen dem Verteilen eines realen Risikos und der Verlagerung eines Finanzrisikos. Daher haben wir den Begriff »Worst-Case-*Finanzlage*« gewählt. Der heute berechnete Buchwert der realen Versicherungsverpflichtungen – gelegentlich als Reserven bezeichnet – unterscheidet sich nicht vom Wert im Fall einer Worst-Case-Finanzlage. Ein Versicherer, der reale Vermögenswerte versichert, kann die sich hieraus ergebenden bedingten Finanzverträge mit demselben Wert wie heute verbuchen. Das Gleiche gilt für sämtliche bedingten Finanzverträge, deren Wert von Realereignissen abhängt. So unterscheiden sich beispielsweise die Bewertungen von Mais- oder Öl-Termingeschäften nicht von den heutigen buchhalterischen Bewertungen. Derartige bedingte Finanzverträge müssen jedoch bei der Berechnung der systemischen Solvenz mit dem Wert null angesetzt werden, wenn sie als Vermögenswert auf der Aktivseite der Bilanz eines Unternehmens erscheinen.

Bedingte Finanzverträge, deren Wert sich anhand von Finanzereignissen bemisst, werden bei Eintritt einer Worst-Case-Finanzlage anders bewertet als solche, deren Wert von Realereignissen abhängt. So kann der Marktpreis eines Eigenkapitalanspruchs irgendwo zwischen 0 Euro und unendlich liegen. Der Verkäufer einer Call-Option – ein bedingter Finanzvertrag, der seinen Wert aus einem Finanzereignis ableitet – hat somit theoretisch ein unbegrenztes Verlustpotenzial.[40]

Ein anderes Beispiel: Der Referenzzinssatz für eine variable Hypothek kann ungeahnte Höhen erreichen; die an seiner Festsetzung beteiligten Parteien könnten sich auf einen beliebig hohen Zinssatz einigen. Eine variable Hypothek verwandelt sich also bei Eintritt der Worst-Case-Finanzlage in eine Verbindlichkeit mit unendlich hohem Wert. Eine Kreditbürgschaft ist ein Beispiel für einen Finanzvertrag, der bei Eintritt der Worst-Case-Finanzlage einen beschränkten Wert annimmt. Stellt ein Unternehmen eine Kreditbürgschaft für ein Darlehen bereit, so entspricht deren negativer Nominalwert dem Wert der Kreditbürgschaft bei Eintritt der Worst-Case-Finanzlage. Um das Konzept zu verdeutlichen, haben wir in Tabelle 2 die Worst-Case-Finanzlage für einige Finanzverträge zusammengestellt.

Eine wichtige Anmerkung an dieser Stelle: Bestimmte bedingte Finanzverträge können während ihrer Laufzeit von der Aktiv- auf die Passivseite wechseln und umgekehrt. So ist beispielsweise ein Zins-Swap ein bedingter Finanzvertrag, bei dem eine Partei – der sogenannte Empfänger – einen festgelegten Zins erhält und einen variablen Zins bezahlt, der an einen Referenzzinssatz gekoppelt ist. Ist der erwartete Referenzzinssatz des Zins-Swaps niedriger als der feste Zinssatz, dann ist die aktuelle Bewertung positiv und der Zins-Swap erscheint auf der Bilanz des Empfängers als Vermögenswert.[41] Sobald der Referenzzinssatz den festen Zinssatz übersteigt, wechselt der Zins-Swap von der Aktivseite auf die Passivseite der Bilanz des Empfängers.

Ein Finanzvertrag, der aktuell als Vermögenswert verbucht ist, kann sich also bei Eintritt der Worst-Case-Finanzlage in eine Verbindlichkeit verwandeln. Im Falle des Zins-Swaps beispielsweise tritt diese Situation dann ein, wenn der Referenzzinssatz ins Unendliche steigt. Für die Bewertung eines Finanzvertrags in einer Worst-Case-Finanzlage ist es unerheblich, ob er aktuell auf der Aktiv- oder auf der Passivseite verbucht ist. Zum Zwecke der Berechnung systemischer Solvenz mithilfe der neuen Regel gilt, dass ein bedingter Finanzvertrag, der aktuell als finanzieller Ver-

FINANZVERTRAG	WORST-CASE-FINANZLAGE	WERT BEI EINTRITT DER WORST-CASE-FINANZLAGE
Darlehen	Der Schuldner wird zahlungsunfähig und der Restwert ist null.	0 Euro
Eigenkapital	Das Unternehmen wird insolvent, und nachdem alle Ansprüche der Gläubiger befriedigt sind, verbleibt kein Restwert.	0 Euro
Long-CDS (d. h. der Kauf einer Kreditabsicherung mit Prämienzahlung bei Vertragsabschluss)	Die Kreditversicherung wird nicht in Anspruch genommen oder die Gegenpartei des CDS wird zahlungsunfähig.	0 Euro
Short-CDS (d. h. der Verkauf einer Kreditabsicherung mit Prämienerhalt bei Vertragsabschluss)	Das zugrunde liegende Wertpapier wird wertlos und der Restwert ist null.	negativer versicherter Nominalwert
Kauf einer Call-Option auf eine Aktie	Der Kurs der Aktie fällt unter den Ausübungspreis der Call-Option oder die Gegenpartei wird zahlungsunfähig.	0 Euro
Verkauf einer Call-Option auf eine Aktie	Theoretisch kann der Kurs einer Aktie unbegrenzt steigen.	minus unendlich
Verkauf einer Call-Option auf eine Aktie und Besitz einer Aktie	Der Kurs der Aktie fällt auf null. In diesem Fall beträgt der Wert ebenfalls null und die Call-Option wird nicht ausgeübt.	0 Euro
Kauf einer Put-Option auf eine Aktie	Der Aktienkurs steigt über den Ausübungspreis der Put-Option oder die Gegenpartei wird zahlungsunfähig.	0 Euro
Verkauf einer Put-Option auf eine Aktie	Der Aktienkurs fällt auf null und der Käufer übt die Put-Option aus.	negativer Ausübungspreis
Repo-Geschäft	Der Repo-Schuldner wird zahlungsunfähig und der Wert des als Sicherheitspfand eingesetzten finanziellen Vermögenswerts fällt auf null.	0 Euro

Tabelle 2: Einige Beispiele für eine Worst-Case-Finanzlage

mögenswert erscheint, sich in eine Verbindlichkeit verwandeln kann.

Die systemische Solvenzregel schließt das letzte Schlupfloch und macht es unmöglich, Versicherungstechniken zu nutzen, um Banking zu betreiben. Verdeutlichen wir diesen Gedanken anhand des vorigen Beispiels. Wir erinnern uns, dass der Anlagefonds Eigenkapital aufnimmt – nehmen wir an, in Höhe von 100 Euro – und dieses in ein diversifiziertes Portfolio von Finanzanlagen investiert. Dieser Investmentfonds begibt sich nun auf die Suche nach einem Versicherungsunternehmen, das eine Rückkaufgarantie anbietet, mithilfe deren sich sein Eigenkapital in Innengeld verwandeln ließe.

Angenommen, ein Versicherer wäre geneigt, dem Investmentfonds eine solche Garantie zu verkaufen. Die Rückkaufgarantie würde einen bedingten Finanzvertrag darstellen. Der Nominalwert der Verpflichtung hängt vom zukünftigen Wert des Eigenkapitals des Investmentfonds ab – mit anderen Worten, von einem Finanzereignis. Somit muss der Versicherer die Worst-Case-Finanzlage für diese Garantie berechnen und sicherstellen, dass seine Verpflichtung den Wert seiner realen Vermögenswerte nicht übersteigt.

Die Worst-Case-Finanzlage der Rückkaufgarantie ist eindeutig: Sie tritt ein, wenn die Anteile des Investmentfonds völlig wertlos geworden sind und alle Anteilseigner ihre Anteile an den Versicherer verkaufen. Somit beträgt die Verpflichtung aufgrund der Rückkaufgarantie im Falle einer Worst-Case-Finanzlage 100 Euro. Vorausgesetzt, dass keine weiteren Verpflichtungen bestehen, muss der Versicherer daher mindestens 100 Euro an Außengeld oder realen Vermögenswerten halten, bevor er die Garantie anbieten kann. Beide Vermögensarten eignen sich besonders schlecht, um eine Schöpfung von Innengeld zu unterlegen. Aufgrund mangelnder Liquidität, Bewertungsschwierigkeiten und höherer Preisschwankungen von realen Vermögenswerten würde es von potenziellen Kunden des Anlagefonds nicht als überzeugende Unterlegung betrachtet werden. Weniger kostspielig wäre es, statt realer Vermögenswerte einfach Außengeld zu halten, doch die Unterlegung einer Innengeldschöpfung durch Außengeld würde deren Zweck untergraben. 100 Euro an Außengeld würden benötigt, um 100 Euro an Innengeld zu schöpfen. Wie sich herausstellt, ist es unter der systemischen Solvenzregel wirtschaftlich nicht praktikabel, eine Finanzversicherung zu Banking-Zwecken bereitzustellen.

WARUM DIE SYSTEMISCHE SOLVENZREGEL EINGEFÜHRT WERDEN SOLLTE, UM DAS BANKWESEN ABZUSCHAFFEN

Sowohl Narrow Banking als auch Limited Purpose Banking fallen dem Abgrenzungsproblem der Finanzmarktregulierung anheim. Das Gleiche gilt für unsere heutige Bankenregulierung. Allen bestehenden Ansätzen ist gemein, dass sie die Schwachpunkte des Bankwesens auf institutioneller Ebene zu bekämpfen suchen und Unternehmen regulieren, die sich als Banken oder Finanzinstitute bezeichnen. Banking ist jedoch ein Produkt der doppelten Buchführung. Im Digitalzeitalter lässt sich Banking stets auch auf dem Umweg über nicht regulierte Unternehmen betreiben.

Die systemische Solvenzregel geht nun das Problem an seiner Wurzel an, auf der Ebene des Gesellschaftsrechts. Unser Ansatz stützt sich nicht auf die mühsame rechtliche Unterscheidung zwischen Banken und Nichtbanken oder zwischen Finanz- und Nichtfinanzinstituten. Der Vorzug der systemischen Solvenzregel liegt in ihrer Allgemeingültigkeit. Sie lässt sich auf sämtliche Unternehmen anwenden.

Dennoch würden Nichtfinanzunternehmen von der Einführung dieser Regel kaum beeinflusst. In der Regel beträgt das auf der Passivseite verzeichnete Eigenkapital solcher Unternehmen rund 30 bis 40 Prozent der Bilanzsumme.[42] Auf der Aktivseite der Bilanz von Nichtfinanzunternehmen stehen überwiegend reale Vermögenswerte. Der durchschnittliche Wert der realen Vermögenswerte von Nichtfinanzunternehmen in den Vereinigten Staaten übersteigt den Wert ihrer Verbindlichkeiten.[43] Für die meisten Unternehmen würde die neue Solvenzregel also gar nichts ändern. Manche Unternehmen werden ihren Verschuldungsgrad reduzieren müssen, indem sie entweder neues Eigenkapital aufnehmen oder aber einige finanzielle Vermögenswerte verkaufen. Dennoch würde kein Geschäftsmodell im Nichtfinanzsektor durch die systemische Solvenzregel bedroht.[44]

Die systemische Solvenzregel nimmt nur das Bankwesen ins Visier. Somit genießen Finanzunternehmen, die kein Banking betreiben, mehr Bewegungsfreiheit, als wenn sie in ein Korsett des Narrow Banking oder des Limited Purpose Banking eingezwängt wären. Dies lässt sich daran erkennen, dass die systemische Solvenzregel beide Konzepte bereits enthält. Narrow-Banken, die 100 Prozent ihrer Verbindlichkeiten in Form von Bargeld vorhalten, entsprechen der neuen Regel. Dasselbe gilt für Limited-Purpose-Banken, die vollständig eigenkapitalfinanziert sind.

Man kann auch die systemische Solvenzregel dahingehend interpretieren, dass sie einen schwerwiegenden Fehler innerhalb des Gesellschaftsrechts behebt. Das Gesellschaftsrecht ermöglicht es Unternehmern, ihre Haftungspflicht zu beschränken und als juristische Personen zu agieren. Eine Firma mit beschränkter Haftung kann zum Nutzen der Gesellschaft wirtschaftliche Projekte umsetzen, die für unbeschränkt haftende Privatpersonen zu waghalsig wären. Die Haftungsbeschränkung ist somit ein wichtiger Bestandteil einer dezentralen und kapitalintensiven Volkswirtschaft.

Das Problem ist jedoch, dass von der Haftungsbeschränkung auch Finanzinstitute profitieren, die bewusst systemische Risiken eingehen. So wissen Banken, dass die Risiken, die in ihren Bilanzen schlummern, im Krisenfall ein Erpressungspotenzial entfalten. Sie können dadurch der Gesellschaft weitreichende und lukrative Garantien abgewinnen. Die systemische Solvenzregel verhindert diesen Missbrauch der Haftungsbeschränkung. Sie komplettiert das Konzept der Haftungsbeschränkung, sodass diese nicht nur gegenüber den Eigentümern und Gläubigern, sondern auch gegenüber der Gesellschaft greift.

Es erscheint paradox, aber die Tatsache, dass die systemische

Solvenzregel allumfassend ist, macht sie weniger restriktiv als die institutionellen Ansätze zur Bankenregulierung. Da institutionelle Ansätze – wie Kapitalvorschriften, Narrow Banking oder Limited Purpose Banking – das Abgrenzungsproblem nicht lösen, muss die Bankenaufsicht ihr Regelwerk ständig anpassen und erweitern. Im Laufe der Jahre werden die Regulatoren bei ihrem Versuch, die Aktivitäten der Banken zu kontrollieren, zunehmend interventionistisch: Institutionelle Ansätze werden mit der Zeit immer komplexer und unflexibler.

Im Unterschied dazu gestattet die systemische Solvenzregel vollständige Flexibilität innerhalb ihrer klaren Grenzen. Die neue Regel ermöglicht zahlreiche finanzielle Geschäftsmodelle, die im Narrow Banking oder im Limited Purpose Banking nicht zulässig wären. Die systemische Solvenzregel schafft die Banken ab, überlässt aber alles, was sich innerhalb ihrer Grenzen abspielt, dem dynamischen Wettbewerb. So werden beispielsweise den Finanzinstituten, die sich an direkter Kreditvermittlung beteiligen, keine unnötigen Hürden auferlegt; weder P2P-Kreditvermittler noch Finanzberater werden von ihr beeinträchtigt. Die systemische Solvenzregel ist zudem leicht durchsetzbar, ohne dass es eines Übermaßes an bürokratischen Vorschriften bedürfte, wie wir sie von der derzeitigen Bankenaufsicht gewohnt sind. Die Einhaltung der Beschränkungen infolge der neuen Regel kann durch Wirtschaftsprüfer überwacht werden, die bereits heute Bilanzen überprüfen. Privatpersonen und Personengesellschaften mit persönlich haftenden Gesellschaftern unterliegen nicht der neuen Solvenzregel und müssen nicht überwacht werden. Bei der Einführung einer systemischen Solvenzregel könnten wir auf einen Großteil der bestehenden kostspieligen Regulierung verzichten und die betreffenden Aufsichtsbehörden auflösen, ohne neue gründen zu müssen.

Die Abschaffung der Banken ist eine heikle Aufgabe. Institutionelle Ansätze scheitern immer am Abgrenzungsproblem der Finanzmarktregulierung. Erfolgversprechend ist einzig und allein, das Problem dort zu beheben, wo es entstanden ist: im Gesellschaftsrecht.

KAPITEL 10

DIE ROLLE DER ÖFFENTLICHEN HAND

Die Abschaffung der Banken bedeutet, dass die Rolle der öffentlichen Hand bei der Organisation des Finanzsystems neu definiert werden muss. Ein Finanzsystem ohne Banken ist frei von Bankenpaniken. Die öffentliche Hand muss also nicht länger die Verbindlichkeiten irgendeines Privatinstituts garantieren, um das Finanzsystem zu schützen. In einem Finanzsystem ohne Banken ist eine Bankenaufsicht überflüssig und dem Staat fällt schließlich eine neue Rolle bei der Organisation von Kredit zu.

Da Banking als Geldschöpfung aus Kredit definiert ist, bedeutete die Abschaffung der Banken, dass auch Geld neu organisiert werden muss. Die Unterscheidung zwischen Innen- und Außengeld wird hinfällig. Die Geldpolitik muss neu konzipiert werden, da sie sich derzeit um Banken und die Schöpfung von Innengeld dreht. Wie bei der Organisation von Kredit muss also die Rolle der staatlichen Institutionen auch bei der Organisation von Geld neu definiert werden.

DIE STAATLICHE ORGANISATION VON GELD

Erinnern wir uns, welche Rolle Geld im Finanzsystem spielt: Es wird für laufende Zahlungen verwendet. In einer dezentralisierten Volkswirtschaft ist Geld unverzichtbar. Der Einsatz von Geld als Tauschmittel führt zur Bildung von Preisen, welche die wirtschaftlichen Aktivitäten steuern.

Preise sollten die wirtschaftlichen Bedingungen widerspiegeln, ohne durch Einflüsse des Finanzsystems verzerrt zu werden. In der Einleitung haben wir Geld und Kredit als Spiegel interpretiert, während Preise das dort entstehende Spiegelbild der Realwirtschaft darstellen. Verzerrungen innerhalb des Preissystems führen zu einem verzerrten Abbild der wirtschaftlichen Bedingungen und folglich zu Fehlallokationen.

Somit wird deutlich, welches Ziel die Organisation von Geld verfolgt: Geld sollte so organisiert sein, dass systematische Preisverzerrungen vermieden werden. Ändert sich die Menge der in Umlauf befindlichen Zahlungsmittel, so sollte sich dies nicht auf das Preisniveau auswirken. Mit anderen Worten: Wir sollten bei der Organisation von Geld ein funktionierendes Preissystem – sprich, Preisstabilität – anstreben.[1]

Ein funktionierendes Preissystem ist ein klassisches öffentliches Gut, da unverzerrte Preise weder rivalisierenden noch ausschließenden Charakter haben. Neben seiner Eigenschaft als öffentliches Gut kann ein funktionierendes Preissystem auch als natürliches Monopol betrachtet werden. Ein einziges funktionierendes Preissystem ist effizienter als eine Vielzahl von Preissystemen. Sowohl diese Netzwerkeffekte als auch die Eigenschaft eines funktionierenden Preissystems als öffentliches Gut legen nahe, dass die Organisation von Geld eine staatliche Aufgabe ist.[2]

Die Geldpolitik liegt schon heute in staatlichen Händen, doch sie muss sich an ein Finanzsystem, das ohne Banken auskommt, anpassen. Die heute eingesetzten geldpolitischen Instrumente verlieren ihren Nutzen. In einem Finanzsystem ohne Banken ergeben Zentralbanken wenig Sinn. Es besteht auch kein Grund mehr dafür, dass eine Zentralbank als Lender of Last Resort agiert und einer ausgewählten Riege an privaten Instituten einen privilegierten Zugriff auf Geld gewährt. Sowohl die geldpolitischen Instrumente als auch die institutionelle Struktur der Währungsbehörde müssen neu überdacht werden.

DIGITALGELD: DER WEG ZUR PREISSTABILITÄT IM DIGITALEN ZEITALTER

Bevor wir die geldpolitischen Instrumente im Einzelnen besprechen, sollten wir deren Ziel noch einmal hervorheben: Preisstabilität. Bei der Konzeption neuer geldpolitischer Instrumente geht es darum, ein funktionierendes Preissystem sicherzustellen. Der Schritt von einer Papiergeld- zu einer Digitalgeldwährung unterstützt dieses Ziel. In einem Finanzsystem für das Digitalzeitalter hat physisches Geld keinen Platz.

Auf den ersten Blick erscheint das womöglich als radikale Veränderung. Doch bekanntlich besteht ein gewichtiger Teil des Außengeldes – die von den Banken gehaltenen Zentralbankreserven – bereits heute ausschließlich in digitaler Form. Auch viele unserer täglichen Zahlungen werden elektronisch durchgeführt. Sei es, ob Sie mit Ihrer Karte für eine Tasse Kaffee bezahlen oder sich online ein Buch kaufen: In keinem dieser Fälle wechselt physisches Geld den Besitzer.

Elektronisches Geld wirft Datenschutzfragen auf, die gelöst werden müssen. Der Staat ist gut beraten, wirtschaftlichen Austausch auf anonymem Wege zu ermöglichen. Verzichtet er darauf, steht zu erwarten, dass private Institute einspringen und diese Nachfrage befriedigen, indem sie anonyme Zahlungsdienstleistungen anbieten.

Digitalgeld bietet mehrere Vorteile.[3] Das wichtigste Argument für eine optimale Organisation des Finanzsystems lautet, dass Digitalgeld den Einsatz geldpolitischer Instrumente ermöglicht, die hervorragend zur Sicherung von Preisstabilität geeignet sind. Insbesondere lässt sich die Null-Prozent-Untergrenze viel besser bekämpfen, da man ohne jeden Verwaltungsaufwand eine Liquiditätsprämie einführen kann.

DER KAMPF GEGEN DIE NULL-PROZENT-UNTERGRENZE MITHILFE EINER LIQUIDITÄTSPRÄMIE

Eine Liquiditätsprämie ist eine Gebühr, die von Geldinhabern erhoben wird, vergleichbar einer Maut, welche die Benutzer einer mautpflichtigen Straße zahlen müssen. Sie ist mit einem Negativzins auf Geldbestände vergleichbar. Wenn Sie beispielsweise ein Jahr lang 100 Euro in Ihrer (digitalen) Tasche behalten und die jährliche Liquiditätsprämie 5 Prozent beträgt, schrumpft Ihr Bestand am Jahresende auf 95 Euro. Die Liquiditätsprämie wird kontinuierlich erhoben und wirkt ähnlich wie Inflation. Wenn Sie Bargeld in Höhe von 100 Euro besitzen und die Inflationsrate 5 Prozent beträgt, verlieren Sie rund 5 Euro an Kaufkraft. Denselben Verlust erleiden Sie bei einer fünfprozentigen Liquiditätsprämie und 0 Prozent Inflation.[4]

Heutzutage streben die Zentralbanken eine positive Inflationsrate an, um der Null-Prozent-Untergrenze zu begegnen.[5] Eine positive Inflationsrate schwächt die von der Null-Prozent-Untergrenze auferlegte Beschränkung ab, sodass der Nominalzinssatz niemals negativ werden kann. Besteht Inflation, so sinkt die Kaufkraft von Geldbeständen laufend. Dadurch entsteht ein Anreiz, sein Geld entweder auszugeben oder es an jemand anderen zu verleihen, auch bei niedrigen Zinssätzen. Die ökonomischen Effekte von Inflation sind mit denjenigen einer Liquiditätsprämie vergleichbar.

Inflation geht jedoch mit Unsicherheit und hohen Kosten einher. Sie ist kein ideales Instrument, um die Null-Prozent-Untergrenze zu bekämpfen. Inflation ist zudem schwer zu beherrschen, da sie ebenso von den Erwartungen der Menschen beeinflusst wird wie von geldpolitischen Entscheidungen. Wie wir gesehen haben, lässt sich Inflation nur schwer hervorrufen, wenn sich die Wirtschaft bereits an der Null-Prozent-Untergrenze befindet.[6] Sobald die Inflation jedoch an Fahrt gewinnt, kann sie schnell außer Kontrolle geraten und zu erheblichen Preisverzerrungen führen. Unerwartete Inflation ist außerdem kostspielig, denn die Menschen müssen sich den Veränderungen des Preisniveaus anpassen.[7]

Eine Liquiditätsprämie beseitigt die Null-Prozent-Untergrenze, kommt aber gleichzeitig ohne die Unsicherheit oder die Kosten aus, die der Inflation anhaften. In der Vergangenheit ließ sich eine Liquiditätsprämie aufgrund des damit verbundenen Verwaltungsaufwands kaum umsetzen. Wie hätte man auf jeden im Umlauf befindlichen Geldschein und auf jede Münze eine monatliche Gebühr erheben können? Dieser Nachteil entfällt in einer Digitalgeldwirtschaft. Hier kann eine Liquiditätsprämie laufend und zu minimalen Kosten erhoben werden.[8]

Eine Liquiditätsprämie ist so konzipiert, dass sie die umlaufende Geldmenge reduziert. Um für Preisstabilität zu sorgen, benötigt die Währungsbehörde gleichzeitig ein Instrument, mit dem sie die umlaufende Geldmenge erhöhen kann. Ein einfaches und wirksames Werkzeug, um dies zu erreichen, ist ein bedingungsloses Einkommen.

DIE GELDZUFUHR MITHILFE EINES BEDINGUNGSLOSEN EINKOMMENS

Der Vorschlag, ein bedingungsloses Einkommen als geldpolitisches Instrument einzuführen, mag ungewöhnlich sein. Doch um Preisstabilität zu erreichen, ist es ein perfektes Werkzeug. Wer sich mit dem Gedanken auseinandersetzt, ein solches Einkommen als Mittel der Geldpolitik einzusetzen, erkennt auch, wie ungerecht die geldpolitischen Instrumente in unserem heutigen Bankensystem gestaltet sind. Es lässt sich kaum begründen, dass wenige private Institute einen privilegierten Zugriff auf Geld genießen – in unserem heutigen Bankensystem sind manche Tiere gleicher als andere.

Ein bedingungsloses Einkommen ist hingegen auf Gleichheit angelegt. Die unabhängige Währungsbehörde bringt neues Geld in Umlauf, indem sie es einfach an die Bürger auszahlt. Jeder erhält dieses Einkommen, unabhängig von persönlichen Eigenschaften wie Beschäftigungsstatus oder Alter. Dieses Konzept ähnelt also einem garantierten Grundeinkommen.[9]

Mit einem bedingungslosen Einkommen als geldpolitischem Instrument lässt sich jedoch kein Lebensstandard oberhalb der Armutsgrenze sicherstellen – dafür ist es zu niedrig. Es wäre daher irreführend, es als *Grund*einkommen zu bezeichnen. Darüber hinaus handelt es sich nur um ein zweckgebundenes Mittel, wobei das Ziel in der Sicherung von Preisstabilität besteht. Somit muss es in seiner Höhe flexibel bleiben und ist folglich kein *garantiertes* Einkommen. In einem dynamischen wirtschaftlichen Umfeld muss die staatliche Währungsbehörde gelegentlich die Höhe des bedingungslosen Einkommens anpassen, um weiterhin Preisstabilität zu gewährleisten.

Die Gewinne aus der Außengeldschöpfung der Zentralbanken fließen heute zumeist in die Staatskasse.[10] Einige Narrow-Banking-Konzepte, wie etwa das Vollgeld, möchten daran festhalten, indem sie vorsehen, dass neu ausgegebenes Geld unmittelbar in den staatlichen Haushalt einfließt. Wir möchten dem widersprechen. Die Geldzufuhr mittels bedingungslosem Einkommen hat zwei wichtige Vorteile.

Das erste und wichtigste Argument lautet, dass die laufende Auszahlung eines bedingungslosen Einkommens an alle Bürger einer unmittelbar wirksamen und breit angelegten Geldpolitik entspricht. Die Bürger nutzen ihr bedingungsloses Einkommen entweder zu Konsum- oder zu Investitionszwecken. Würde das gleiche Geld hingegen über Staatsausgaben in die Wirtschaft gelenkt, so würden politische Prozesse über das Wo, Wie und Wann entscheiden. Die Auswirkungen eines solchen Regimes auf die Preisstabilität wären weniger unmittelbar und nicht kontinuierlich. Um Preisstabilität zu erreichen, sind Staatsausgaben ein unterlegenes geldpolitisches Instrument. Dasselbe gilt für die heutige Geldpolitik, die ebenfalls zu Preisverzerrungen führt. Die heutigen Zentralbanken führen der Volkswirtschaft frisches Geld zu, indem sie Finanzanlagen aufkaufen, was deren Preise beeinflusst. Das bedingungslose Einkommen ist das einzige geldpolitische Instrument, das eine Geldzufuhr ohne jede Preisverzerrung ermöglicht.[11]

Zweitens ist der politische Druck auf die Währungsbehörde in einem System, in dem der Staat der Volkswirtschaft frisches Geld zuführt, deutlich größer. Manche Regierung könnte geneigt sein, die Seignorage auf Kosten der Preisstabilität auszuweiten. Ist die Währungsbehörde infolge einer Verfassungsnorm gehalten, neues

Geld ausschließlich über ein bedingungsloses Einkommen bereitzustellen, wird der staatliche Einfluss auf die Geldpolitik minimiert.

GELDPOLITISCHE UNABHÄNGIGKEIT

Es sei betont, dass die Maximierung des bedingungslosen Einkommens nicht das Ziel der Geldpolitik ist. Das einzige Ziel besteht in der Gewährleistung von Preisstabilität. Der Einsatz geldpolitischer Instrumente sollte einem strikten Regelwerk folgen, um diesem alleinigen Ziel zu dienen.

Anders als die heute eingesetzten geldpolitischen Instrumente sind sowohl die Liquiditätsprämie als auch das bedingungslose Einkommen vollkommen transparent, leicht verständlich und auf Gleichheit angelegt. Wenn die Währungsbehörde die Absicht verfolgte, ihre Instrumente in einer Weise zu nutzen, die der Preisstabilität schadet, stünden ihr nur zwei Möglichkeiten zur Verfügung: Sie könnte das bedingungslose Einkommen aufstocken und damit alle Bürger gleichermaßen subventionieren, oder sie könnte die Liquiditätsprämie erhöhen und allen Bürgern damit eine gleich hohe Steuer auferlegen. Ohne offene Verletzung der Regeln kann sie jedoch kaum bestimmten Interessengruppen einen Vorteil verschaffen oder mithilfe geldpolitischer Instrumente eine private Institution retten. Um die Geldpolitik noch stärker vor politischer Einflussnahme zu schützen, sollte sie zudem so unabhängig wie möglich von anderen Regierungsbehörden konstituiert werden.[12]

DAS VERHÄLTNIS VON GELD- ZU FISKALPOLITIK

Wenn ein striktes Regelwerk gilt und die Währungsbehörde unabhängig von der Exekutive agieren kann, wird das enge Band zwischen Geld- und Fiskalpolitik durchtrennt. Die heutigen Zentralbanken leiten ihre Gewinne nicht nur an die Staatskasse weiter, sondern nutzen Staatsanleihen auch als geldpolitisches Instrument. Wir haben erörtert, wie die Bestände der Fed an staatlichen Schuldtiteln im Gefolge der Finanzkrise von 2007/08 bislang unbekannte Höhen erreichten. Es sei außerdem daran erinnert, dass die Eigenkapitalvorschriften die Geschäftsbanken dazu ermuntern, staatliche Schuldtitel zu halten. Wenn der Staat mit seinen Schulden in Schwierigkeiten gerät, sind die Zentralbanken zum Eingreifen gezwungen, da die Banken sonst rasch Verluste erlitten, die sich mit der Zeit zu Bankenpaniken und Preisverzerrungen auswachsen würden.

In einem Finanzsystem ohne Banking kann die Währungsbehörde glaubhaft verkünden, dass sie die öffentliche Hand nicht retten wird. Dies zwingt Regierungen, einen tragfähigen – wenn auch nicht unbedingt ausgeglichenen – Haushalt aufzustellen. Ohne die Verfassungsnorm zu verletzen, dass sich die Geldpolitik auf die beiden Instrumente der Liquiditätsprämie und des bedingungslosen Einkommens beschränkt, kann die Währungsbehörde weder Staatsschulden kaufen noch für diese bürgen. Regierungen können dann die Folgekosten einer exzessiven Ausgabenpolitik nicht mehr heimlich auf die Bürger abwälzen, indem sie Inflation provozieren.

Wenn der Staat seine Schulden nicht mehr bedienen kann, bleibt ihm keine Wahl, als in die Insolvenz zu gehen und mit seinen Gläubigern zu verhandeln. Im Falle einer staatlichen Insolvenz erleidet jeder Halter von Staatsschulden einen Verlust. Dank der systemischen Solvenzregel sind jedoch Zweitrundeneffekte ausgeschlossen und eine Systemkrise bleibt aus. Wer keine Staatsschulden hält, bleibt von Verlusten verschont.

Können Staaten insolvent werden, ohne dass die Funktionsfähigkeit des Finanzsystems darunter leidet, so werden die Menschen größere Vorsicht walten lassen, bevor sie dem Staat ihr Geld leihen. Sie werden die Nachhaltigkeit des staatlichen Haushalts sorgfältig überprüfen. Sind sie der Meinung, dass die Regierung nicht verantwortungsvoll agiert, können sie einen höheren Zins verlangen oder sich weigern, dem Staat ihr Geld zur Verfügung zu stellen. Um mehr Geld ausgeben zu können, als sie einnimmt, muss die Regierung das Vertrauen ihrer potenziellen Gläubiger gewinnen, das heißt ihrer Bürger.[13]

DIE PRIVATE ORGANISATION VON KREDIT

Die systemische Solvenzregel verhindert nicht nur systemische Auswirkungen aufgrund staatlicher Insolvenzen, sondern auch solche aufgrund von Insolvenzen im Allgemeinen. Unter einer systemischen Solvenzregel kommen dem Kredit keine Netzwerkeigenschaften zu. Es handelt sich auch nicht um ein öffentliches Gut. Unsere Begründungen für die staatliche Organisation von Geld greifen bei der Organisation von Kredit nicht.

In einem Finanzsystem ohne Banking sollte der Staat deshalb auf jegliche Kreditbürgschaften verzichten, die auf die Vermeidung von Bankenpaniken abzielen. Insbesondere die Einlagensicherung, die Funktionen eines Lenders of last Resort sowie die allumfassenden Too-big-to-fail-Garantien sind überflüssig, sobald eine systemische Solvenzregel gilt.

Ohne staatliche Garantien ist auch eine weitreichende Regulierung hinfällig. Staaten und Regierungen müssen sich nicht mehr mit risikogewichteten Eigenkapitalanforderungen, internen Risikomanagementsystemen, Mindestreserveverpflichtungen oder zahlreichen anderen Regulierungsformen, die das heutige Kreditvergabewesen kennzeichnen, beschäftigen.

In einem Finanzsystem ohne Banking benötigt Kredit keine Sonderbehandlung mehr. Es genügt, wenn Kredit in einen auf Wettbewerb beruhenden Ordnungsrahmen eingebunden wird, der die Finanzbranche wie jede andere Branche behandelt. Im Kern umfasst ein solches Regelwerk ein wirksames und effizientes Rechtssystem, um Privatverträge durchzusetzen; die Verfolgung betrügerischer Praktiken einzelner Marktteilnehmer; sowie ein griffiges Wettbewerbsrecht, das verhindert, dass mächtige Akteure Kartelle bilden oder einzelne Märkte monopolisieren.[14]

Im Unterschied zu Geld gehört Kredit in ein privates Umfeld. Innerhalb eines auf Wettbewerb beruhenden Ordnungsrahmens kann Kredit blühen und gedeihen. Genauso wie in anderen Branchen tätige Unternehmen laufend bessere und preiswertere Produkte entwickeln, wird ein auf Wettbewerb beruhender Kreditmarkt auf bessere Weise Liquidität bereitstellen, Kreditausfallrisiken beherrschen und Informationsasymmetrien begegnen.

KAPITEL 11

DAS GESAMTBILD

Im Verlauf dieses Buches haben wir zahlreiche ökonomische Konzepte, Bilanzierungsregeln und Institutionen kennengelernt. Wir haben eine weite Wegstrecke zurückgelegt, und nun ist es Zeit, einen Schritt zurückzutreten und einen Blick auf das große Ganze zu werfen. Der Wechsel hin zu einer makroökonomischen Perspektive fördert den Kern unserer Reformvorschläge zutage. Ein Finanzsystem ohne Banken unterscheidet sich in zweifacher Hinsicht grundlegend von einem Bankensystem: Es trennt die Geld- und die Kreditfunktionen und es zieht eine klare Trennlinie zwischen der öffentlichen und der privaten Sphäre.

UNGEZÜGELTES BANKING FÜHRT ZU FEHLALLOKATIONEN

In der Einleitung haben wir festgestellt, dass das Finanzsystem das virtuelle Gegenstück zur Realwirtschaft darstellt. Nur ein funktionierendes Finanzsystem ermöglicht die Bildung unverzerrter Preise. Die Organisation von Geld und Kredit entscheidet darüber, wie gut die Preise ihre ökonomische Funktion erfüllen können – bekanntlich steuern Preise alle wirtschaftlichen Aktivitäten, einschließlich der Kapitalakkumulation.

Banking beeinflusst die Organisation sowohl von Geld als auch von Kredit. Das Verdienst der Banken besteht darin, dass sie während des Industriezeitalters die Kapitalakkumulation unterstützten, jedoch um den Preis von schweren Preisverzerrungen im Zuge von Bankenpaniken. Die gleichzeitige rasche Zerstörung von Geld und Kredit hemmte die realwirtschaftlichen Aktivitäten und verstärkte das Ausmaß von Rezessionen.

Vor Beginn der digitalen Revolution war es möglich, diese Probleme mithilfe einer Kombination aus staatlichen Garantien und Bankenregulierung zu beherrschen. Staatliche Garantien verhinderten den Ausbruch von Bankenpaniken sowie den plötzlichen Zusammenbruch des Geld- und Kreditsystems. Gleichzeitig sorgte die Bankenaufsicht dafür, dass die Banken keine exzessiven Risiken eingehen konnten, die zum gegenteiligen Szenario geführt hätten: einem zügellosen und raschen Anwachsen von Geldmenge und Kreditvolumen.

In Teil 2 haben wir ausführlich erörtert, wie die digitale Revolution die Funktionsfähigkeit des Bankensystems beeinträchtigt hat. Das Aufkommen von Informationstechnologien hat zahlreiche Möglichkeiten geschaffen, Regulierungsvorschriften zu umgehen. Beschränkungen, die eine exzessive Risikoneigung verhindern sollten, sind zahnlos geworden. Viele Banken konnten der Versuchung nicht widerstehen, große Summen an Innengeld außerhalb ihrer eigenen Bilanzen zu schöpfen. Das Ergebnis war ein Boom der Schattenbanken im Vorfeld der Finanzkrise von 2007/08.

Der vom Finanzsektor ausgelöste Wirtschaftsaufschwung führte zu Preisverzerrungen und Fehlallokationen in der Realwirtschaft. Aufgrund des zügellosen Bankings herrschte ein nahezu unbegrenztes Geld- und Kreditangebot. Dies befeuerte wiederum die Nachfrage nach Immobilien und deren Preise. Die verzerrten Preissignale lösten ein wahres Baufieber aus. Arbeitskraft, physisches Kapital und Energie wurden auf den Bau von Häusern und Wohnungen verwandt, für die letztendlich keine wirkliche Nachfrage bestand.[1]

Die von einem zügellosen Bankwesen ausgelösten Verzerrungen sind während einer Boom-Phase verführerisch. Sie erzeugen die Illusion eines Wirtschaftswachstums und einer Wohlstandsmehrung. Die Investitionen steigen ebenso wie das Beschäftigungsniveau und der Konsum. Die Preise der Vermögenswerte klettern von einem Rekord zum nächsten. Wer jetzt vor einem drohenden Crash warnt, wird als Schwarzmaler geschmäht und ignoriert. Doch die nachfolgende Krise gibt den Skeptikern entschieden Recht. Letztendlich führt ungezügeltes Banking nur dazu, dass eine nicht nachhaltige Kreditblase entsteht, die irgendwann platzt.[2]

Sobald dies geschieht, wird den Menschen die Ressourcenverschwendung bewusst. Es kommt zu einer heftigen Preisanpassung, welche die Solvenz vieler Schuldner bedroht. Die nachfolgenden Kreditausfälle weiten sich rasch zu einer Bankenpanik aus, die in einem Sektor um sich greift, der nicht durch staatliche Bürgschaften geschützt ist. Das ursprüngliche Problem des Bankwesens, das als gelöst galt, taucht an neuem Ort wieder auf.

Wie bei einer herkömmlichen Bankenpanik verzerrt der plötzliche Zusammenbruch des Geld- und Kreditsystems auch die Preise. Diesmal löst die Verzerrung keinen Boom aus, sondern eine schwere Rezession. Die Wirtschaft tritt in eine Abwärtsspirale aus Kreditzerstörung, monetärer Kontraktion und fallenden Preisen ein. Die Investitionstätigkeit stagniert, die Arbeitslosigkeit steigt und der Konsum geht zurück.[3]

Ungezügeltes Banking führt sowohl im Aufschwung als auch im Abschwung zu Wohlfahrtsverlusten. Die überbordende Schöpfung und Zerstörung von Geld und Kredit, die ein ungehindert agierendes Bankwesen ermöglicht, verzerrt die Preise und führt zu Fehlallokationen von Ressourcen in der Realwirtschaft. Die Quelle dieser Verzerrungen ist das enge Band, das Banking zwischen Geld und Kredit knüpft, und die digitale Revolution sorgt dafür, dass das staatliche Regelwerk heute an der Einhegung von Preisverzerrungen scheitert.

GELD UND KREDIT: VORSCHLAG FÜR EINE SINNVOLLE FUNKTIONSTRENNUNG

Ungezügeltes Banking verzerrt das Preissystem deshalb, weil Geld und Kredit innerhalb eines Bankensystems zwei Seiten derselben Medaille sind. Die Funktionen, welche Geld und Kredit als Medien zur Ausführung laufender und aufgeschobener Zahlungen erfüllen, sind nicht sinnvoll zugeordnet. Kredit – in Form von Innengeld – kann für laufende Zahlungen verwendet werden. Darüber hinaus kann sich Geld an der Null-Prozent-Untergrenze in ein geeignetes Medium zur Ausführung aufgeschobener Zahlungen verwandeln. Abbildung 15 illustriert das heutige Bankensystem.

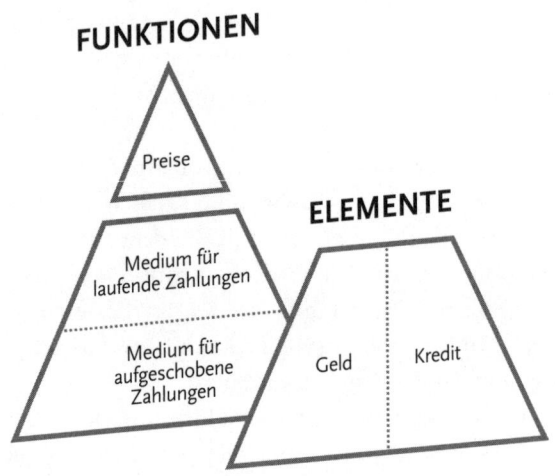

Abb. 15: Ein Finanzsystem mit Banking, Teil 1

Die neue Solvenzregel durchtrennt das enge Band, das Banking zwischen Geld und Kredit knüpft. Sie weist die Funktion »Laufende Zahlungen« ausschließlich dem Geld zu. Die Währungsbehörde kann die umlaufende Geldmenge vollständig kontrollieren, da Kredit nicht länger in Geld umgewandelt werden kann. Wo die systemische Solvenzregel gilt, führt Kreditvergabe nicht zu Geldschöpfung.

Eine Kreditvergabe setzt voraus, dass die Inhaber von Geldbeständen bereit sind, ihre heutige Kaufkraft zugunsten einer zukünftigen Kaufkraft aufzugeben. In einem Finanzsystem ohne Banking wird der Zinssatz zu einem aussagekräftigen Preis für den Austausch von Kaufkraft. Eine Kreditausweitung bedeutet, dass Kaufkraft von Gläubigern auf Schuldner übergeht. Analog hierzu fließt bei einer Kreditkontraktion lediglich Kaufkraft von Schuldnern zu Gläubigern zurück. Die Geldmenge selbst verändert sich nicht und die Preise für reale Güter und Dienstleistungen geraten nicht unter Abwärtsdruck. Ohne Banking hängt die Geldmenge nicht länger unmittelbar vom Volumen der gewährten Kredite ab.

Zwischen Geld und Kredit besteht jedoch ein mittelbarer Zusammenhang, da die Währungsbehörde um Preisstabilität bemüht ist. Kredite, die für produktive Investitionen verwendet werden, steigern das Produktionspotenzial an Gütern und Dienstleistungen in der Realwirtschaft. In diesem Fall trifft die gleiche Geldmenge auf ein erhöhtes Angebot an Gütern und Dienstleistungen – die Preise fallen. Dies wiederum veranlasst die Währungsbehörde, entsprechend ihrem Mandat zur Sicherung von Preisstabilität zu handeln und die Geldmenge zu erhöhen.

Produktiv genutzter Kredit führt somit letztlich zu einem Anstieg der Geldmenge. Dies gilt jedoch nicht für Kredit, der unproduktiven Zwecken zugeführt wird. In einem Finanzsystem ohne Banken wird Geld »abwarten«, was Unternehmen und Privatpersonen mit ihrem Kredit anfangen. Wird er produktiv genutzt, wächst die Geldmenge.

Die Geldmenge ist nicht die einzige Bestimmungsgröße des Geldangebots, sprich: des effektiven Angebots an einem Medium zur Ausführung laufender Zahlungen. Das Geldangebot hängt ebenfalls davon ab, ob die Menschen ihr Geld ausgeben oder horten. Mit anderen Worten: Auch die Umlaufgeschwindigkeit spielt eine Rolle. Ein zusätzlicher Euro, der niemals ausgegeben wird, erhöht die Geldmenge, aber nicht das Geldangebot. Dies führt uns zu dem zweiten Verbindungsglied zwischen Geld und Kredit, das nichts mit Banking zu tun hat, sondern mit der physischen Beschaffenheit unseres heutigen Geldes.

Unser heutiges Geld kann als Wertaufbewahrungsmittel dienen. In diesem Fall taugt es nicht mehr als Mittel zur Ausführung laufender Zahlungen. Um dies zu erkennen, müssen wir in die Rolle des Geldinhabers schlüpfen, der ein potenzieller Gläubiger ist. Wenn der Geldinhaber sein Geld behält, um sich damit morgen Güter und Dienstleistungen zu kaufen, dient Geld als Medium zur Ausführung aufgeschobener Zahlungen. Gehortetes Geld wird somit in ähnlicher Weise wie Kredit verwendet. Wenn viele Menschen Geld horten, sinkt die Nachfrage nach realen Gütern und Dienstleistungen und es setzt eine Preisdeflation ein. Genau dies geschah im Gefolge der Finanzkrise von 2007/08, als die Federal Funds Rate auf die Null-Prozent-Untergrenze traf und Zentralbankreserven ungenutzt in den Bankbilanzen schlummerten.

Deflation erhöht die Nettorendite des Hortens von Geld und macht Geld als Wertaufbewahrungsmittel somit noch attraktiver. Die an der Null-Prozent-Untergrenze gefangenen Zinsen können einen Zusammenbruch der Umlaufgeschwindigkeit auslösen und die Volkswirtschaft in eine Deflationsspirale überführen. Erneut ist das Band zwischen Geld und Kredit – diesmal infolge der Wertaufbewahrungsfunktion physischen Geldes – der Grund für eine Preisverzerrung.

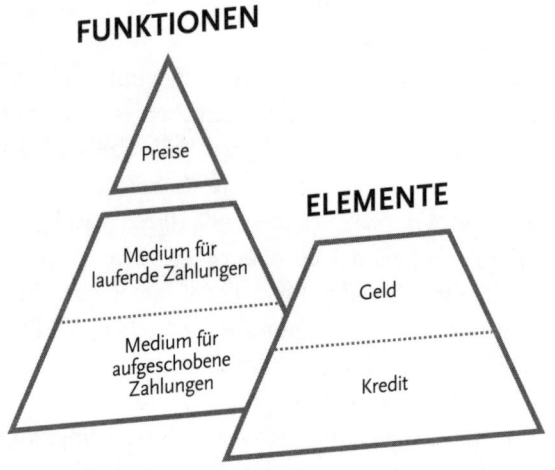

Abb. 16: Ein Finanzsystem ohne Banking, Teil 1

Die Liquiditätsprämie durchtrennt dieses zweite Band zwischen Geld und Kredit, denn sie schreckt die Bürger davon ab, Geld zur Ausführung aufgeschobener Zahlungen einzusetzen – mit anderen Worten, vom Horten von Geld. Sie vervollständigt die funktionale Trennung von Geld und Kredit: Geld ist nun ausschließlich Medium zur Ausführung laufender Zahlungen, während aufgeschobene Zahlungen ausschließlich mithilfe von Kredit bestritten werden. Abbildung 16 zeigt, wie wir uns ein Finanzsystem für das Digitalzeitalter vorstellen.

Geld und Kredit sind die Elemente des Preissystems, das zur Steuerung der realwirtschaftlichen Aktivitäten erforderlich ist. Um Preisverzerrungen auszuschließen, muss die Funktion »Laufende Zahlungen« dem Geld zugeordnet werden, während die Funktion »Aufgeschobene Zahlungen« dem Kredit zufällt. Doch eine rein funktionale Trennung genügt noch nicht; wir müssen auch die öffentliche von der privaten Sphäre trennen.

DIE TRENNUNG VON PRIVATER UND ÖFFENTLICHER SPHÄRE

Abbildung 17 veranschaulicht, wie sich private und öffentliche Sphäre bei der Organisation von Geld und Kredit überschneiden. Auf der einen Seite schöpfen private Institutionen Innengeld und beteiligen sich somit an der Organisation von Geld. Ein Großteil des Geldangebots wird von privaten Bankinstituten geschöpft. Auf der anderen Seite ist Kredit keine vollständig private Angelegenheit, denn die Verbindlichkeiten der Bankinstitute werden von der öffentlichen Hand garantiert.

Im heutigen Bankensystem übernimmt die öffentliche Hand nicht nur für Geld, sondern auch für Kredit umfassende Verantwortung. Dies geschieht, weil die Bankinstitute Geld aus Kredit schöpfen. Kredit wirkt sich deshalb auf das Geldangebot aus und beeinflusst so auch das Preissystem. Da die öffentliche Hand für die Preisstabilität verantwortlich zeichnet, ist sie gezwungen, auch hinsichtlich der Bereitstellung von Kredit eine wichtige Rolle zu spielen.

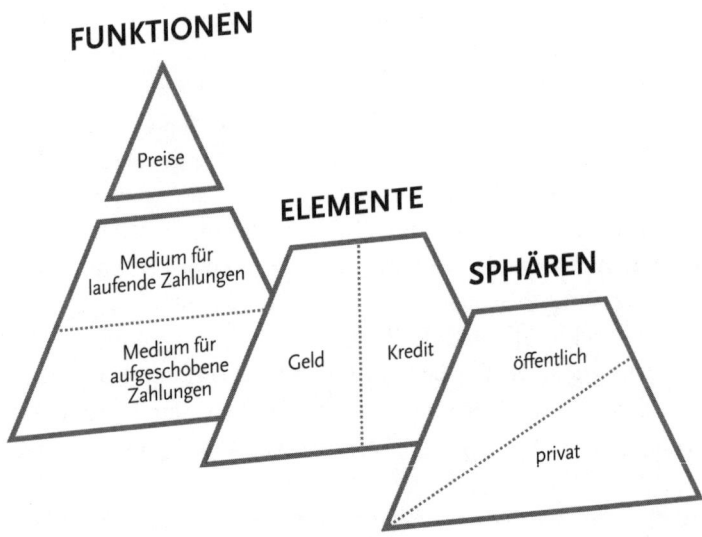

Abb. 17: Ein Finanzsystem mit Banking, Teil 2

Mit der Ausdehnung staatlicher Bürgschaften auf Schattenbanken unterdrückten viele Regierungen eine Berichtigung der
im Gefolge der Finanzkrise von 2007/08 aufgetretenen Preisverzerrungen. Ohne wirksame Bankenregulierung müssen nach jeder Finanzkrise weitere große Kreditsummen staatlich garantiert
werden, um das Preissystem gegen den Eintritt von Liquiditäts-
risiken abzusichern.

Doch die Organisation von Kredit kann nicht dauerhaft auf
der Unterdrückung von Risiken aufbauen, denn dies beeinflusst
zunehmend die Organisation von Geld. Je mehr Innengeld der
Staat garantiert, desto weniger glaubhaft wird das Versprechen
von Preisstabilität. Wird immer mehr Innengeld garantiert, ohne
dass eine wirksame Regulierung greift, so droht eine umso schär-
fere Korrektur von Preisverzerrungen.

Kredit muss deshalb so organisiert werden, dass Risiken eintreten können, ohne dass gleich das gesamte System kollabiert.
Das ist vergleichbar mit einer vernünftigen Waldbrandpolitik,
die nicht auf das Prinzip setzt, dass Waldbrände unter allen

Umständen verhindert werden müssen, sondern erkennt, dass Brände von Zeit zu Zeit zugelassen werden müssen, damit sich in den Wäldern nicht zu viel brennbares Material ansammelt.[4] In der Realwirtschaft vollziehen sich ständig unvorhersehbare Auf- und Abschwünge. Kredit – als bilateraler Vertrag zwischen zwei Parteien – unterliegt ebenfalls konjunkturellen Schwankungen. Die Abwärtsrisiken sollten von jenen getragen werden, denen auch die möglichen Vorteile zugutekommen. Ein öffentlicher Sektor, der an der langfristigen Stabilität des Finanzsystems interessiert ist, sollte auf staatliche Kreditgarantien verzichten.

Wenn eine systemische Solvenzregel gilt, führen Turbulenzen auf den Kreditmärkten nicht mehr zu Bankenpaniken. Geld wird nicht länger aus Kredit geschöpft und staatliche Kreditgarantien können glaubwürdig widerrufen werden. Die Währungsbehörde gerät nicht mehr in eine Lage, in der sie dafür ihr oberstes Ziel der Preisstabilität opfern muss. Von jeglicher Verpflichtung hin-

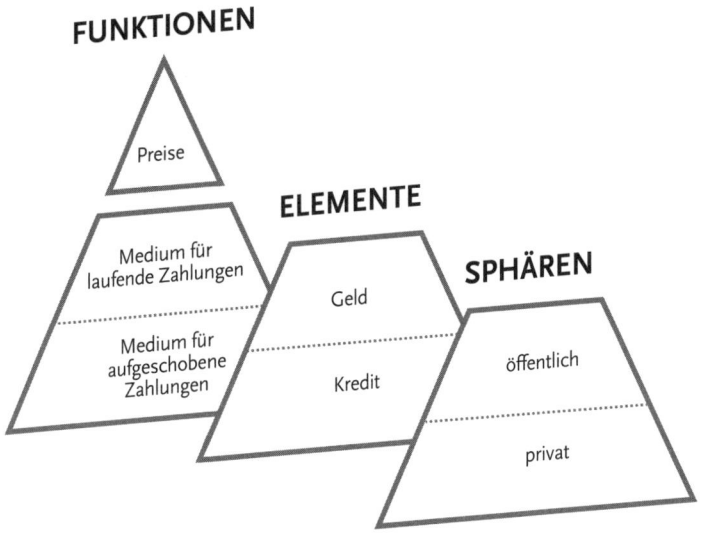

Abb. 18: Ein Finanzsystem ohne Banking, Teil 2

sichtlich Krediten befreit, kann sich die öffentliche Hand glaubwürdig zu ihrer Schutzfunktion eines funktionierenden Preissystems bekennen.

Wir sind nun in der Lage, eine klare Trennlinie zwischen privatem und öffentlichem Sektor zu ziehen. Abbildung 18 illustriert diese Abgrenzung. Während die Organisation von Geld in der öffentlichen Sphäre angesiedelt sein sollte, wird die Organisation von Kredit den Wettbewerbskräften im privaten Sektor überlassen. Die funktionale Trennung legt gemeinsam mit der eindeutigen Rollenverteilung zwischen den beiden Sphären die Grundlage für ein stabiles, leistungsfähiges und gerechtes Finanzsystem im digitalen Zeitalter.

SCHLUSSWORT

Im digitalen Zeitalter hat sich das Finanzsystem in ein komplexes Monster verwandelt. Einige der besten Physiker, Mathematiker und Juristen sind heutzutage im Bankensektor beschäftigt. Sie bedienen sich einer Fachsprache und erfinden Produkte, die kein Außenseiter versteht. Das erschwert jede politische Debatte über Finanzreformen.

Die Intransparenz des Bankwesens war es auch, die verhinderte, dass Politiker im Gefolge der Finanzkrise von 2007/08 radikale Veränderungen forderten. Fast jeder weiß, dass die Banken außer Kontrolle geraten sind. Doch wo liegt die Wurzel des Problems inmitten all dieser Finanzprodukte, Institutionen und Regulierungen? Solange selbst hoch gebildete Menschen kaum begreifen, was hinter den Kulissen geschieht, bleibt ungezügeltes Banking die Norm.

Wir hoffen, dass es uns in diesem Buch gelungen ist, den Schleier vom modernen Finanzwesen zu lüften. Hinter den zahlreichen Akronymen verbirgt sich am Ende nichts anderes als Banking, die Geldschöpfung aus Kredit. Und unabhängig von seiner konkreten Erscheinungsform ist Banking stets mit denselben Schwächen behaftet. Reduziert man das moderne Finanzwesen auf seine Grundbestandteile, fügen sich die Puzzlesteine zusammen. Wir können eine Linie von den Anfängen der Banken und den frühen Bankenpaniken bis zum Aufstieg und Fall des Schattenbankensektors ziehen. Die Finanzkrise von 2007/08 erscheint nicht mehr als Naturkatastrophe oder als unausweichliche Folge menschlicher Gier, sondern als Resultat eines Bankwesens, das der gesellschaftlichen Kontrolle entglitten ist.

Dieser Kontrollverlust wurde bis heute von den Verantwortlichen nicht eingestanden. So orientieren sich die Regulatoren weiterhin an einer Vorstellung des Bankwesens, die dem Industriezeitalter entspringt. Die jüngsten Anstrengungen im Bereich der Regulierung werden uns deshalb nicht vor der nächsten Finanzkrise bewahren. Das Aufkommen der Informationstechnologien hat sämtliche Bemühungen zunichtegemacht, die Kontrolle über die Banken wiederzuerlangen.

Gleichzeitig ermöglicht die Digitalisierung aber eine neue und bessere Organisation des Finanzsystems. Wir müssen nicht mehr mit einem dysfunktionalen Bankensystem vorliebnehmen. Es ist an der Zeit, das Ende der Banken einzufordern. Dazu bedarf es nur einer einfachen, aber radikalen Reform. Insbesondere müssen wir dem Gesellschaftsrecht eine systemische Solvenzregel hinzufügen und die Geldpolitik neu justieren.

Der notwendige rechtliche Rahmen für ein Finanzsystem ohne Banken stellt sich als erstaunlich übersichtlich dar. Es wird denn auch weitaus leichter sein, die neuen Regeln festzuschreiben, als das alte Bankensystem abzuwickeln. In den vergangenen Jahren hat das ungezügelte Bankwesen ein umfassendes Netz aus gegenseitigen finanziellen Abhängigkeiten gewoben. Der Übergang zu einem modernen Finanzsystem ohne Banking dürfte holprig ausfallen, und er ist zweifellos mit Unsicherheit verbunden.

Der Herausforderung einer umfassenden Reform des Finanzsystems müssen wir uns bewusst sein. Das darf uns aber nicht lähmen, denn der Status quo ist keine Option mehr. Wir müssen verhindern, dass weitere Ressourcen auf eine immer komplexere Bankenregulierung verschwendet werden, welche die nächste Finanzkrise doch nicht verhindern wird. Das Bankwesen ist außer Kontrolle geraten, und statt es reparieren zu wollen, sollten wir sein Ende vorbereiten.

Beim Ausbruch der Krise von 2007/08 wurden wir alle überrumpelt. Wir glaubten, dass unser krankendes Bankensystem alternativlos sei, also beschlossen wir, es am Tropf zu halten und das Problem auszusitzen. Mittlerweise sind wir klüger geworden. Wir wissen, dass es eine Alternative gibt. Die Zeit ist gekommen, um den Banken ein Ende zu bereiten. Es wäre eine Schande, wenn wir sie in der nächsten Finanzkrise ohne Not noch einmal retten würden.

ABKÜRZUNGEN

ABCP	asset-backed commercial paper	besichertes Geldmarktpapier
ABS	asset-backed security	verbriefte Forderung; forderungsbesichertes Wertpapier
AIG	American International Group	internationaler US-amerikanischer Versicherungskonzern
BIP	Bruttoinlandsprodukt	
CDO	collateralized debt obligation	besicherte Schuldverschreibung
CDS	credit default swap	Kreditausfallversicherung
ETF	exchange-traded fund	börsengehandelter Indexfonds
FDIC	Federal Deposit Insurance Corporation	Einlagensicherungsfonds der USA
FFA	Federal Financial Authority	(allg.) oberste staatliche Finanzdienstleistungsaufsicht
KMU	Kleine und mittlere Unternehmen	
LIBOR	London Interbank Offered Rate	ein Referenzzinssatz im Interbankengeschäft
MBS	mortgage-backed security	hypothekenbesichertes Wertpapier
OTC	over-the-counter	außerbörslich gehandeltes Wertpapier
QIS	quantitative impact study	quantitative Folgeabschätzung
SEC	U.S. Securities and Exchange Commission	Börsenaufsichtsbehörde der USA
SPV	special purpose vehicle	Zweckgesellschaft
TARP	Troubled Asset Relief Program	US-amerikanisches Regierungsprogramm zum stabilisierenden Aufkauf von Anteilen an Finanzinstituten während der Finanzkrise von 2007/08

ANMERKUNGEN

EINLEITUNG

1 Trotz seiner Bedeutung wird Geld in der Volkswirtschaftslehre nur selten als Tauschmittel modelliert. Bei den Standard-Gleichgewichtsmodellen handelt es sich im Wesentlichen um Tauschwirtschaften. Zu den Modellen, in denen Geld eine explizite Rolle spielt, siehe u. a. Starr und Ostroy (1974), Kiyotaki und Wright (1989), Banerjee und Maskin (1996) sowie Lagos und Wright (2005).

2 Das Preissystem wird üblicherweise als Funktion der einzigen Variable Geld begriffen. Wir interpretieren es hingegen als Funktion des Finanzsystems: Es ergibt sich aus der Verwendung von Geld sowie Kredit. Folglich umfasst unser Verständnis von Preisen auch die Zinssätze. Sowohl Geld (als Mittel zur Leistung laufender Zahlungen) als auch Kredit (als Medium für aufgeschobene Zahlungen) tragen zur Preisbildung in einer Volkswirtschaft bei. Der Versuch, das Preissystem als rein monetäres Phänomen zu begreifen, hat zur Entwicklung verzerrter Bewertungsmethoden geführt, die die Zeitdimension von Preisen ignorieren (vgl. Alchian und Klein 1973; Goodhart 2001).

3 Da Preise sich auf Märkten bilden, bezeichnet man dezentrale Volkswirtschaften bisweilen als Marktwirtschaften. Im Folgenden verwenden wir stets den Begriff *dezentrale Volkswirtschaft*. Man beachte, dass staatliche Planwirtschaften sich zur Ressourcenallokation nicht vollständig auf ein Preissystem stützen. Zahlreiche Ökonomen haben sich ausführlich mit den Problemen beschäftigt, die aus einer derartigen Konstellation erwachsen; siehe z. B. Mises (1920), Lange 1936 und Hayek (1945).

4 Menger (1982) war einer der ersten Ökonomen, die die Ansicht vertraten, dass Geld auch ohne politische Organisation in Erscheinung tritt. Ein theoretisches Modell der endogenen Entstehung von Geld beschreiben Kitoyaki und Wright (1989) sowie Banerjee und Maskin (1996). Man beachte, dass wir nicht behaupten, eine primitive Organisation von

Geld führe zu einem guten Finanzsystem, also einem Mechanismus, der ein funktionierendes Preissystem unterstützt.

5 Viele Ökonomen messen dem Bankwesen und den Finanzmärkten eine wichtige Rolle bei der Förderung von Kapitalakkumulation und Wirtschaftswachstum zu. Schumpeter (1926) und Gerschenkron (1962) wiesen früh darauf hin, dass Kapitalakkumulation eng mit der Entwicklung der Finanzmärkte verknüpft ist. Kind und Levine (1993) sowie Levine und Zervos (1998) konnten empirisch belegen, dass sich finanzielle Entwicklung allgemein positiv auf das Wirtschaftswachstum auswirkt. In einem weiteren Artikel bemerkt Levine (1997) in Bezug auf die Liquiditätsumwandlung innerhalb eines modernen Finanzsystems, dass »die Industrielle Revolution die Bindung großer Kapitalsummen über lange Zeiträume hinweg erforderte und die Industrialisierung daher ohne diese Umwandlung womöglich nicht stattgefunden hätte« (S. 692).

6 Die Verzerrungseffekte des Bankwesens werden besonders von den Ökonomen der Österreichischen Schule betont. So argumentieren beispielsweise Block und Garschina (1996), dass das Bankwesen zu Verzerrungen führe, ohne zur Akkumulation produktiven Kapitals beizutragen.

7 Der Begriff *schöpferische Zerstörung* geht auf Schumpeter (1950) zurück, der diesen Vorgang als etwas beschreibt, das »unaufhörlich die Wirtschaftsstruktur von innen heraus revolutioniert, unaufhörlich die alte Struktur zerstört und unaufhörlich eine neue schafft« (S. 83).

WARUM BANKEN NÖTIG WAREN

1 Der Begriff *Kredit* leitet sich von dem lateinischen Verb *credere* (»vertrauen«) ab. Dieses Verb beschreibt sehr elegant den Wesenskern des Kredits.

2 Gebräuchlich sind daneben auch die Begriffe *Kreditsumme, Nominalwert* oder *Nennwert.*

3 Wie wir später sehen werden, spielt Moral Hazard im Bankwesen eine zentrale Rolle. Freixas und Rochet (2008) behandeln die verschiedenen Probleme im Zusammenhang mit Kredit, die aus Informationsasymmetrien erwachsen. Zu diesen Problemen gehört auch *adverse selection* (adverse Selektion oder negative Auswahl). Ein bahnbrechender Artikel über adverse Selektion auf Kreditmärkten stammt von Stiglitz und Weiss (1981).

4 Vgl. beispielsweise Hellwig (1991). Ex-ante-Überwachung, die bereits vor der Darlehensvergabe stattfindet, um adverse Selektion von Schuldnern zu verhindern, wird oft als *Screening* bezeichnet. Wir verwenden

hier den globalen Begriff »Überwachung« (engl. *Monitoring*) für sämtliche Aktivitäten, die Probleme im Zusammenhang mit Informationsasymmetrien minimieren sollen.

5 Das Wort »Bank« leitet sich von dem alten italienischen Wort *banca* ab, das »Tisch« bedeutet. In den Frühzeiten des Bankwesens fand der Austausch von Geld auf einem Tisch statt, auf den die betreffenden Münzen gelegt wurden. Später wurden die Geldwechsler auch zu Treuhändern und boten Finanzdienstleistungen wie die Verwahrung von Münzen sowie Zahlungsdienstleistungen an (Rajan 1998). Im alten England übernahmen Goldschmiede diese Funktion der sicheren Aufbewahrung (Richards 1929).

6 Vgl. Fama (1980).

WIE TRADITIONELLE BANKEN FUNKTIONIEREN

1 Vgl. Carruthers und Espeland (1991).

2 Eine von Sittah vorgenommene Abhebung würde in Bonafides Aufzeichnungen nur einmal erscheinen: als Belastung von Sittahs Konto. Hingegen würde die Abhebung von einer bei einer Bank getätigten Bankeinlage zu zwei Belastungen führen: einer auf Sittahs Bankeinlage und einer zweiten auf die Geldvorräte der Bank. Man beachte, dass manche Transaktionen auch bei einfacher Buchführung doppelt verzeichnet werden. So wurde etwa die Transaktion zwischen Sittah und Nathan in Bonafides Aufzeichnungen doppelt verzeichnet: Sittahs Konto erhielt eine Gutschrift, während Nathans Konto belastet wurde.

3 Siehe Carruthers und Espeland (1991), die erläutern, wie das Aufkommen der doppelten Buchführung das wirtschaftlichen Denken von Händlern und anderen Geschäftsleuten veränderte, indem sie diese zu einer rationaleren Entscheidungsfindung bewegte.

4 Normalerweise wird eine Bilanz am Ende jedes Geschäftsjahres erstellt. Die moderne doppelte Buchführung umfasst auch weitere Finanzaufstellungen, etwa Erfolgsrechnung sowie Kapitalflussrechnung, die über die finanziellen Aktivitäten eines Unternehmens im Zeitverlauf berichten. Für unsere Zwecke sind diese Übersichten weniger relevant.

5 Börsennotierte Unternehmen finanzieren sich durch die Ausgabe von Aktien, die an Aktienbörsen gehandelt werden. In diesem Fall kann der *Marktwert* der im Umlauf befindlichen Aktien von ihrem Buchwert abweichen. Sofern nicht anders erwähnt, ist hier stets der Buchwert gemeint, wenn vom Eigenkapitalwert die Rede ist.

6 Während Banken versprechen, allen Einlegern jederzeit ihre Bankeinlagen zum Nennwert zurückzuzahlen, könnten sie in Wirklichkeit zu

einem gegebenen Zeitpunkt nur einen Bruchteil dieser Abhebungswünsche honorieren. Aus diesem Grund bezeichnen einige Ökonomen
der Österreichischen Schule den Bankeinlagenvertrag als Betrug; siehe
beispielsweise Huerta de Soto und Stroup (2009).

7 Der englische Begriff für eine Papierwährung, *fiat money*, leitet sich von
dem lateinischen Begriff *fiat* ab, das sich mit »es werde« oder »es entstehe«
übersetzen lässt. Dies deutet darauf hin, dass dieses Geld etwas Künstli-
ches ist. Papiergeld unterscheidet sich damit von früheren Geldsystemen,
in denen oft ein knappes Gut als Geld diente. Ein solches Geldsystem wird
als Warengeld oder Primitivgeld bezeichnet. Gold- und Silbermünzen sind
vermutlich die bekannteste Form eines solchen Geldsystems. Man könnte
jedoch einwenden, dass der Wert von Gold sich überwiegend aus der Tatsache ableitet, dass es als Geld angesehen wird. Doch Gold (und vor allem
Silber) fließen auch in die Produktion einiger Güter ein – was sich von den
Banknoten in Ihrem Portemonnaie nicht behaupten lässt. Dem Warengeld
vergleichbar ist das Repräsentativgeld. Es sichert seinem Besitzer den Umtausch in eine Ware, etwa Gold, zu einem festgelegten Umtauschkurs zu.
Eine theoretische Analyse der Frage, warum Papiergeld einen positiven
Wert besitzt, unternimmt Lagos (2010).

8 Innengeld wird stets von privaten Kreditinstituten geschöpft. Man
könnte es daher als privates Innengeld bezeichnen. Allerdings sollte
man nicht privates Innengeld mit privatem Außengeld verwechseln.
Letzteres ist ein privates Geldsystem, das nicht von einer staatlichen
Behörde ins Leben gerufen wurde. Ein Beispiel hierfür ist Bitcoin. Privates Innengeld hingegen entsteht im Rahmen des Bankwesens innerhalb
eines vorgegebenen Geldsystems. Auf US-Dollar oder Euro lautende
Bankeinlagen sind ein Beispiel für privates Innengeld. Um privates In-
nen- und privates Außengeld zu unterscheiden, achte man auf die Recheneinheit. Während privates Außengeld mit einer neuen Recheneinheit operiert, ist privates Innengeld strikt an eine bestehende
Recheneinheit gekoppelt; diese ist identisch mit der Recheneinheit des
Außengeldes, auf das es sich bezieht. Banking ist somit nicht auf das
staatliche Geldsystem (öffentliches Außengeld) beschränkt. Privates Innengeld kann vielmehr auch innerhalb eines privaten Geldsystems entstehen (privates Außengeld) – etwa auf Bitcoin lautende Bankeinlagen.

9 Für eine leicht verständliche und aktuelle Erläuterung der Geldschöpfung durch Banken siehe McLeay, Radia und Thomas (2014).

10 Die Aktivitäten von Banken unterliegen zudem einer Regulierung. So
können sie etwa nicht unbegrenzt Innengeld schaffen, sondern müssen
zwei Anforderungen beachten. Zum einen verlangt das US-amerikanische Federal Reserve System (die Fed), dass Banken einen gewissen
Prozentsatz ihrer Bankeinlagen in Form von Außengeld vorhalten.
Diese Reservevorschriften beschränken die Schöpfung von Innengeld
auf der Aktivseite einer Bankbilanz. Zum anderen unterliegen Banken

auch Vorschriften hinsichtlich ihres Eigenkapitals (sogenannten Kapitalvorschriften). Diese verpflichten jede Bank, ein bestimmtes Mindestverhältnis zwischen Vermögenswerten und Eigenkapital einzuhalten, und beschränken dadurch die Schöpfung von Innengeld auf der Passivseite. Während Mindestreserveverpflichtungen die Liquidität einer Bank garantieren sollen, zielen Kapitalvorschriften unter anderem darauf ab, ihre Solvenz sicherzustellen. Im folgenden Kapitel kommen wir auf das Thema Bankenregulierung zurück.

DIE SCHWACHPUNKTE DES BANKWESENS

1 Analytische Modelle finden sich bei Bryant (1980) und bei Diamond und Dybvig (1983), die jeweils die grundlegenden Mechanismen von Bank-Runs untersucht haben. Eine andere Interpretation dieses Phänomens liefern Calomiris und Kahn (1991), die Bank-Runs zum Instrument erklären, mit dem Einleger die Liquidierung einer Bank, die entgegen ihren Interessen handelt, erzwingen können.

2 Siehe Shin (2009). Während dieser Bank-Run für alle Welt sichtbar war, trug sich die viel bedeutendere Bankenpanik während der Finanzkrise von 2007/08 in aller Stille zu, wie wir in Kapitel 6 sehen werden.

3 Federal Deposit Insurance Corporation (1984, S. 3).

4 Siehe Fisher (1933a) für eine Theorie der Schuldendeflation. Eine leicht verständliche Beschreibung der mit Deflation verbundenen Gefahren findet sich bei Bernanke (2002).

5 Einen theoretischen und wirtschaftsgeschichtlichen Überblick über Bank-Runs und Bankenpaniken bieten Gorton und Winter (2003, Abschnitt 4). Für eine Kurzdarstellung der Wirtschaftsgeschichte von Finanzkrisen siehe z. B. Reinhart und Rogoff (2009b), Kindleberger (1993) sowie Kindleberger und Aliber (2005).

6 Einlagensicherungsprogramme sehen oft eine Obergrenze für den versicherten Betrag vor. Der wichtigste Grund hierfür lautet, dass eine allumfassende Einlagensicherung die Gefahr moralischen Fehlverhaltens (Moral Hazard) erhöhen würde. Demirgüç-Kunt and Kane (2002) bieten eine ausführliche Analyse der Einlagensicherung.

7 Silber (2009) zufolge war Einlagensicherung, eingeführt durch den Emergency Banking Act von 1933, jene Maßnahme, die einen Wendepunkt markierte und die Bankenpanik während der Weltwirtschaftskrise beendete.

8 Siehe Federal Deposit Insurance Corporation (2010). Die Weltwirtschaftskrise war eine schwere globale wirtschaftliche Rezession, die mit dem Absturz der US-amerikanischen Aktienbörsen zum Ende der »Gol-

denen Zwanzigerjahre« begann. Sie währte länger als ein Jahrzehnt, und es dauerte bis zum Beginn des Zweiten Weltkriegs, bis sich die Weltwirtschaft wieder erholt hatte.

9 Für einen umfassenden Überblick siehe Demirgüç-Kunt, Kane und Laeven (2008).

10 Schon im 19. Jahrhundert war Bagehot (1873) ein glühender Verfechter einer »Lender of Last Resort«-Politik. Ein Überblick zur Frühgeschichte der Fed findet sich bei Johnson (2010).

11 Weiter unten erörtern wir, wie sich die Geldpolitik im Zuge der Finanzkrise von 2007/08 veränderte. Man beachte, dass wir im Folgenden nicht die Mechanismen geldpolitischer Maßnahmen wie etwa die Festlegung des Leitzinses oder die Steuerung der Mindestreserveverpflichtungen im Detail beleuchten. Eine ausführliche Erörterung der US-amerikanischen Geldpolitik findet sich in Board of Governors of the Federal Reserve System (2005).

12 In Kapitel 5 diskutieren wir die Eigenschaften von Repo-Geschäften etwas detaillierter. Man beachte, dass die Fed früher ausschließlich mit Staatsanleihen operierte, also mit Anleihen, die vom Schatzamt der Vereinigten Staaten emittiert werden. Bei Repo-Geschäften werden auch andere Wertpapiere als Sicherheiten akzeptiert. Unter dem Eindruck der Finanzkrise von 2007/08 wurde diese Regel verwässert (siehe Kapitel 6).

13 Da die Fed früher nur Staatsanleihen hielt, erscheint das zunächst als ein etwas seltsames Arrangement. Schließlich sind sowohl die Fed als auch das US-Schatzamt staatliche Einrichtungen. Die Fed erhält Zinsen auf die von ihr gehaltenen Staatsanleihen, also Seignorage. Diese Zinsen bezahlt das US-Schatzamt. Doch am Ende fließt ein Großteil der Seignorage-Gewinne an das US-Schatzamt zurück. In gewisser Weise erwirbt das Schatzamt – zumindest teilweise – Güter und Dienstleistungen mit neu geschaffenem Außengeld. Dieser Weg wird dadurch verschleiert, dass die Zentralbank Staatsanleihen auf dem Sekundärmarkt kauft. Folglich wandert einiges Geld von der Fed zur Wall Street, weiter zum Schatzamt und landet schließlich in der Privatwirtschaft.

14 Abschnitt 13 (3) des Federal Reserve Act gestattet dem Gouverneursrat des Federal Reserve Systems, eine weite Palette von Maßnahmen umzusetzen, um Finanzinstituten zu helfen, die sich in einer Liquiditätsklemme befinden (vgl. Fettig 2002, 2008).

15 Typisch hierfür ist etwa, dass weniger als 4 Prozent aller Teilnehmer des Survey of Consumer Finances (SCF) von 2010 »Sicherheit und Abwesenheit von Risiko« als wichtigstes Kriterium bei der Wahl ihres kontoführenden Instituts nannten (Bricker et al. 2012, S. 33).

16 Während Einlagensicherung stets die Gefahr eines Moral Hazard birgt, dürfte dies nicht der Fall sein, wenn man Bagehots Prinzip, das Wirken als Lender of Last Resort auf die Rettung zahlungsfähiger, aber illiquider Banken zu beschränken, strikt beachten würde. Die Fed hat jedoch

wiederholt Instituten Geld geliehen, deren Zahlungsfähigkeit infrage stand (siehe z. B. Schwartz 1992). Darüber hinaus ist es während einer Bankenpanik schwierig, zwischen Liquiditäts- und Solvenzproblemen zu unterscheiden.

17 In dieser Hinsicht gleicht das Stellen von Sicherheiten der Erhöhung des Eigenkapitals.

18 Siehe Kareken und Wallace (1978), die schon früh analysiert haben, wie eine Einlagensicherung die Banken zu einer übermäßigen Risikoübernahme verführt. Grossman (1992) zeigt empirisch, dass wenig regulierte, aber versicherte Sparkassen in den 1930er-Jahren mit der Zeit höhere Risiken eingingen als ihre nicht versicherten Wettbewerber. Gropp, Gruendl und Guettler (2014) analysieren das Verhalten deutscher Sparkassen nach Rücknahme der staatlichen Garantien. Es zeigte sich, dass die Risikobereitschaft dieser Banken signifikant zurückging.

19 Siehe Buser, Chen und Kane (1981) für eine Erläuterung der Frage, wie die Bereitstellung einer Einlagensicherung in das Bankenaufsichtskonzept eingebunden ist.

20 Das Glass-Steagall-Gesetz und das Bank-Holding-Company-Gesetz sahen enge Portfoliobeschränkungen für versicherte Banken vor und trennten Banken funktional von anderen Finanzinstituten wie Börsenhändlern oder Versicherungsunternehmen; vgl. Benston (1994) und Bhattacharya, Boot und Thakor (1998).

21 Das nach dem Ende der Weltwirtschaftskrise betriebene Banking wurde gelegentlich als 3-6-3-Modell bezeichnet: Die Banker liehen sich Geld für 3 Prozent Zinsen, verliehen es für 6 Prozent und machten sich um 3 Uhr nachmittags auf den Weg zum Golfplatz. Genaueres siehe Walter (2006).

22 Hanson, Kashyap und Stein (2011, S. 19).

23 Die Federal Deposit Insurance Corporation (1984) beschreibt die Verhaltensänderung, die in den 1960er-Jahren begann: »Die neue Generation von Bankiers, die in den 1960er-Jahren an die Macht gelangte, wandte sich von dem traditionellen Vorsichtsprinzip ab, das die Branche jahrzehntelang geprägt hatte. Stattdessen strebte sie immer öfter ein schnelleres Wachstum der Vermögenswerte, Bankeinlagen und Erträge an. Bei diesem Trend hin zu einem aggressiveren Wirtschaften und einer höheren Risikobereitschaft taten sich insbesondere die Großbanken hervor« (S. 7).

24 Ein Überblick findet sich bei Aliber (1994). Er konstatiert, dass auf die erste Globalisierungswelle des Bankwesens in den Jahren vor dem Ersten Weltkrieg eine zweite Welle in den 1960er-Jahren folgte.

25 Siehe Basel Committee on Banking Supervision (2009).

26 Siehe Kapstein (1989) für eine genaue Erörterung der internationalen Aspekte von Eigenkapitalanforderungen. Die Schwierigkeiten im Umgang mit deren internationaler Dimension zeigten sich erneut im Ge-

folge der Finanzkrise von 2007/08. Zahlreiche Länder versuchten, ihre Kapitalvorschriften ohne internationale Koordination zu verschärfen. Die betroffenen Banken ihrerseits machten geltend, dass sie benachteiligt würden, und drohten teilweise offen mit der Verlagerung ihrer Geschäfte in ein anderes Land. So bezeichnete etwa der CEO von J. P. Morgan die Einführung strengerer Kapitalvorschriften als »antiamerikanisch« (Braithwaite und Jenkins 2011).

27 Für das Originaldokument siehe Basel Committee on Banking Supervision (1988).

28 Eine kritische Analyse dieser Eigenheit findet sich bei Admati und Hellwig (2013).

29 Bei einem Gesamtkapital von 8 Euro und Verbindlichkeiten von 2 Euro erbringt eine Investition in Projekt 3 im günstigen Fall einen Ertrag von 10 Euro und im ungünstigen Fall einen von −8 Euro, was einem erwarteten Ertrag von 1 Euro entspricht – ebenso hoch wie bei Projekt 1. Man beachte, dass die tatsächlichen Eigenkapitalquoten von Banken weitaus niedriger sind als in unserem Beispiel; bisweilen betragen sie nur 3 Prozent. Wie würden Sie als Bank handeln, wenn Sie mit 97 Prozent geliehenem Geld entweder Roulette spielen oder Staatsanleihen kaufen könnten? Es wäre töricht, da nicht Roulette zu spielen. Angenommen, Sie würden sich 97 Euro leihen und zusätzlich 3 Euro an Eigenmitteln investieren. Zur Vereinfachung nehmen wir wiederum an, dass Sie ein zinsloses Darlehen erhalten (was für große Banken heutzutage auch weitgehend zutrifft). Wenn ihre riskante Investmentstrategie darin bestünde, auf eine Farbe im Roulettespiel zu setzen, würden Sie mit gleicher Wahrscheinlichkeit 100 Euro gewinnen oder 3 Euro verlieren. In einer solchen Situation würden Sie nur dann die Staatsanleihen kaufen, wenn Sie extrem risikoavers wären. Natürlich behaupten wir hier nicht, dass Banken sich Geld leihen und danach in Richtung Las Vegas aufbrechen. Unsere Beispiele dienen nur zur Illustration. In Kapitel 7 erörtern wir die heute üblichen Risikostrategien von Banken.

30 Kim und Santomero (1988) belegen, dass risikogewichtete Eigenkapitalanforderungen unverzichtbar sind, um Banken vom Eingehen exzessiver Risiken abzuhalten.

31 Eine eingehendere Analyse der auftretenden Probleme bieten z. B. Jackson et al. (1999) und D. Jones (2000). Auch politische Erwägungen fließen in Kapitalvorschriften mit ein. So hat Basel I etwa gewisse Staatsschulden als risikofrei eingestuft. Die betreffenden Staatsanleihen mussten von den Banken nicht mit Eigenkapital besichert werden. Sie wurden dadurch für Banken attraktiver und wurden folglich häufiger von ihnen gekauft. Empirische Belege hierfür finden sich bei Haubrich und Wachtel (1993). Die europäische Staatsschuldenkrise seit 2010 hat eindrucksvoll gezeigt, dass die Risikogewichtung mancher Staatsschulden mit dem Faktor null ein Fehler war. Die Vorzugsbehandlung von

Staatsanleihen im Rahmen der heutigen Bankenregulierung hat ein starkes Band zwischen den Banken und dem Staat geknüpft: Banken finanzieren Regierungen, und diese stehen für die Verbindlichkeiten der Banken gerade. Wir kommen in Teil 3 auf diesen Punkt zurück.

32 Siehe z. B. Abbildung 10.1 in Reinhart und Rogoff (2009b) sowie Minsky (1986).

WARUM SICH DAS BANKWESEN NICHT AUF BANKEN BESCHRÄNKT

1 Eine Übersicht über den Einfluss der Informationstechnologien auf das Finanzwesen findet sich bei Allen, McAndrews und Strahan (2002).

2 Unsere Definition ähnelt derjenigen von Pozsar et al. (2013, S. 1), derzufolge »die Aktivitäten von Schattenbanken in der Kredit-, Fristen- und Liquiditätstransformation bestehen, die ohne direkten oder expliziten Zugang zu öffentlichen Liquiditätsquellen oder Auffangnetzen auskommt«.

3 Vgl. Cook und Duffield (1979).

4 Vgl. D. Jones (2000).

5 Jackson et al. (1999, S. 26). Wir erläutern Kreditverbriefungen eingehender im folgenden Kapitel.

6 Jackson et al. (1999, S. 2).

7 Der ursprüngliche engl. Begriff *boundary problem* wurde von Goodhart (2008) geprägt.

8 So wurden z. B. viele Treuhandgesellschaften in den Jahren vor Ausbruch der Finanzkrise von 1907 gegründet – jener Krise, in deren Gefolge das Federal Reserve System etabliert wurde. Diese Unternehmen betrieben Bankgeschäfte, waren aber keine Banken im rechtlichen Sinne (Carlson 2013).

9 Siehe Kane (1981, S. 360), der eine Liste von ausgewählten Alternativen für regulierte Bankgeschäfte zusammengestellt hat. Diese war bereits damals beeindruckend lang.

10 Unser Innengeldkonzept folgt im Wesentlichen dem Konzept der Informationsunempfindlichkeit, das zuerst von Gorton und Pennacchi (1990) vorgestellt wurde. Die Autoren betonen, dass besicherte Verbindlichkeiten »von uninformierten Agenten für Transaktionszwecke« genutzt werden können (S. 51). In einem späteren Bericht verwenden Gorton, Lewellen und Metrick (2012, S. 9) den Begriff *geldähnliche Verbindlichkeiten* als Bezeichnung für »Wertpapiere, Rückkaufsvereinbarungen, Bundesmittel, Geldmarktfonds, Interbankengeschäfte, Verbindlichkeiten zwischen Maklern sowie von Maklern gewährte Wertpapierkredite«.

11 Diese Aussage trifft auf Besicherung nicht vollständig zu, denn jene bewirkt nicht nur eine Risikotransformation, sondern verändert auch die Anreize für Schuldner, die ihre Sicherheiten aufs Spiel setzen (vgl. unsere Erörterung exzessiver Risikobereitschaft in Kapitel 3). Besicherung kann daher als Mischform aus Risikominderung und -transformation betrachtet werden. Man beachte außerdem, dass Strukturierung und Besicherung über einen längeren Zeitraum dazu führen können, dass das Gesamtkreditrisiko innerhalb der Volkswirtschaft aufgrund von Moral Hazard – also dem Eingehen exzessiver Risiken – steigt.

12 Ein Beispiel möge dies veranschaulichen: Ein Haushalt, der genau einem Unternehmen ein Darlehen einräumt, riskiert bei einer Insolvenz dieser Firma einen Totalverlust. Wenn 100 solcher Haushalte ihre Ersparnisse bündelten, könnten sie Darlehen an 100 Unternehmen vergeben. Wird dann ein Unternehmen insolvent, verteilt sich der Verlust auf sämtliche Haushalte. Eine solche Diversifizierung funktioniert nur, wenn die Einzelrisiken der gewährten Darlehen nicht exakt korrelieren, also nicht alle Kreditnehmer unter denselben Bedingungen ausfallen.

13 Gesellschafter und Inhaber nachrangiger Darlehen tragen ein höheres Risiko als Inhaber vorrangiger Darlehen. Dieses Risiko wird durch höhere Erträge ausgeglichen. Modigliani und Miller (1958) erörtern, welche Mechanismen bei dieser Risiko- und Ertragsverlagerung im Spiel sind.

14 Selbst der Staat kann jedoch nicht den kaufkraftbereinigten Wert von Kreditverträgen versichern. Wir kommen später noch auf diesen Punkt zurück.

15 Der Begriff »finanzielle Ruhe« (engl. *financial tranquility*) wurde von Minsky (1986) geprägt.

16 Unter Liquidität versteht man ganz allgemein die Leichtigkeit, mit der ein Vermögenswert gegen andere Güter, Dienstleistungen oder Vermögenswerte eingetauscht werden kann. Da Außengeld für praktisch alle wirtschaftlichen Transaktionen akzeptiert wird, kann es als liquidester Vermögenswert überhaupt betrachtet werden. Somit können wir Liquidität im Verhältnis zu Außengeld umdefinieren; ein Vermögenswert ist demnach liquide, wenn er zu keinen oder nur geringen Kosten in Außengeld umgetauscht werden kann.

17 Kredit mit vertraglicher Liquidität besitzt noch eine weitere Eigenschaft: Ihm fehlt jegliches Zinsrisiko. Der Wert von Kredit mit sehr kurzer Restlaufzeit reagiert kaum auf Zinsänderungen. Ein erklärendes Beispiel hierzu: Angenommen, Sie hätten in Zeiten niedriger Zinsen ein Darlehen mit einer Laufzeit von zwei Jahren gewährt. Kurz danach sind die Zinssätze gestiegen. Besäßen Sie Ihr Geld noch, dann hätten Sie es nun zu einem höheren Zinssatz verleihen können. Doch Sie erhalten es erst zum Fälligkeitstermin zurück. Eine Kreditklausel, derzufolge der Schuldner auf Verlangen jederzeit tilgen muss, hätte Sie von diesem Pro-

blem befreit. Sie könnten in diesem Fall den Schuldner anrufen, Ihr Geld zurückverlangen und es anschließend zum neuen, höheren Zinssatz an jemand anderen oder sogar an den ursprünglichen Schuldner verleihen.

WIE DER SCHATTENBANKENSEKTOR FUNKTIONIERT

1 Für weitere Informationen über Schattenbanken siehe Pozsar et al. (2013).

2 Dieses Geschäftsmodell wird als *originate to distribute* (Kreditvergabe – Verbriefung – Verkauf) bezeichnet. Das traditionelle Bankengeschäft hingegen, bei dem gewährte Darlehen in der Bilanz verbleiben, trägt die Bezeichnung *take and hold*.

3 Im Zusammenhang mit Schattenbanken werden diese Techniken allgemein als Kreditverbesserung bezeichnet.

4 Vgl. Jackson et al. (1999) und D. Jones (2000).

5 Siehe Gorton und Souleles (2007) sowie Coval, Jurek und Stafford (2009) für weitere Detailinformationen. Eine leicht lesbare Darstellung der Funktionsweise von schlecht besicherten CDO-Hypothekenmärkten vor dem Ausbruch der Finanzkrise von 2007/08 findet sich bei Lewis (2011).

6 Das Insolvenzrecht der Vereinigten Staaten führt solche Vermögenswerte auf, die Repo-Kreditgeber einklagen können, ohne am normalen Insolvenzverfahren teilzunehmen. Seit den 1980er-Jahren hat der US-Kongress immer neue Wertpapiere als Sicherheitspfand in Repo-Geschäften zugelassen. 2005 verabschiedete er den Bankruptcy Abuse Prevention and Consumer Protection Act, der hypothekenbezogene Wertpapiere als zulässige Sicherheiten in Repo-Geschäften definierte. Für eine ausführliche Übersicht zur Regulierung von Repo-Geschäften siehe Acharya und Öncü (2010).

7 Siehe Gorton (2010) und Metrick (2012) für eine ausführliche Diskussion von Repo-Geschäften und ihrer Rolle in der Finanzkrise von 2007/08.

8 Geldmarktfonds sind nicht die einzige Möglichkeit, um den Geldmarkt zu erschließen. Es gibt beispielsweise auch sogenannte *enhanced cash funds* (siehe Pozsar et al. 2010). Der Anschaulichkeit halber konzentrieren wir uns jedoch ausschließlich auf Geldmarktfonds. In den USA werden diese von der staatlichen Börsenaufsicht SEC (U.S. Securities and Exchange Commission) reguliert und dürfen ausschließlich in kurzfristige Schuldtitel mit hohem Rating investieren. Geldmarktfonds sind die einzigen Investmentfonds, die von der Verpflichtung ausgenommen sind, ihre Vermögenswerte täglich zu Marktpreisen zu bewerten. Sie dürfen sie stattdessen zu sogenannten amortisierten Preisen

bewerten (Birdthistle 2010, S. 1174–75). Viele Anleger bezeichnen Geldmarktfonds als Ein-Dollar-Buchwert-Fonds, da ihr Kernversprechen darin besteht, jeden eingezahlten Dollar jederzeit vollständig zurückzuzahlen. Wenn ein Geldmarktfonds dieses Versprechen nicht einlösen kann, heißt es, dass er »den Dollar zerreißt«.

9 Vgl. Macey (2011).

10 Vgl. Covitz, Liang und Suarez (2013).

11 Daneben gibt es ABCPs, die nicht durch Darlehen besichert sind. Diese Finanzierungsinstrumente spielten in der Finanzkrise von 2007/08 keine gewichtige Rolle (siehe Arteta et al. (2013).

12 Im Gegensatz zu CDOs handelt es sich bei ABCPs nicht um Wertpapiere. Sie sind vielmehr eine ausgeklügelte Form von *commercial papers* (Geldmarktpapiere). Letztere sind ausdrücklich keine Wertpapiere und können nicht in kleinen Stückelungen an Kleinanleger verkauft werden. Somit unterliegen sie auch nicht der kostspieligen Regulierung durch die SEC. Dies erklärt, warum Unternehmen gerne auf Commercial Papers zurückgreifen, um große Investoren zu kurzfristigen Finanzierungen zu bewegen. Siehe auch Anderson und Gascon (2009, S. 590).

13 Vgl. Arteta et al. (2013). So versprechen viele Trägergesellschaften, das ABCP-Programm im Falle von Verlusten zu stützen. Wie wir im nächsten Kapitel sehen werden, erlitten zahlreiche Banken aufgrund dieser Kreditgarantien massive Verluste.

14 Vgl. Acharya, Schnabl und Suarez (2013).

DIE FINANZKRISE VON 2007/08

1 Finanzinnovationen galten beispielsweise als einer der Gründe für die immer geringeren Schwankungen des Produktionsniveaus – die sogenannte *great moderation* (Dynan, Elmendorf und Sichel, 2006). Die allermeisten Ökonomen betrachteten Finanzinnovationen als stabilisierenden Faktor für das Finanzsystem und erhoben keine grundlegenden Bedenken. Eine bemerkenswerte Ausnahme war Rajan (2006), der sich deutlich zurückhaltender äußerte und eine Regulierung dieser Innovationen forderte.

2 Siehe z. B. Greenspan (1998).

3 Basel II beinhaltet drei Säulen. Wir konzentrieren uns hier auf die erste Säule, die darauf abzielt, die Wirksamkeit risikogewichteter Eigenkapitalanforderungen wiederherzustellen. Für das Originaldokument siehe Basel Committee on Banking Supervision (2004).

4 Siehe Haldane und Madouros (2012). Die Komplexität des Bankgeschäfts und der Bankenregulierung erlegt der Gesellschaft hohe Kosten auf, da hoch qualifizierte Menschen, die Risikomanagementsysteme er-

sinnen und umsetzen, stattdessen andere, produktive Aufgaben innerhalb der Wirtschaft wahrnehmen könnten.

5 Bair (2007).

6 Basel Committee on Banking Supervision (2006, S. 1).

7 French (2004). Tatsächlich erlegten die Vereinigten Staaten nur ihren
großen, weltweit agierenden Banken die Vorschriften des Basel-II-Ab-
kommens auf, da die Regulatoren einer vollen Umsetzung sehr skep-
tisch gegenüberstanden.

8 Das Aufkommen des Fotokopierers beschleunigte diese Entwicklung.
Die Rating-Agenturen standen nun vor dem Problem, dass zahlende
Anleger ein Rating-Handbuch kopieren und an assoziierte Investoren
verteilen konnten (siehe White 2010).

9 Siehe Hill (2004).

10 Siehe White (2010).

11 So verdiente beispielsweise Moody's Corporation laut Coval, Jurek und
Stafford (2009, S. 4–5) 2006 mehr mit dem Rating strukturierter Fi-
nanzprodukte (44 Prozent seiner Umsätze) als mit der Bewertung von
Unternehmensanleihen (32 Prozent).

12 Ausschnitte von E-Mails, die der Bericht der U.S. Securities and Exchange Commission (2008) zitiert, versinnbildlichen die Geschäftspra-
xis der Agenturen bei der Bewertung von Finanzprodukten des Schattenbankensystems. In einem solchen Ausschnitt heißt es beispielsweise:
»Eine Analystin drückte ihre Sorge darüber aus, dass das Modell ihres
Unternehmens nicht einmal ›die Hälfte‹ des Risikos eines Produkts
berücksichtige, aber dass ›wir es selbst dann bewerten würden, wenn es
von Kühen strukturiert worden wäre‹. [E-Mail Nr. 1: Analytical Staff to
Analytical Staff (5.4.2007, 15.16 Uhr)]« (S. 12).

13 Siehe Hill (2009). Konstruktionen wie CDOs und CDO^2 sind gute Beispiele dieser Praxis. Es ist sehr schwierig, diese Produkte korrekt zu bewerten. Bei den zugrunde liegenden Vermögenswerten handelt es sich
um Tausende von Darlehen, deren Ausfallrisiko vermutlich miteinander korreliert. So ist beispielsweise die Gefahr eines Zahlungsverzugs
von Hypothekenschuldnern, die in derselben Stadt wohnen, korreliert:
Wird ein großer lokaler Arbeitgeber insolvent, so dürfte nicht nur *ein*
Hausbesitzer in finanzielle Nöte geraten, sondern viele. Es ist schwierig,
wenn nicht gar unmöglich, all diese Wechselbeziehungen in eine Bonitätsbewertung einfließen zu lassen. Wie es ein Top-Analyst einer Rating-Agentur mit Blick auf den CDO-Markt ausdrückte: »Hoffen wir
mal, dass wir alle reich und in Rente sind, wenn dieses Kartenhaus ins
Schwanken gerät« (U.S. Securities and Exchange Commission 2008,
S. 12).

14 Laut Scholtes und Beales (2007) haben mehr als 37 000 strukturierte
Finanzprodukte kurz vor Ausbruch der Krise das Spitzenrating AAA erhalten. Viele dieser Produkte wurden während der Finanzkrise von

2007/08 um mehrere Punkte zurückgestuft. Benmelech und Dlugosz (2010) zeigen, dass Finanzprodukte des Schattenbankensystems systematisch überbewertet waren.

15 Vgl. die Haftungsausschlussklausel von Standard & Poor's unter http://www.standardandpoors.com/regulatory-affairs/ratings/en/us.

16 Für beide Statistiken siehe Nersisyan und Wray (2010, S. 10–11).

17 Vgl. auch Rosenberg und Given (1987).

18 Vgl. Basel Committee on Banking Supervision (2006).

19 Die mikroökonomische Herangehensweise an Bankenregulierung ist in letzter Zeit in die Kritik geraten. Siehe z. B. Hanson, Kashyap und Stein (2011) sowie Brunnermeier et al. (2009), die für einen makroprudenziellen Ansatz plädieren.

20 Vgl. Basel Committee on Banking Supervision (2004).

21 Die prozyklischen Eigenschaften von Eigenkapitalanforderungen erörtern u.a. Blum und Hellwig (1995), Danielsson et al. (2001), Kashyap und Stein (2004) sowie Repullo und Suarez (2013).

22 Siehe Demyanyk und van Hemert (2011) für empirische Belege hinsichtlich der nachlassenden Qualität von Darlehen im Vorfeld der Krise.

23 Ein wichtiger Grund war die Bereitschaft von Finanzunternehmen wie z. B. der American Insurance Group (AIG), einige der Produktlösungen des Schattenbankensystems zu versichern; siehe etwa Mehrling (2011). Aus Vereinfachungsgründen haben wir darauf verzichtet, diesen Einflussfaktor in unsere Beschreibung der Panik im Schattenbankensystem aufzunehmen. Wir kommen aber darauf zurück, wenn wir uns im nächsten Kapitel den heutigen Derivatemärkten zuwenden.

24 Dieser Umstand erklärt, dass die Finanzkrise von 2007/08 gelegentlich als Subprime-Krise bezeichnet wird. Subprime-Hypothekarschuldner zeichnen sich durch ihre mangelhafte Kreditwürdigkeit aus; wer ihnen Geld leiht, geht also ein hohes Kreditausfallrisiko ein.

25 Die Risikomodelle der Rating-Agenturen prognostizierten keine einzige dieser Wirkungsketten. Nirgendwo ging man von sinkenden Immobilienpreisen aus. Wäre es anders gewesen, so wären die ermittelten Kreditrisiken ins Unermessliche angewachsen (vgl. Coval, Jurek und Erik Stafford 2009).

26 Siehe Gorton und Metrick (2012).

27 So bemerkte der Fed-Vorsitzende Bernanke (2007): »[...] wir erkennen keine ernst zu nehmenden größeren Ausstrahlungseffekte der Probleme im Subprime-Hypothekenmarkt auf Banken oder Spar- und Darlehenskassen; bei den in Schieflage geratenen Gläubigern handelt es sich überwiegend nicht um Institute mit staatlich versicherten Bankeinlagen.« Der damalige US-Finanzminister Henry Paulson glaubte, dass die Schwierigkeiten im Subprime-Hypothekenmarkt »im Wesentlichen unter Kontrolle« seien (»Treasury's Paulson« 2007).

28 In der zweiten Hälfte des Jahres 2007 begannen Repo-Gläubiger bei-

spielsweise einen höheren Sicherheitsabschlag zu verlangen; vgl. Gorton und Metrick (2010).

29 Vgl. Brunnermeier (2009).

30 Der Ausdruck »stiller Bank-Run« stammt von Brunnermeier (2009, S. 90). Gorton und Metrick prägten den Begriff »Ansturm auf Repos«.

31 Für empirische Belege siehe Ivashina und Scharfstein (2010).

32 Der Board of Governors of the Federal Reserve (2009) stellte fest, dass »die Inflation möglicherweise für längere Zeit unter dem Niveau verharren wird, das für Wirtschaftswachstum und Preisstabilität langfristig am förderlichsten ist«.

33 Die Federal Funds Rate – der Leitzins der US-Notenbank – ist der Zinssatz, zu dem sich die Banken gegenseitig Zentralbankgelder, also Innengeld, leihen. Bei diesen Transaktionen handelt es sich in der Regel um unbesicherte Übernachtkredite. Geschäftsbanken können sich im Rahmen des sogenannten Diskontfensters direkt bei der Fed refinanzieren, wobei die Zinssätze etwas über der Federal Funds Rate liegen. Im folgenden Kapitel beschäftigen wir uns eingehend mit der Rolle der Federal Funds Rate.

34 Eine kurze Übersicht über die verschiedenen Ad-hoc-Strategien der Fed während der Panik findet sich bei Bernanke (2009).

35 Siehe Gorton (2010), der eine Chronologie der Meilensteine dieser Krise zusammengestellt hat. In den Jahren 2007 und 2008 meldeten die Banken Verluste in Höhe von Hunderten von Milliarden US-Dollar.

36 Siehe Brunnermeier (2009) und Orticelli (2009). Als Bear Stearns im März 2008 in schweres Fahrwasser geriet, »hielt die Bank rund 150 Millionen Kontrakte mit zahlreichen Kontrahenten« (Brunnermeier 2009, S. 88). Um eine weltweite Kernschmelze des Finanzmarkts abzuwenden, hielt man es für erforderlich, dass Bear Stearns seine vertraglichen Zusagen honorierte. Die Regulatoren beschlossen daher, eine Insolvenz zu verhindern. Dafür versüßten sie die Übernahme von Bear Stearns durch eine andere Investmentbank, J. P. Morgan, mit einem Darlehen in Höhe von 30 Mrd. US-Dollar ohne Rückgriffmöglichkeit auf die Vermögenswerte von Bear Stearns. Angesichts der Unterstützung seitens des Fed sah sich J. P. Morgan durch die Übernahme von Bear Stearns nur einem sehr geringen Abwärtsrisiko ausgesetzt. Im Namen der Finanzstabilität setzte das Fed eine Menge Steuergelder aufs Spiel.

37 Der US-Regierung gelang es anscheinend nicht, andere Banken zur Übernahme von Lehman zu annehmbaren Bedingungen zu bewegen. Darüber hinaus fehlte wohl der politische Wille, die Bank zu retten. Henry Paulson sagte nach dem Zusammenbruch von Lehman, er habe es »nie für angemessen erachtet, Steuergelder zur Lösung der Lehman-Krise aufs Spiel zu setzen« (van Duyn, Brewster und Tett 2008).

38 Siehe Baba, McCauley und Ramaswamy (2009). Da das im Schattenbankensektor geschöpfte Innengeld in Form gehandelter Wertpapiere

vorliegt, manifestiert sich die staatliche Rolle als Lender of Last Resort auf andere Weise. Mehrling (2011) hat den Ausdruck »Händler der letzten Zuflucht« geprägt, um die neue Rolle zu beschreiben, welche die Zentralbank im Umgang mit der Finanzkrise von 2007/08 einnehmen musste.

39 Massad (2011) beschreibt die gezielten Maßnahmen, welche die US-Regierung und die Fed trafen. Zunächst stellte die Regierung den Banken Eigenkapitalspritzen bereit, um eine Insolvenz abzuwenden. Danach kaufte sie Finanzprodukte des Schattenbankwesens, um die Preise auf den betreffenden Märkten zu stabilisieren.

DAS FINANZSYSTEM NACH 2008

1 Auch andere Wendungen wie *too interconnected to fail* (»zu verflochten, um zu scheitern«) erfreuen sich zunehmender Beliebtheit. Entscheidend ist aus unserer Sicht das Wort *fail*, »scheitern«. Daher bleiben wir bei dem ursprünglichen Ausdruck, wenngleich uns bewusst ist, dass nicht allein die Größe einer Bank über deren systemische Bedeutung entscheidet.

2 Vgl. Wall und Peterson (1990).

3 Grafik 4 in Haldane (2012a, S. 4) zeigt, wie das Problem in den letzten Jahren zugenommen hat. Wie Noss und Sowerbutts (2012) erläutern, können die Schätzungen der impliziten Subvention für *Too-big-to-fail*-Banken je nach angewandter Methode deutlich niedriger oder höher ausfallen. Dennoch gelangen sie zu dem Schluss, dass »sämtliche Messungen trotz aller Unterschiede darauf hindeuten, dass erhebliche staatliche Ressourcen in das Bankensystem transferiert werden« (S. 13). Eine frühere Darstellung des Problems findet sich bei O'Hara und Shaw (1990).

4 Boyd und Gertler (1993) zeigen in einer empirischen Studie, dass die Großbanken nach Einführung der *Too-big-to-fail*-Doktrin im Gefolge der Rettung der Continental Illinois damit begannen, höhere Risiken einzugehen.

5 An dieser Stelle seien zwei kürzlich veröffentliche Dokumente erwähnt, die zeigen, wie die Banken unter Basel III weiterhin ihre Risikogewichtungen »optimieren«. So enthüllt der Beurteilungsbericht des U.S. Senate Permanent Subcommittee on Investigations (2013) über die sogenannten »Wal«-Kontrakte bei J. P. Morgan, dass es interne Beratungen mit dem Ziel gegeben habe, die Kapitalvorschriften »auszutricksen«. Der Leiter der Abteilung für Aktien- und Kredithandel im Chief Investment Office zeigte Möglichkeiten auf, wie man durch eine reine Modelländerung das Risikogewicht eines Portfolios um 7 Mrd. US-Dollar sen-

ken könnte (S. 170). Die Bank setzte die Vorschläge des Analysten teilweise um, bedeutete ihm aber, dass solch sensible Angelegenheiten nicht Gegenstand von E-Mails sein dürften (S. 194–95). Vgl. auch Pollack (2013), der die verfänglichsten Ausschnitte des Beurteilungsberichts zusammengetragen hat. Ein zweites Dokument des Basel Committee on Banking Supervision (2013) zeigt auf, welchen Spielraum die Banken bei der Gestaltung ihrer internen Risikomanagementmodelle genießen. Der Baseler Ausschuss führte mithilfe hypothetischer Testportfolios ein Experiment durch. Im Wesentlichen fragte er 15 Banken, welches Risikogewicht sie 26 unterschiedlichen Portfolios zumessen würden. Die Schwankungsbreite erwies sich als immens. Einem diversifizierten Portfolio wies die konservativste Bank 34 Mio. US-Dollar an risikogewichteten Vermögenswerten zu, während die aggressivste Bank sich mit 14 Mio. US-Dollar begnügte. Für einige Portfolios berechneten die Banken standardisierte Maximalverlust(*Value at Risk*)-Werte, die um mehr als den Faktor 30 variierten.

6 Basel III verlangt ein minimales Kernkapital, bezogen auf sämtliche risikogewichteten Vermögenswerte, von 7 Prozent (4,5 Prozent plus einen Kapitalerhaltungspuffer von 2,5 Prozent; vgl. Basel Committee on Banking Supervision 2011). Das bedeutet, dass sich Banken weiterhin 93 Euro mit nur 7 Euro Eigenkapital leihen können. Mit so geringem Eigeneinsatz wird das Eingehen exzessiver Risiken höchst attraktiv. Da die Risikomanager zudem sehr gewitzt darin sind, niedrige Risikogewichte zu kalkulieren, fallen die tatsächlichen Kapitalanforderungen vermutlich noch niedriger aus.

7 Vgl. Haldane und Madouros (2012). Basel I passte mühelos auf 30 Seiten; für Basel II waren bereits mehr als 300 Seiten erforderlich; Basel III kam auf über 600 Seiten.

8 Admati und Hellwig (2013). Eine frühere Darstellung findet sich bei Admati et al. (2011). Wie wir in Teil 1 gesehen haben, gab es gute Gründe für die Einführung von Risikogewichtungen. Admati und Hellwig (2013) räumen dies ein und schlagen vor, Risikogewichtungen auf institutioneller Ebene einzuführen. Ihrer Empfehlung zufolge »könnte es in manchen Fällen ... sinnvoll sein, besonders hohe Eigenkapitalanforderungen festzulegen, da die systemischen Risiken, die die Aktivitäten dieser Institute hervorrufen, sehr groß sind« (S. 179–80). Sie erläutern jedoch nicht, warum Risikogewichtungen auf institutioneller Ebene wirksamer wären als die bisherigen Risikogewichtungen auf der Ebene der Vermögenswerte.

9 Admati und Hellwig (2013) bezeichnen dieses Argument als von den Banklobbyisten erfundenen Popanz. Ihrer Meinung nach liegt die Ursache des Problems darin, dass »die Regulatoren und Aufseher in der Vergangenheit *unwillig* waren, die ihnen zur Verfügung stehenden Instrumente auch anzuwenden« (S. 225). Zugespitzt formuliert suggeriert

dies, dass es sich bei den Regulatoren um unmotivierte Menschen handelt, denen es gleich ist, ob Banker exzessive Risiken eingehen. Nebenbei gesagt: Selbst wenn dies der Fall wäre, verraten uns Admati und Hellwig nicht, warum die Regulatoren mehr Engagement zeigen sollten, wenn die von ihnen vorgeschlagenen Kapitalvorschriften in Kraft träten. Wir wenden uns entschieden gegen die Auffassung, dass das Abgrenzungsproblem als Motivationsproblem der Regulatoren abgetan werden sollte. Finanzdienstleistungen sind virtueller Natur. Es ist unmöglich, alle denkbaren Wege im Vorhinein zu identifizieren, auf denen Finanzinstitute künftig versuchen werden, Kapitalanforderungen zu umgehen oder auf neue Art und Weise Innengeld zu schöpfen.

10 Einige Erläuterungen zum Nutzen eines Terminkontrakts auf Mais: Nehmen wir an, Sie wären ein Bauer, der Maisfelder bewirtschaftete. Sie wissen nicht, wie hoch der Maispreis am Ende der Ernteperiode sein wird. Bei einem Preissturz bestünde die Gefahr, dass Sie Ihre Rechnungen nicht mehr bezahlen können. Um diese Unsicherheit auszuschalten, könnten Sie in die Stadt gehen und versuchen, jemanden zu finden, der bereit ist, Ihren Mais zu einem festgelegten Preis zu kaufen. Doch diese Suche könnte mühselig sein. Auf den Finanzmärkten werden Warentermingeschäfte angeboten, die es Ihnen ermöglichen, heute den Preis für ein zukünftiges Geschäft festzulegen und so Ihre Unsicherheit einfach, günstig und schnell zu beseitigen.

11 Händler beschreiben Tail-Risk-Strategien mit plastischen Worten – es sei, als würde man »kleine Münzen unmittelbar vor einer Dampfwalze vom Boden aufheben«. Inspiriert von Nassim N. Talebs gleichnamigem Buch über die Macht höchst unwahrscheinlicher Ereignisse werden solche Tail-Risk-Vorfälle bisweilen als »schwarze Schwäne« bezeichnet.

12 Der Ausdruck »goldenes Zeitalter der Finanzbranche« stammt von Crotty (2007), der sein Erstaunen darüber ausdrückt, dass die Finanzinstitute trotz des intensiven Wettbewerbs auf den Finanzmärkten solch hohe Profite erzielen konnten. Er sah es als sehr wahrscheinlich an, dass diesen gigantischen Profiten eine übermäßige Risikobereitschaft zugrunde lag. Crotty sagte voraus, dass früher oder später ein systemisches Ereignis hohe Verluste verursachen würde.

13 Vgl. Sjostrom (2009). Man mag nun einwenden, dass sich die Rettung von AIG schließlich als profitabel für den Steuerzahler erwies und dass AIG seinen Kredit am Ende abbezahlte. Doch dieses Argument hat einen doppelten Pferdefuß. Zum einen musste die öffentliche Hand ein erhebliches Abwärtsrisiko in Kauf nehmen und die Rettungsaktion hätte sich als sehr teuer erweisen können. Zum anderen bedeutete die Rettung von AIG, dass sich die öffentliche Hand verpflichtete, notleidende Kontrahenten von Derivategeschäften zu retten, was seither einen Großteil des Gegenparteirisikos auf diesem Markt ausschaltete.

14 Die prominenteste Gegenpartei bei CDS-Kontrakten von AIG war Goldman Sachs. Man schätzt, dass Goldman Sachs von der ersten, 90 Mrd. US-Dollar schweren Rettungstranche rund 13 Mrd. US-Dollar erhielt (Arlidge 2009). US-Finanzminister Paulson, der für die Rettungsaktion verantwortlich zeichnete, war der frühere CEO von Goldman Sachs. In diesem Fall bedeutete das, dass ein früherer Angestellter des Derivatekäufers dafür garantierte, dass der Derivateverkäufer seine Verpflichtungen aus dem Derivatekontrakt erfüllen konnte.

15 Bei einigen Derivatetypen liegt das Gegenparteirisiko allein beim Käufer, während der Verkäufer sorglos bleibt. Optionen beispielsweise können nie einen negativen Wert annehmen und Optionsverkäufer müssen sich um die finanzielle Situation ihrer Käufer niemals Sorgen machen. Bei Swaps hingegen unterliegen beide Parteien einem Gegenparteirisiko.

16 Es gibt verschiedene allgemein anerkannte Modelle zur Derivatebewertung, etwa das Black-Scholes-Modell. Die International Swaps and Derivatives Association hat vertragliche Vereinbarungen entworfen, die beschreiben, wie ein Geschäft im Verzugsfall aufzulösen ist. Es gibt Derivate, die den Käufer bei einem Ausfall des Verkäufers in keiner Weise schützen (Singh 2010). Darüber hinaus gewähren viele Rechtsordnungen bestimmten Gegenparteien im Derivatehandel während Insolvenzverfahren spezielle Privilegien (Bliss und Kaufman 2006).

17 Diese Form von Gegenparteirisiko lässt sich mit der Situation vergleichen, in der jemand versucht, eine Brandschutzversicherung für ein Haus zu erwerben, das sich in einer bereits brennenden Stadt befindet. Um das Risiko auf Derivatemärkten zu minimieren, fordern die Regulatoren oft die Etablierung einer zentralen Gegenpartei. Man beachte jedoch, dass auch ein Clearing mit zentraler Gegenpartei kein Allheilmittel ist. Starke Preisbewegungen beim zugrunde liegenden Vermögenswert können eine zentrale Gegenpartei in die Zahlungsunfähigkeit treiben. Ein solcher Ausfall setzt ihre Mitglieder einem Wiedereindeckungsrisiko aus. Vgl. Kress (2011), der erläutert, warum ein systemisches Risiko in Derivatemärkten auch dann droht, wenn die Bankenaufsicht eine zentrale Gegenpartei vorschreibt.

18 Für Statistiken bezüglich der Nennwerte von Derivatekontrakten siehe Bank for International Settlement (2014), die halbjährliche Zahlen zu außerbörslich (engl. *over the counter*, OTC) gehandelten Derivaten veröffentlicht. Nicht erfasst werden hier börsengehandelte Derivate. Somit unterschätzen diese Statistiken den Umfang des weltweiten Derivatehandels.

19 Ein Überblick über die verschiedenen Transmissionskanäle findet sich z. B. bei Mishkin (1996).

20 Vgl. Board of Governors of the Federal Reserve System (2005, Kap. 3) für eine Erläuterung der Schlüsselrolle, welche die Zentralbankreserven spielen.

21 Vgl. Taylor (2001) für eine detaillierte Beschreibung der Auswirkungen von Offenmarktgeschäften auf den Federal-Funds-Markt.

22 Abbildung 7 (S. 69) zeigt, welche Bedeutung die Innengeldschöpfung des Schattenbankensektors mittlerweile erlangt hat.

23 Siehe Friedman (1999), der schon früh prognostizierte, dass die Kreditvergabe durch Finanzinstitute, die keine Bankeinlagen entgegennehmen, die Fähigkeit der Zentralbanken zur gesamtwirtschaftlichen Steuerung von Preisen und Zinssätzen bedrohen könnte. Das Aufkommen der Informationstechnologien sowie neuer Bankgeschäftsformen hat die Kausalkette zwischen Zentralbankreserven und dem Gesamtangebot an Geld und Kredit geschwächt; vgl. auch Friedman (2000). Empirische Belege für diese These liefern Altunbas, Gambacorta und Marqués-Ibáñez (2009), die aufzeigen, dass die geldpolitischen Transmissionsmechanismen durch die Praxis der Kreditverbriefung geschwächt wurden. Vgl. auch Estrella (2002), der zu dem Schluss kommt, dass die Geldpolitik heute infolge der Kreditverbriefungen kaum noch Einfluss auf die reale Wirtschaftsleistung hat.

24 Greenspan (2009), seines Zeichens Fed-Vorsitzender von 1987 bis 2006, stellte fest, dass »der Federal Reserve der mangelnde Einfluss der Geldpolitik auf die Hypothekenzinsen intensiv bewusst wurde, als Letztere nicht wie erhofft auf die geldpolitische Straffung Mitte 2004 reagierten. Darüber hinaus zeigten die Daten, dass sich die Hypothekenzinsen schon früher allmählich von der Geldpolitik entkoppelt hatten.«

25 Um genau zu sein, können Zentralbanken die Zinsen leicht unter 0 Prozent senken, da es aufgrund der Lagerhaltungskosten teurer ist, Bargeld im Tresor zu verwahren, als Zentralbankgelder zu halten. Tatsächlich haben sowohl die schwedischen und dänischen Zentralbanken als auch die Europäische Zentralbank zwischenzeitlich einen geringen Negativzins auf Zentralbankreserven erhoben (Anderson und Liu 2013; Jones 2014). Auch die Schweizerische Nationalbank setzte im Nachgang zur Euro-Schuldenkrise auf leicht negative Leitzinsen. Doch das ändert nichts an der Tatsache, dass es aufgrund der physischen Beschaffenheit von Bargeld eine Untergrenze für Zinsen gibt.

26 Siehe http://www.federalreserve.gov/monetarypolicy/bst_recenttrends. htm.

27 Siehe Krishnamurthy und Vissing-Jorgensen (2011).

28 Vgl. z. B. Goodfriend (2011). Im Jahr 2011 erwarb die Fed Staatsanleihen in einem Umfang, der 61 Prozent aller Neuemissionen bundesstaatlicher Anleihen entsprach (Goodman 2012). Eine solche Intervention senkt den Zinssatz, zu dem der Staat seine Schuldenlast refinanzieren kann; vgl. auch Krishnamurthy und Vissing-Jorgensen (2011) sowie Hannoun und Hofman (2012).

29 Für weitere Ausführungen vgl. Plosser (2010) sowie Hannoun und Hofman (2012). In Japan, wo die Zentralbank schon früher zu unkonventio-

nellen geldpolitischen Maßnahmen griff, ist ihre Unabhängigkeit bereits Gegenstand der Debatte gewesen. So hat der japanische Premierminister offenen Druck auf die japanische Zentralbank ausgeübt (Sieg und Takenaka 2012).

30 Vgl. Plosser (2012), dem zufolge ein Mangel an Unabhängigkeit seitens der Zentralbank, gepaart mit großen Haushaltsdefiziten, historisch betrachtet oft Wegbereiter einer Hyperinflation war.

WARUM BANKEN HEUTE NICHT MEHR GEBRAUCHT WERDEN

1 Geldmarktfonds bilden diesbezüglich eine Ausnahme, da ihre Anteile Innengeld darstellen. Allerdings sind Geldmarktfonds ein Bestandteil des Schattenbankensystems (s. Kapitel 5).

2 Wie Rajan (2006) betont, ist die Verwendung des Begriffs »direkte Kreditvergabe« für Verbriefungen eine »Fehlbezeichnung« angesichts der Verkettung von Bilanzen, die im Schattenbankensystem zwischen den Gläubigern und den letztlichen Schuldnern stehen.

3 Beide Zahlen sind Beck, Demirgüç-Kunt und Levine (2013) entnommen.

4 Im Jahre 2014 war Lending Club der weltweit größte P2P-Kreditvermittler und in stetigem Wachstum begriffen. Sein vermitteltes Kreditvolumen stieg von rund 110 Mio. US-Dollar im 1. Quartal 2012 auf knapp 800 Mio. US-Dollar im 1. Quartal 2014. Bis Ende 2016 hatte Lending Club ein Gesamtkreditvolumen von mehr als 25 Mrd. US-Dollar vermittelt (vgl. https://www.lendingclub.com/info/statistics.action). In Kapitel 9 gehen wir ausführlich auf die jüngsten Entwicklungen in den neu entstandenen Bereichen des Finanzwesens ein.

5 Zwar wird der Begriff »Delegated Monitor« in der Literatur teilweise auch für Banken verwendet, doch wir bezeichnen damit hier ausschließlich die Instanz, die bei Wegfall von Kreditmittlern die Schuldner überwacht. Ein Delegated Monitor finanziert sich über eine Gebühr, die er vom Gläubiger, dem Schuldner oder beiden erhebt.

6 Das Problem ist nicht auf direkte Kreditvergabe beschränkt, sondern tritt auch beim Einsatz von Finanzintermediären auf. Bisweilen wird es als doppeltes Moral-Hazard-Problem bezeichnet. Ein analytisches Modell präsentieren u. a. Holmström und Tirole (1997).

7 Siehe Teil 2. Vgl. auch Jiang, Nelson und Vytlacil (2014), die zeigen, dass verbriefte Darlehen, die in den Bilanzen der Banken verblieben, höhere Ausfallquoten hatten als solche, die an Dritte verkauft wurden.

8 Siehe Kapitel 5.

9 Vgl. Benmelech und Dlusgosz (2010, S. 175), deren Ergebnisse den Schluss nahelegen, dass die Bewertungen von Unternehmensanleihen auch unter

Berücksichtigung der Finanzkrise von 2007/08 »gut auf das zugrunde liegende wirtschaftliche Risiko des Emittenten abgestimmt sind«. Hill (2004, S. 44) stellt fest, dass »viel dafür spricht, dass sie [die Rating-Agenturen] im Normalfall sehr ordentlich, wenn nicht gar hervorragend arbeiten«.

10 Vgl. Petersen (2004) zu der Unterscheidung zwischen weichen und harten Informationen. Wie Petersen schreibt, werden harte Informationen fast immer in Zahlenform erfasst, weiche Informationen hingegen in Textform. Harte Informationen lassen sich leicht und objektiv vergleichen, weiche Informationen nicht. Um harte Informationen zu erfassen, bedarf es keines persönlichen Kontakts, wohingegen weiche Informationen persönlich eingeholt werden müssen. Harte Informationen sind zudem objektiver und die Person oder Organisation, die sie evaluiert, muss nicht identisch mit jener sein, die sie erhebt. Im Unterschied dazu lassen sich weiche Informationen nicht gut an Menschen weiterreichen, die an ihrer Einholung nicht beteiligt waren.

11 Dieser Effekt greift selbst bei Verbriefungen (vgl. Keys, Seru und Vig 2012).

12 Ein bekanntes Beispiel für Kreditscoring ist die FICO-Punktzahl. Für eine Erläuterung, welche quantitativen Informationen dieser Kennzahl zugrunde liegen, siehe http://www.myfico.com/crediteducation/whatsi nyourscore.aspx.

13 Vgl. Thomas (2000). Siehe auch Grove und Meehl (1996) zur Stärke formaler Bewertungsmethoden im Allgemeinen.

14 In den 1990er-Jahren wurde die Kreditvergabe an kleine Unternehmen noch immer als ein Bereich angesehen, wo persönliche Beziehungen zu Vertretern örtlicher Bankfilialen eine große Rolle spielten (vgl. z. B. Berger und Udell 2002). Hingegen stellten Petersen und Rajan (2002) fest, dass die Banken bei ihren Vergabeentscheidungen an Kleinunternehmen zunehmend auf harte Information zurückgriffen und persönliche Beziehungen folglich immer weniger relevant wurden. In einer späteren Untersuchung verschiedener Studien kamen Berger und Frame (2007) zu dem Schluss, dass Kreditscoring kleineren Unternehmen den Zugang zu den Kreditmärkten erleichtert hat.

15 Viele Online-Unternehmen haben entweder die Abmilderung von Informationsasymmetrien zu ihrem Hauptgeschäftsfeld erkoren (z. B. TripAdvisor oder Yelp) oder aber Mechanismen eingeführt, die mit ihrem Hauptgeschäftsfeld verbundene Informationsasymmetrie reduzieren (z. B. eBay).

16 Dieser Befund widerspricht der Analyse von Diamond und Dybvig (1983), die zu dem Schluss gelangten, dass nur Sichtguthaben bedingungslose Liquidität gewährleisten, während marktgehandelte Finanzanlagen dies nicht könnten. Diese Erkenntnis beruht jedoch auf sehr strengen Annahmen und ist wiederholt infrage gestellt worden; vgl. z. B. Jacklin (1987) und von Thadden (1998).

17 Siehe Akerlof (1970), der wegweisende Artikel zu Marktversagen aufgrund von Informationsasymmetrien veröffentlicht hat.

18 Vgl. Dennis und Mullineaux (2000), die empirisch belegten, dass ein Bankdarlehen umso leichter verkäuflich (»syndizierbar«) ist, je mehr Informationen über den Schuldner verfügbar sind.

19 Sie könnten Ihre Lampe z. B. auf eBay anbieten, einem elektronischen Marktplatz mit mehr als 140 Millionen aktiven Käufern im 1. Quartal 2014 (eBay Inc. 2014). Am 16. Juli 2013 wurden auf www.eBay.com mehr als 30 viktorianische Öllampen angeboten. Es überrascht nicht, dass der eBay-Markt im Vereinigten Königreich sogar noch liquider ist. Am selben Tag wurden für einige viktorianische Öllampen mehr als 15 Gebote je Lampe abgegeben.

20 Siehe Duffie, Gârleanu und Pedersen (2005) für eine Analyse der Frage, wie verringerte Suchfriktionen zu geringeren Geld-Brief-Spannen auf außerbörslichen Märkten führen können.

21 Vgl. Domowitz (2002), der erläutert, wie elektronische Marktplätze die Handelskosten reduzieren können.

22 Chou und Chung (2006) haben die Geld-Brief-Spannen auf Indexfonds (ETFs) analysiert, die den großen Aktienindizes folgen, und beziffern diese für das Jahr 2001 auf 0,1 bis 0,2 Prozent.

23 Diese Zahlen sind Bessembinder und Maxwell (2008) sowie Bessembinder, Maxwell und Venkataraman (2006) entnommen, welche die Transaktionskosten von Unternehmensanleihen in den USA vor und nach der Einführung des Informationssystems zu Anleihekursen (Trade Reporting and Compliance Engine, TRACE) verglichen.

24 Hierzu gehören bspw. die »Rapid Return«-Funktion von Zopa (http://help.zopa.com/customer/portal/articles/1097445-how-do-i-access-my-money-with-rapid-return-) und die »Sellout«-Funktion von RateSetter (http://www.ratesetter.com/help/faq.aspx). Auf Funding Circle kann man auch Teile von Darlehen kaufen und verkaufen (https://support.fundingcircle.com/forums/21584128-Buying-and-selling-loan-parts).

25 Lending Club und Prosper arbeiten z. B. mit Folio Investing zusammen. Siehe https://www.lendingclub.com/public/mainAboutTrading.action und https://www.prosper.com/invest/trade-notes/.

26 Es fällt bisweilen schwer, vertragliche Liquidität und Zahlungsdienstleistungen auseinanderzuhalten, da beide Funktionen im Banking oft gemeinsam auftreten. Das ist z. B. der Fall, wenn Sie für eine Tasse Kaffee mit Ihrer Debitkarte bezahlen. Führen sowohl der Käufer der Tasse Kaffee als auch der Ladenbesitzer ihr Konto bei derselben Bank, erfolgt die Zahlung ausschließlich mittels Innengeld. Vertragliche Liquidität wird dabei gar nicht in Anspruch genommen. Es wird lediglich Innengeld von einer Partei zur anderen transferiert (vgl. unser Beispiel der Geldschöpfung im traditionellen Bankwesen in Kapitel 2). Verläuft die Zahlung zwischen zwei Parteien, die ihre Konten bei unterschiedlichen

Banken führen, dann ist normalerweise Außengeld in Form von Zentralbankreserven mit im Spiel. Bei Geschäftsbanken werden Zahlungen (im Wege der Verrechnung) mithilfe von Zentralbankreserven vorgenommen. In diesem Fall beinhaltet der Kauf einer Tasse Kaffee per Debitkarte eine Kombination des Zugriffs auf vertragliche Liquidität und der Nutzung von Zahlungsdienstleistungen zweier Banken. Vgl. Hancock und Humphrey (1998) zu weiteren Informationen über den Interbanken-Zahlungsverkehr.

27 Ein modernes Beispiel eines Treuhänders, der Zahlungsdienstleistungen anbietet, ist M-Pesa, ein System, das Zahlungen per Mobiltelefon in Kenia ermöglicht. Vgl. http://www.safaricom.co.ke/personal/m-pesa.

28 Digitalwährungen sind weiterhin Gegenstand wissenschaftlicher Forschungsarbeiten. Die bekannteste Digitalwährung ist Bitcoin; Näheres hierzu vgl. Nakamoto (2008). Eine Analyse dieser Digitalwährung findet sich bei Barber et al. (2012). Im Jahre 2014 erhob Bitcoin nur minimale oder auch gar keine Transaktionskosten, wohingegen die Gebühren für Zahlungen im Bankensystem – einschließlich Kreditkartenzahlungen – im einstelligen Prozentbereich des Transaktionsvolumens lagen (Andreessen 2014).

29 Siehe Kind und Dagfinn (2010) für die Bedeutung von Handelsalgorithmen in den Devisenmärkten. Hendershott, Jones und Menkveld (2011) beschreiben die positiven Effekte von Handelsalgorithmen auf die Liquidität im Aktienhandel. Handelsalgorithmen sind im Zusammenhang mit dem Hochfrequenzhandel kritisch diskutiert worden. Das Hauptproblem des Hochfrequenzhandels liegt jedoch nicht in der Verwendung von Handelsalgorithmen an sich, sondern darin, dass einige Marktteilnehmer sich bei Börsenmaklern und Wertpapierbörsen einen privilegierten Zugang zu Informationen über Kundenaufträge verschafft haben. Dieser Informationsvorsprung hat es ihnen ermöglicht, bei Orders zeitlich vorne zu liegen und auf Kosten anderer Investoren einen risikofreien Gewinn zu vereinnahmen.

30 Die P2P Finance Association (2013) im Vereinigten Königreich hat ihren Mitgliedern bestimmte Arbeitsprinzipien auferlegt, darunter die ordnungsgemäße Verwaltung von Verträgen für den Fall, dass eine Plattform ihren Betrieb einstellt.

SCHLIESST DIE BANKEN: DER ENTWURF EINES ZUKUNFTSFÄHIGEN GESELLSCHAFTSRECHTS

1 Haldane (2012b, S. 15).

2 Eine Regierung kann es sich nicht leisten, Bankenrisiken nicht zu versichern. Wir haben dies in der Vergangenheit mehrfach erlebt, zuletzt mit der Rettung von Instituten des Schattenbankensystems während der Finanzkrise von 2007/08. Jede Bankenrettungspolitik leidet unter dem Zeitinkonsistenzproblem. Analytische Modelle des Zeitinkonsistenzproblems im Bankwesen finden sich bei Mailath und Mester (1994), Acharya und Yorulmazer (2007), Farhi und Tirole (2012) sowie Chari und Kehoe (2013).

3 Zu einem gewissen Grad kann man dem Banking-Risiko ausweichen, wenn man reale Forderungen hält, etwa Besitzansprüche auf Immobilien, Aktien oder Edelmetalle. Fast jeder benötigt aber zu Transaktionszwecken Geld und ist daher weiterhin einem Banking-Risiko ausgesetzt. Darüber hinaus lässt sich ein Banking-Risiko nicht umgehen, wenn Rettungsaktionen mit Steuergeldern finanziert werden.

4 Siehe Kapitel 5 und 6.

5 Vgl. https://www.lendingclub.com/info/statistics.action.

6 Vgl. Burton et al (2016).

7 Vgl. Lucas und Fei Ju (2017).

8 Euro-Kurse berechnet mit jährlichen durchschnittlichen Wechselkursen (Geld-Kurs, www.oanda.com). Angegeben ist jeweils die Summe der P2P-Kreditvermittlungen aller Sparten (Unternehmen, Verbraucher, Privatkunden). *Quellen:* Schweiz: Dietrich und Amrein (2017); Deutschland, Frankreich, Italien, Spanien: Zhang et al. (2016c); USA: Wardrop et al. (2016); China: Zhang et al. (2016a); Vereinigtes Königreich (UK): Zhang et al. (2016b).

9 Zum Konzept des Kreditscoring siehe Kapitel 8.

10 Vgl. Daye, Xiao und Song (2017).

11 Beispiele solcher Kooperationen sind: Lending Club und Citigroup (Fromhart und Srinivas 2016), Prosper und Citigroup (Padbidri 2016) sowie OnDeck mit J. P. Morgan (Fromhart und Srinivas 2016). Lending Club ist in den USA zudem auch Partnerschaften mit kleineren Banken eingegangen, siehe https://www.lendingclub.com/public/lending-club-press-2013-06-20.action.

12 Im April 2015 gab der US-Bankenkonzern Citigroup eine Kooperation mit Lending Club bekannt. Die Zusammenarbeit umfasst zudem noch zwei weitere Finanzinstitute: WebBank und Varadero Capital. Wenn Lending Club einem Kreditantrag auf seiner Plattform stattgibt, wird das Darlehen von WebBank gewährt. Diese Verbindlichkeit übernimmt dann Varadero Capital, das für diesen Darlehenskauf auf eine Kreditli-

nie von Citigroup zurückgreift; siehe http://ir.lendingclub.com/file. aspx?IID=4213397&FID=28930792.

13 Es entbehrt nicht einer gewissen Ironie, dass Renaud Laplanche im Mai 2016 als CEO von Lending Club zurücktreten musste, da er Interessenkonflikte nicht offenlegte und unter seiner Aufsicht Kreditinformationen gefälscht wurden (Popper 2017). Die Prinzipien Verantwortlichkeit und Transparenz blieben bei der Transformation von Lending Club zum Marketplace Lender auf der Strecke.

14 Siehe z. B. https://www.sofi.com/press/sofi-completes-251mm-sp-rated-securitization-refinanced-student-loans/. Mitte 2017 beantragte SoFi eine Banklizenz.

15 Siehe https://www.zopa.com/lending/safeguard.

16 Der Garantiefonds ist eine Versicherung und damit eine der Techniken, um Innengeld zu schöpfen (siehe Kapitel 3).

17 Siehe Dunkley (2016).

18 Siehe z. B. Goldman Sachs (2017).

19 Im Beispiel von Kapitel 1 wären Sittah und Nathan nicht mehr auf die Dienstleistungen von Bonafides angewiesen. Statt Gold würden sowohl Sittah als auch Nathan digitales Geld halten und den Kauf der Karavelle über eine Blockchain statt über das von Bonafides betriebene Buchhaltungssystem abwickeln.

20 Siehe z. B. Sloan (2017).

21 Ein bekannter und einflussreicher Befürworter von Narrow Banking ist Fisher (1935). Auch Friedman (1965) und Tobin (1985, 1987) haben ihre Sympathien für Narrow Banking bekundet. Wir erkunden dieses Konzept später in diesem Kapitel.

22 Vgl. Fisher (1935).

23 Diamond und Rajan (2001) betonen die Bedeutung des Umstands, dass Banken illiquide Vermögenswerte in liquide Bankeinlagen umwandeln, und erkennen darin ein Argument gegen Stabilisierungskonzepte wie das Narrow Banking. Vgl. auch Wallace (1996) und Bossone (2001).

24 Tatsächlich erkannten Fisher und seine Kollegen, dass ihr Vorschlag das Abgrenzungsproblem berührt. In einem der Briefe von Simons – einem Unterstützer des 100-Prozent-Geld-Konzepts – an Fisher heißt es: »Bankeinlagen, Schatzanweisungen und selbst Geldmarktpapiere sind Sichteinlagen beinahe so ähnlich wie jene einem gesetzlichen Zahlungsmittel. Das gesamte Problem, das wir heute Geschäftsbanken zuschreiben, könnte leicht in Form anderer finanzieller Arrangements wieder auftauchen« (Allen 1993, S. 708). Schon 1934 hatte Simons den Aufstieg des Schattenbankwesens vorhergesehen (siehe auch Simons 1936).

25 Benes und Kumhof (20129 analysierten die Effekte des Narrow Banking mithilfe eines dynamischen stochastischen allgemeinen Gleichgewichtsmodells. Leider berücksichtigt ihr Modell das Abgrenzungsproblem nicht.

26 Die Positive-Money-Bewegung wurde 2010 als Reaktion auf die Finanzkrise gegründet. Für eine Einführung zum Positive-Money-Konzept
siehe Jackson, Dyson und Hodgson (2013).

27 Huber und Robertson (2000, Kap. 4), die frühen Paten des Vollgelds,
bezeichnen dieses Privileg als »die speziellen Banking-Profite«. Zwar
erkennen wir einen anderen zugrunde liegenden Mechanismus, doch
es steht außer Frage, dass die in der Finanzbranche in den 20 Jahren vor
Ausbruch der Finanzkrise erzielten Gewinne außerordentlich hoch waren. Nach Auskunft des U.S. Bureau of Economic Analysis (2013, 3014)
wurden 1950 knapp 10 Prozent aller Unternehmensgewinne in der Finanzbranche erzielt. In den Jahren unmittelbar vor der Finanzkrise von
2007/08 war dieser Anteil auf über 25 Prozent gestiegen. Zudem werden nicht alle Erträge eines Unternehmens als Gewinn ausgeschüttet.
Ein großer Teil fließt an die Angestellten. Im Jahre 2006 lag das Gehalt
der in der Finanzbranche Beschäftigten durchschnittlich um 50 Prozent über dem in anderen Wirtschaftszweigen gezahlten Salär (Philippon und Reshef 2012). Führungskräfte erhielten eine noch höhere Prämie.

28 Vgl. Kotlikoff (2010). Eine prägnante Zusammenfassung des Konzepts
lieferten später Chamley, Kotlikoff und Polemarchakis (2012).

29 O'Driscoll (2010, S. 45) unterstreicht diesen Punkt, indem er Kotlikoff
(2010) zitiert: »Die FFA würde Robbys Einkommensteuererklärung
überprüfen; sie würde seine Bonitätsbewertung zertifizieren; sie würde
mithilfe unabhängiger lokaler Sachverständiger den Wert des Hauses,
dessen Kauf er plant, schätzen; sie würde die Grundsteuer und Hausver-
sicherung auf dieses Haus verifizieren; und sie würde sämtliche relevanten Informationen benennen, die einem Investmentfonds, der sich
für den Kauf von Robbys Hypothek interessierte, bei der Bewertung
dieser Hypothek nützen könnten« (S. 127).

30 Als Anschauungsbeispiel vergleicht Sapienza (2002) das Kreditvergabe-
verhalten staatlicher und privater Banken in Italien. Sie gelangt zu der
Erkenntnis, dass staatliche Banken ihre Kreditvergabeentscheidungen
auf politischen Erwägungen gründen. In Regionen, in denen die ihnen
nahestehende politische Partei stark war, verlangten solche Banken niedrigere Zinsen. Wie im Falle staatlicher Banken könnten Regierungen
geneigt sein, die Machtposition der obersten Finanzdienstleistungsaufsicht hinsichtlich von Kreditvergabeentscheidungen dazu zu nutzen, politische Unterstützer zu belohnen und politische Gegner zu bestrafen.

31 Vgl. Kapitel 4.

32 Die meisten von Nichtfinanzunternehmen emittierten Schuldtitel sind
mit einer mehrjährigen Laufzeit ausgestattet. Nichtfinanzunternehmen
haben einen langen Zeithorizont und können es nicht riskieren, größere
Teile ihrer Kreditverpflichtungen täglich zu verlängern. Die von Nichtfinanzunternehmen aufgenommenen Darlehen mit den kürzesten

Laufzeiten sind Geldmarktpapiere mit einer Laufzeit von wenigen Tagen. Im Vergleich zu anderen Fremdkapitalquellen wie Bankdarlehen oder Unternehmensanleihen ist ihr Volumen marginal.

33 Im April 2014 gab es nur drei US-amerikanische Nichtfinanzunternehmen mit einer AAA-Bewertung von Standard & Poor's: Exxon Mobil, Johnson & Johnson und Microsoft (Krantz 2014). Von Nichtfinanzunternehmen emittierte Schuldtitel sind in der Regel mit einem erheblichen Ausfallrisiko behaftet.

34 Eine implizite Bilanz ist z.B. die Bilanz einer Einzelperson. Wenn Sie eine Hypothek aufgenommen hätten und ein Haus besäßen, würden Sie den Wert Ihres Hauses auf der Aktivseite und die Hypothek auf der Passivseite verzeichnen. Somit ist die Hypothek ein finanzieller Vermögenswert, obwohl er nicht auf einer expliziten Bilanz erscheint.

35 Zu den Eigenkapitalansprüchen zählen auch strategische Anteile, die eine Muttergesellschaft an Tochtergesellschaften hält.

36 Im derzeitigen Bankensystem mit einer Zentralbank erscheint Außengeld als Verbindlichkeit auf der Bilanz der Zentralbank. In einem Finanzsystem ohne Banking wird Geldpolitik auf andere Weise betrieben (siehe Kapitel 10).

37 Ein Ereignis, das einem privaten Schuldner widerfährt, etwa ein Unfall, kann das Ausfallrisiko dramatisch beeinflussen. Dasselbe gilt für Personengesellschaften oder Einzelunternehmen. Es gibt einige wenige Banken, die als Personengesellschaften auftreten und überwiegend vermögende Kunden betreuen. Die Eigentümer dieser Banken haften für alle Verbindlichkeiten ihrer Bank mit ihrem Privatvermögen. Investmentbanken waren früher als Personengesellschaften organisiert, doch dieses Arrangement ist heutzutage nur noch selten anzutreffen.

38 Manche Finanzverträge haben sowohl bedingte als auch unbedingte Komponenten. So steht bei einem variabel verzinslichen Darlehen der Nominalbetrag fest, doch die Zinszahlungen bemessen sich anhand eines künftigen Referenzwerts. Für unsere Zwecke behandeln wir dies als zwei getrennte Verträge. Die Rückzahlung des festgelegten Nennwerts ist Gegenstand eines unbedingten Finanzvertrags, während die variablen Zinszahlungen einen bedingten Finanzvertrag darstellen.

39 Referenzzinssätze werden verwendet, um die variablen Zinszahlungen von Darlehen oder Zins-Swaps zu bestimmen. Ein bekannter Referenzzins ist der London Interbank Offered Rate (LIBOR).

40 Eine Call-Option auf eine Aktie verbrieft das Recht, die Aktie zu einem bestimmten Preis und zu einem bestimmten Zeitpunkt oder während eines bestimmten Zeitraums zu kaufen.

41 Im Rechnungswesen wird eine solche Position als »positiver Wiederbeschaffungswert« bezeichnet. Es handelt sich um den Ertrag aufgrund der veränderten Erwartungen hinsichtlich späterer bedingter Ereig-

nisse. Wenn z. B. der Referenzzinssatz eines Zins-Swaps bei 5 Prozent erwartet wurde, mit der Zeit aber auf 7 Prozent steigt, dann wird der Zins-Swap auf der Bilanz der Gegenpartei, die einen variablen Zins erhält, aber einen festen Zins bezahlt, als Vermögenswert erscheinen. Fällt der Referenzzinssatz hingegen auf 3 Prozent, wird der Zins-Swap als negativer Wiederbeschaffungswert auf der Passivseite erscheinen. Derartige Swaps werden üblicherweise zu jenem festen Zins vereinbart, bei dem der Gegenwartswert aller variablen Zinszahlungen dem Gegenwartswert aller festen Zinszahlungen entspricht, mit anderen Worten, bei einem Wiederbeschaffungswert von null.

42 Vgl. Rajan und Zingales (1995), die eine internationale Untersuchung der Kapitalstruktur von öffentlichen Nichtfinanzunternehmen durchführten. Im Vergleich zu Banken halten Nichtfinanzunternehmen deutlich mehr Eigenkapital, weil sie nicht von staatlichen Garantien profitieren. Sie sind auf einen hohen Eigenkapitalbestand angewiesen, um ihren Gläubigern zu zeigen, dass sie selbst viel zu verlieren haben.

43 Vgl. Rajan und Zingales (1995, S. 1428). In Tabelle II sind hier für das Jahr 1991 die durchschnittlichen Bilanzzahlen für Nichtfinanzunternehmen in den G7-Staaten angegeben. Diese belegen, dass in den Vereinigten Staaten, in Kanada und im Vereinigten Königreich der Wert aller Finanzanlagen einschließlich Bargeld niedriger war als der Wert des Eigenkapitals.

44 Je nach Branche können sich die Kapitalstrukturen unterscheiden. So stützen sich beispielsweise Elektronik- und Pharmaunternehmen nur in geringem Maße auf Fremdkapital (Mayer 1990). Eine neuere Studie zu den rechtlichen und branchenspezifischen Einflussfaktoren findet sich etwa bei de Jong, Kabir und Nguyen (2008). Insbesondere verzeichnen manche Unternehmen hohe *ausstehende Forderungen gegenüber Kunden*. Diese liegen vor, wenn ein Unternehmen dem Kunden bereits Güter oder Dienstleistungen bereitgestellt, aber noch keine vollständige Zahlung erhalten hat. Solche Abrechnungspraktiken können einer Einhaltung der systemischen Solvenzregel zuwiderlaufen. Eine allmähliche Änderung dieser Geschäftspraktiken kann dazu führen, dass sich die Kapitalstruktur von Unternehmen mit hohen ausstehenden Forderungen gegenüber Kunden neu justiert. Die üblichen wirtschaftstheoretischen Begründungen für eine bestimmte Kapitalstruktur berücksichtigen den Faktor der Forderungen gegenüber Kunden nicht (vgl. z. B. Dewatripont und Tirole 1994).

DIE ROLLE DER ÖFFENTLICHEN HAND

1 Die meisten der heutigen Zentralbanken haben ein Mandat, Preisstabilität zu bewahren. Dazu definieren sie ein Bündel aus Gütern und Dienstleistungen und beobachten dessen Preis. Normalerweise legen Zentralbanken eine Bandbreite fest, innerhalb deren der Preis dieses Bündels steigen darf. Oft bewegt sich diese Bandbreite um einen Wert von 2 Prozent. Eine strikte Preisstabilität – sprich, eine Inflationsrate von null – wird nicht angestrebt. Das liegt u. a. an Preisrigiditäten. Diese treten auf, wenn Preisanpassungen nicht möglich sind, obwohl eine solche zum Ausgleich von Angebot und Nachfrage erforderlich wäre. Ein bekanntes Beispiel sind Preisrigiditäten auf Arbeitsmärkten. So gilt es als besonders schwierig, Löhne nach unten anzupassen; siehe z. B. Akerlof et al. (1996).

2 Vgl. Simons (1936), der die Sicherung eines Geldsystems als wichtiges öffentliches Ziel ansieht. Ein solches System sollte so wenige Währungsunsicherheiten wie möglich beinhalten. Vgl. auch M. Friedman (1948, 1965), der mit ähnlicher Begründung ein staatliches Monopol auf Außengeld rechtfertigte. Man beachte jedoch, dass er seine Auffassung in einem späteren Artikel im Lichte der Hochinflation während der 1970er- und frühen 1980er-Jahre modifizierte (M. Friedman und Schwartz 1986). Zu den Netzwerkeffekten siehe auch King (2004). Ungeachtet unserer Präferenz für eine staatliche Organisation von Geld würden wir ein Verbot von Privatwährungen nicht befürworten. Privatwährungen können das Zahlungssystem als sogenannte Komplementärwährungen unterstützen. Ein Verbot von Privatwährungen würde außerdem unweigerlich am Abgrenzungsproblem scheitern, da viele Nichtfinanzunternehmen Gutscheine und Coupons für ihre Güter und Dienstleistungen ausgeben.

3 Digitalgeld gilt als bequemer als physisches Geld. Als Verbraucher müssen Sie kein Bargeld mit sich herumtragen, wodurch das Diebstahlrisiko sinkt (vgl. z. B. Wright et al. 2014). Aus Sicht von Unternehmen ergeben sich noch stärkere Vorteile, denn sie müssten kein Bargeld mehr entgegennehmen und dieses von und zu ihren Ladengeschäften befördern. Schließlich werden auch gesundheitliche Gründe als Vorteil einer Digitalwährung genannt, da einige Untersuchungen nahelegen, dass Papiergeld mit Bakterien belastet ist (vgl. z. B. Pope et al. 2002).

4 Zahlreiche Ökonomen haben in den vergangenen Jahren eine Liquiditätsprämie vorgeschlagen; vgl. etwa Goodfriend (2000), Buiter und Panigirtzoglou (2003) sowie Mankiw (2009). Der früheste Verfechter einer Liquiditätsprämie war Gesell (1916), der umfassendere Ziele als nur die Überwindung der Null-Prozent-Untergrenze verfolgte. Man beachte, dass unterschiedliche Bezeichnungen kursieren, etwa »umlaufgesi-

chertes Geld«, nach Gesell (z. B. Preparata und Elliott 2004), oder
»Schwundgeld« (Fisher 1933b). Heute wird oft der Begriff »Tragesteuer«
(engl. *carry tax*) verwendet; siehe Goodfriend (2000) sowie Buiter und
Panigirtzoglou (2003). Wir wählen den Ausdruck »Liquiditätsprämie«,
da der Begriff »Tragesteuer« irreführend wäre. Es handelt sich nicht um
ein Instrument, das die Einnahmen des öffentlichen Sektors erhöhen
soll. Wie wir sehen werden, fließt das mithilfe einer Liquiditätsprämie
erhobene Geld über ein bedingungsloses Einkommen wieder in die
Volkswirtschaft ein und der öffentliche Sektor kann es nicht zur Finanzierung eigener Aktivitäten verwenden.

5 Vgl. Kapitel 7. Eine Erörterung der Gründe, die dafür sprechen, das Ziel
einer positiven Inflationsrate zu verfolgen, findet sich z. B. bei Summers
(1991) oder Fischer (1996).

6 Vgl. auch Goodfriend (2000).

7 Direkte Folgen häufiger Preisniveauänderungen sind z. B. die sogenannten Menükosten. Darunter versteht man die Kosten einer Neuge-
staltung von Preislisten. Wichtiger noch sind aber die indirekten Inflati-
onskosten wie etwa Ineffizienzen bei der Koordination wirtschaftlicher
Aktivitäten. Vgl. auch Lucas (2000).

8 Auch andere Ökonomen haben die Vorteile einer Liquiditätsprämie erkannt; vgl. Goodfriend (2000), Buiter und Panigirtzoglou (2003) sowie
Mankiw (2009). Einer der Vorschläge zur Umsetzung einer Liquiditätsprämie im Industriezeitalter bestand darin, alle Geldscheine mo-
natlich gegen Zahlung einer Gebühr zu stempeln (s. Fischer 1933b).
Mankiw (2009) schlug vor, dass die Währungsbehörde regelmäßig
eine Zufallszahl aus einem Hut ziehen könnte. Alle Geldscheine, deren
Seriennummer mit dieser Zahl endeten, wären nicht länger gesetzliches Zahlungsmittel. Beide Vorschläge belegen, dass die Einführung
einer Liquiditätsprämie vor dem Aufkommen der Informationstechnologien tatsächlich sehr unpraktisch gewesen wäre.

9 Ein bedingungsloses Grundeinkommen zielt darauf ab, jedem Bürger
ein Leben in Würde zu ermöglichen. Es wird oft vorgeschlagen, um bestehende Sozialversicherungssysteme dadurch abzulösen. Verfechter
eines bedingungslosen Grundeinkommens betonen, dass dieses keinen
verzerrenden Effekt hätte, da es letztlich eine verhaltensunabhängige,
pauschale Subvention jedes einzelnen Bürgers beinhaltete.

10 Einige der im Federal Reserve System entstehenden Gewinne werden
auch an private Bankinstitute ausbezahlt. Der Grund hierfür ist ein besonderes institutionelles Arrangement: Die Mitgliedsbanken erhalten
eine satzungsgemäße Dividende.

11 In einem Finanzsystem ohne Banking ist die Geldpolitik so beschaffen,
dass sie einzelne Preise gar nicht beeinflussen kann. Neues Geld wird
der Volkswirtschaft nicht durch den Ankauf von Finanzanlagen zugeführt, sondern durch gleichmäßige Verteilung an die Gesamtbevölke-

rung. Man beachte zudem, dass das Geld außerhalb des Buchführungssystems geschöpft wird, also außerhalb von Bilanzen. Daher zählt es nicht als finanzieller Vermögenswert im Sinne der systemischen Solvenzregel. Im heutigen Bankensystem spiegelt sich die Ausgabe von Geld in der Bilanz der Zentralbanken wider: Die erworbenen Vermögenswerte werden auf der Aktivseite verzeichnet, das neue Geld auf der Passivseite.

12 Bei unserer Erörterung des Limited Purpose Banking haben wir kritisiert, dass eine Einzelbehörde mit der Kontrolle aller Monitoring-Aktivitäten beauftragt werden soll. Nun aber befürworten wir die Errichtung einer unabhängigen Währungsbehörde mit unbegrenzter Vollmacht über das Geldangebot. Auf den ersten Blick könnte man daher denken, dass wir je nach Konzept unterschiedliche Messlatten anlegen. Doch die Steuerung des Geldangebots und die Überwachung aller Kreditvergabeaktivitäten in der Volkswirtschaft sind zweierlei Dinge. Eine Währungsbehörde, deren verfassungsrechtliche Eingriffsmöglichkeiten sich auf eine Liquiditätsprämie und ein bedingungsloses Einkommen beschränken, kann ihre Macht nur schwerlich missbrauchen. Da beide Instrumente konzeptionsbedingt auf jeden einzelnen Bürger abzielen, können sie Mitarbeitern der Währungsbehörde kaum dazu dienen, ihre Partikularinteressen zu verfolgen. Eine staatliche Behörde für Kredit-Monitoring entscheidet hingegen darüber, wer Kredit erhält und zu welchen Konditionen. In einer solchen Umgebung besteht ein Anreiz für die Entscheidungsträger, ihre jeweiligen Interessen zu verfolgen.

13 Staaten sind zwar keine Unternehmen, doch die systemische Solvenzregel sollte konzeptionell auch auf sie anwendbar sein. Eine Regierung sollte Kreditmittel nur zur Investition in reale Vermögenswerte verwenden, denen sie zutraut, genügend Gewinne (Steuererträge) zu generieren, um zukünftigen Verpflichtungen nachkommen zu können.

14 Heute trifft das Gegenteil zu. Während die Bankenwelt unzählige Vorschriften umsetzen muss, scheinen Too-big-to-fail-Institute von einigen allgemein üblichen rechtlichen Verpflichtungen befreit zu sein. Im Zusammenhang mit der Anklage gegen HSBC wegen Geldwäsche-Delikten gab der damalige US-amerikanische Justizminister Eric Holden zu, dass diese Banken so groß seien, dass »dies einen hemmenden Einfluss [habe] – es wirkt sich auf unser Vermögen aus, Lösungen herbeizuführen, die ich für angemessener hielte« (Nasiripour und Scanell 2013).

DAS GESAMTBILD

1 Haughwout et al. (2012) schätzen, dass während des Baubooms in den Vereinigten Staaten mehr als drei Millionen überschüssige Wohneinheiten entstanden. In Europa sieht es ähnlich aus. So wurde z. B. Spanien besonders schwer von der Krise getroffen; die Leerstandsquote erreichte dort 14 Prozent (Neate 2014).

2 Die von zügellosem Banking ausgelöste Wohlstandsillusion wird bisweilen als Argument gegen eine Bankenregulierung angeführt. Manche Ökonomen behaupten, dass wirtschaftliche Wohlfahrt mit Instabilität erkauft werden müsse und dass die Gesellschaft auf einen Teil des Wirtschaftswachstums verzichten müsste, wenn sie sich dafür entschiede, eine exzessive Risikoübernahme der Banken einzuhegen. Dieses Argument ist oft im Zusammenhang mit Eigenkapitalvorschriften zu vernehmen. Bankenvertreter und Lobbyisten behaupten, dass strengere Eigenkapitalanforderungen der Wirtschaft schadeten (vgl. z. B. die Ausführungen in Admati und Hellwig 2013; Touryalai 2013). In einigen Berichten der Global Investment Research Division von Goldman Sachs heißt es, dass kleine und mittlere Unternehmen (Ramsden et al. 2010) sowie einkommensschwache Kreditnehmer am stärksten unter strengeren Kapitalvorschriften zu leiden hätten. Solche Behauptungen sind jedoch nicht stichhaltig. Die Finanzkrise von 2007/08 hat nachdrücklich bestätigt, dass ungezügeltes Banking nur eine Illusion von Wohlstand erzeugt, die sich mit der Krise in Luft auflöst.

3 Vgl. Reinhart und Rogoff (2009a, S. 466), welche die negativen Auswirkungen von Finanzkrisen auf Produktion und Beschäftigung untersucht haben. Im Gefolge von Finanzkrisen steigt die Arbeitslosenquote um durchschnittlich 7 Prozent, während die Produktionsmenge um 9 Prozent zurückgeht. Ein besonders schädlicher Effekt der jüngsten Finanzkrise war der steile Anstieg der Jugendarbeitslosigkeit (Scarpetta, Sonnet und Manfredi 2014, S. 4). Hiervon betroffene junge Menschen sind oft für ihr Leben gezeichnet, da sich die Arbeitslosigkeit langfristig negativ auf ihre Lohneinkünfte und ihre Beschäftigungsfähigkeit auswirkt.

4 Vgl. Taleb (2012), der darauf hinweist, dass die Unterdrückung von Volatilität in komplexen sozialen, politischen und wirtschaftlichen Systemen sowie in unserem eigenen Leben die Wahrscheinlichkeit eines Eintritts katastrophaler Ereignisse – sogenannter negativer schwarzer Schwäne – erhöht. Ähnliche Gedanken formuliert auch Minsky (1986), dem der Sinnspruch »Stabilität erzeugt Instabilität« zugeschrieben wird.

ABBILDUNGEN

LITERATUR

Acharya, Viral V., und T. Sabri Öncü (2010), »The Repurchase Agreement (Repo) Market«, in: Viral A. Acharya, Thomas F. Cooley, Matthew P. Richardson et al. (Hrsg.), *Regulating Wall Street: The Dodd-Frank Act and the New Architecture of Global Finance*, New York: Wiley, S. 319–50.

Acharya, Viral V., Philipp Schnabl und Gustavo A. Suarez (2013), »Securitization without Risk Transfer«, in: *Journal of Financial Economics* 107 (3), S. 515–36.

Acharya, Viral V., und Tanju Yorulmazer (2007), »Too Many to Fail – An Analysis of Time-Inconsistency in Bank Closure Policies«, in: *Journal of Financial Intermediation* 16 (1), S. 1–31.

Admati, Anat R., Peter M. DeMarzo, Martin F. Hellwig et al. (2011), »Fallacies, Irrelevant Facts, and Myths in the Discussion of Capital Regulation: Why Bank Equity Is Not Expensive«, Working Paper 86. Stanford, CA: The Rock Center for Corporate Governance at Stanford University, http://papers.ssrn.com/sol3/papers.cfm?abstract_id=1669704

Admati, Anat R., und Martin F. Hellwig (2013), *The Bankers' New Clothes: What's Wrong with Banking and What to Do about It*, Princeton, NJ: Princeton University Press [dt.: *Des Bankers neue Kleider. Was bei Banken wirklich schiefläuft und was sich ändern muss*. München: FinanzBuch Verlag 2013].

Akerlof, George A. (1970), »The Market for ›Lemons‹. Quality Uncertainty and the Market Mechanism«, in: *Quarterly Journal of Economics* 84 (3), S. 488–500.

Akerlof, George A., William T. Dickens, George L. Perry et al.

(1996), »The Macroeconomics of Low Inflation«, in: *Brookings Papers on Economic Activity* 1996 (1), S. 1–76.

Alchian, Armen A., und Benjamin Klein (1973), »On a Correct Measure of Inflation«, in: *Journal of Money, Credit and Banking* 5 (1), S. 173–91.

Aliber, Robert Z. (1984), »International Banking: A Survey«, in: *Journal of Money, Credit and Banking* 16 (4), S. 661–78.

Allen, Franklin, James McAndrews und Philip Strahan (2002), »E-Finance: An Introduction«, in: *Journal of Financial Services Research* 22 (1–2), S. 5–27.

Allen, William R. (1993), »Irving Fisher and the 100 Percent Reserve Proposal«, in: *Journal of Law and Economics* 36 (2), S. 703–17.

Altunbas, Yener, Leonardo Gambacorta und David Marqués-Ibáñez (2009), »Securitisation and the Bank Lending Channel«, in: *European Economic Review* 53 (8), S. 996–1009.

Anderson, Richard G., und Charles S. Gascon (2009), »The Commercial Paper Market, the Fed, and the 2007–2009 Financial Crisis«, in: *Federal Reserve Bank of St. Louis Review* 91 (6), S. 589–612.

Anderson, Richard G., und Yang Liu (2013), »How Low Can You Go? Negative Interest Rates and Investors' Flight to Safety«, in: *Regional Economist*, January, S. 12–13.

Andreessen, Marc (2014), »Why Bitcoin Matters«. *Deal Book*, in: *The New York Times,* 21.1.2014, http://dealbook.nytimes.com/2014/01/21/why-bitcoin-matters/

Arlidge, John (2009), »I'm Doing ›God's Work‹: Meet Mr. Goldman Sachs«, in: *Sunday Times*, 8.11.2009, http://www.thesundaytimes.co.uk/sto/news/world_news/article189615.ece

Arteta, Carlos, Mark Carey, Ricardo Correa et al. (2013), »Revenge of the Steamroller: ABCP as a Window on Risk Choices«, in: International Finance Discussion Papers 1076. Board of Governors of the Federal Reserve System, http://www.federalreserve.gov/pubs/ifdp/2013/1076/ifdp1076.pdf

Baba, Nahoika, Robert N. McCauley und Srichander Ramaswamy (2009), »US Dollar Money Market Funds and Non-US Banks«, in: *BIS Quarterly Review*, March, S. 65–81.

Bagehot, Walter (1873), *Lombard Street: A Description of the Money Market*, London: Henry S. King [dt.: *Lombardstreet: Der Weltmarkt des Geldes in den Londoner Bankhäusern*. EOD Network 2011].

Bair, Sheila (2007), »Remarks By Sheila Bair Chairman, U.S. Federal Deposit Insurance Corporation«, Vortrag im Rahmen der 2007 Risk Management and Allocation Conference, Paris, 25.6.2007, http://www.fdic.gov/news/news/speeches/archives/2007/chairman/spjun2507.html

Banerjee, Abhijit V., und Eric S. Maskin (1996), »A Walrasian Theory of Money and Barter«, in: *Quarterly Journal of Economics* 111 (4), S. 955–1005.

Bank for International Settlement (2014), »OTC Derivatives Market Activity in the Second Half of 2013«, Statistical Release, http://www.bis.org/publ/otc_hy1405.htm

»Banking without Banks«, in: *The Economist*, 1.3.2014, http://www.economist.com/news/finance-and-economics/21597932-offering-both-borrowers-and-lenders-better-deal-websites-put-two

Barber, Simon, Xavier Boyen, Elaine Shi et al. (2012), »Bitter to Better – How to Make Bitcoin a Better Currency«, in: Angelos D. Keromytis (Hrsg.), *Financial Cryptography and Data Security*, S. 399–414. Lecture Notes in Computer Science 7397, Berlin: Springer.

Basel Committee on Banking Supervision (1988), »International Convergence of Capital Measurement and Capital Standards«, Basel: Bank für Internationalen Zahlungsausgleich, http://www.bis.org/publ/bcbs04a.htm

Basel Committee on Banking Supervision (2004), »Basel II: International Convergence of Capital Measurement and Capital Standards: A Revised Framework«, Basel: Bank für Internationalen Zahlungsausgleich, http://www.bis.org/publ/bcbs107.htm

Basel Committee on Banking Supervision (2006), »Results of the Fifth Quantitative Impact Study (QIS 5)«, Basel: Bank für Internationalen Zahlungsausgleich, http://www.bis.org/bcbs/qis/qis-5results.pdf

Basel Committee on Banking Supervision (2009), »History of the Basel Committee«, Basel: Bank für Internationalen Zahlungsausgleich, http://www.bis.org/bcbs/history.htm

Basel Committee on Banking Supervision (2011), »Basel III: A Global Regulatory Framework for More Resilient Banks and Banking Systems – Revised Version June 2011«, Basel: Bank für Internationalen Zahlungsausgleich, http://www.bis.org/publ/bcbs189.htm

Basel Committee on Banking Supervision (2013), »Regulatory Consistency Assessment Programme (RCAP) – Analysis of Risk Weighted Assets for Market Risk«, Basel: Bank für Internationalen Zahlungsausgleich, http://www.bis.org/publ/bcbs240.pdf

Beck, Thorsten, Asli Demirgüç-Kunt und Ross Levine (2013), »A New Database on Financial Development and Structure«, Datensatz, http://siteresources.worldbank.org/INTRES/Resources/469232-1107449512766/FinStructure_April_2013.xlsx

Benes, Jaromir, und Michael Kumhof (2012), »The Chicago Plan Revisited«, IMF Working Paper 12/202. Washington: International Monetary Fund, http://www.imf.org/external/pubs/ft/wp/2012/wp12202.pdf

Benmelech, Efraim, und Jennifer Dlugosz (2010), »The Credit Rating Crisis«, in: Daron Acemoglu, Kenneth Rogoff und Michael Woodford (Hrsg.), NBER Macroeconomics Annual 2009, Vol. 24, Chicago: University of Chicago Press, S. 161–207.

Benston, George J. (1994), »Universal Banking«, in: Journal of Economic Perspectives 8 (3), S. 121–43.

Berger, Allen N., und W. Scott Frame (2007), »Small Business Credit Scoring and Credit Availability«, in: Journal of Small Business Management 45 (1), S. 5–22.

Berger, Allen N., und Gregory F. Udell (2002), »Small Business Credit Availability and Relationship Lending: The Importance of Bank Organisational Structure«, in: Economic Journal 112 (477), S. F32–F53.

Bernanke, Ben S. (2002), »Deflation – Making Sure ›It‹ Doesn't Happen Here«, Vortrag im National Economists Club, Washington, DC, 22.11.2002, http://www.federalreserve.gov/boa rddocs/speeches/2002/20021121/

Bernanke, Ben S. (2007), »The Subprime Mortgage Market«, Vortrag im Rahmen der Federal Reserve Bank of Chicago's 43rd Annual Conference on Bank Structure and Competition, Chicago, 17.5.2007, http://www.federalreserve.gov/newsevents/ speech/bernanke20070517a.htm

Bernanke, Ben S. (2009), »The Crisis and the Policy Response«, Vortrag im Rahmen der Stamp Lecture, London School of Economics, London, 13.1.2009, http://www.federalreserve.gov/ newsevents/speech/bernanke20090113a.htm

Bessembinder, Hendrik, und William Maxwell (2008), »Markets: Transparency and the Corporate Bond Market«, in: *Journal of Economic Perspectives* 22 (2), S. 217–34.

Bessembinder, Hendrik, William Maxwell und Kumar Venkataraman (2006), »Market Transparency, Liquidity Externalities und Institutional Trading Costs in Corporate Bonds«, in: *Journal of Financial Economics* 82 (2), S. 251–88.

Bhattacharya, Sudipto, Arnoud W. A. Boot und Anjan V. Thakor (1998), »The Economics of Bank Regulation«, in: *Journal of Money, Credit and Banking* 30 (4), S. 745–70.

Birdthistle, William A. (2010), »Breaking Bucks in Money Market Funds«, in: *Wisconsin Law Review*, S. 1155–1200.

Bliss, Robert R., und George G. Kaufman (2006), »Derivatives and Systemic Risk: Netting, Collateral, and Closeout«, in: *Journal of Financial Stability* 2 (1), S. 55–70.

Block, Walter, und Kenneth M. Garschina (1996), »Hayek, Business Cycles and Fractional Reserve Banking: Continuing the De-Homogenization Process«, in: *Review of Austrian Economics* 9 (1), S. 77–94.

Blum, Jürg, und Martin Hellwig (1995), »The Macroeconomic Implications of Capital Adequacy Requirements for Banks«, in: *European Economic Review* 39 (3–4), S. 739–49.

Board of Governors of the Federal Reserve System (2005), *The Federal Reserve System: Purposes & Functions,* 9. Aufl., Washington, DC, http://www.federalreserve.gov/pf/pdf/pf_complete.pdf

Board of Governors of the Federal Reserve System (2009), Presse-mitteilung, 18.3.2009 http://www.federalreserve.gov/newsevents/press/monetary/20090318a.htm

Bossone, Biagio (2001), »Should Banks Be Narrowed?« IMF Working Paper 01/159, http://www.imf.org/external/pubs/ft/wp/2001/wp01159.pdf

Boyd, John H., und Mark Gertler (1993), »U.S. Commercial Banking: Trends, Cycles, and Policy«, in: Olivier Blanchard und Stanley Fischer (Hrsg.), *NBER Macroeconomics Annual 1993*, *Vol. 8*, Cambridge, MA: MIT Press, S. 319–77.

Braithwaite, Tom, und Patrick Jenkins (2011), »JPMorgan Chief Says Bank Rules ›Anti-US‹«, in: *Financial Times*, http://www.ft.com/intl/cms/s/0/905aeb88-dc50-11e0-8654-00144feabdc0.html#axzz1yDprYqHQ

Bricker, Jesse, Arthur B. Kennickell, Kevin B. Moore et al. (2012), »Changes in U.S. Family Finances from 2007 to 2010: Evidence from the Survey of Consumer Finances«, in: *Federal Reserve Bulletin* 98 (2), S. 1–80.

Brunnermeier, Markus K. (2009), »Deciphering the Liquidity and Credit Crunch 2007–2008«, in: *Journal of Economic Perspectives* 23 (1), S. 77–100.

Brunnermeier, Markus K., Andrew Crockett, Charles A. E. Goodhart et al. (2009), *The Fundamental Principles of Financial Regulation. Geneva Reports on the World Economy 1*, Genf: International Center for Monetary and Banking Studies.

Bryant, John (1980), »A Model of Reserves, Bank-Runs, and Deposit Insurance«, in: *Journal of Banking and Finance* 4 (4), S. 335–44.

Buiter, Willem H., und N. Panigirtzoglou (2003), »Overcoming the Zero Bound on Nominal Interest Rates with Negative Interest on Currency: Gesell's Solution«, in: *Economic Journal* 113, S. 723–46.

Burton, John, Robert Wardrop, Bryan Zhang et al. (2016), »Sustaining Momentum: The 2nd European Alternative Finance Industry Report«, Cambridge Centre for Alternative Finance, https://assets.kpmg.com/content/dam/kpmg/xx/pdf/2016/09/sustaining-momentum.pdf, abgerufen am 31.7.2017.

Buser, Stephen A., Andrew H. Chen und Edward J. Kane (1981), »Federal Deposit Insurance, Regulatory Policy, and Optimal Bank Capital«, in: *Journal of Finance* 36 (1), S. 51–60.

Calomiris, Charles W., und Charles M. Kahn (1991), »The Role of Demandable Debt in Structuring Optimal Banking Arrangements«, in: *American Economic Review* 81 (3), S. 497–531.

Carlson, Mark A. (2013), »Lessons from the Historical Use of Reserve Requirements in the United States to Promote Bank Liquidity«, Finance and Economics Discussion Series 2013/11, Divisions of Research and Statistics and Monetary Affairs, Washington, DC: Federal Reserve Board, http://www.federalreserve.gov/pubs/feds/2013/201311/201311pap.pdf

Carruthers, Bruce G., und Wendy Nelson Espeland (1991), »Accounting for Rationality: Double-Entry Bookkeeping and the Rhetoric of Economic Rationality«, in: *American Journal of Sociology* 97 (1), S. 31–69.

Chamley, Christophe, Laurence J. Kotlikoff und Herakles Polemarchakis (2012), »Limited-Purpose Banking – Moving from ›Trust Me‹ to ›Show Me‹ Banking«, in: *American Economic Review* 102 (3), S. 113–19.

Chari, Varadarajan V., und Patrick J. Kehoe (2013), »Bailouts, Time Inconsistency, and Optimal Regulation«, NBER Working Paper 19192, National Bureau of Economic Research, http://www.nber.org/papers/w19192

Chou, Robin K., und Huimin Chung (2006), »Decimalization, Trading Costs, and Information Transmission between ETFs and Index Futures«, in: *Journal of Futures Markets* 26 (2), S. 131–51.

Cook, Timothy Q., und Jeremy G. Duffield (1979), »Money Market Mutual Funds: A Reaction to Government Regulations or a Lasting Financial Innovation?«, in: *FRB Richmond Economic Review* (July–August), S. 15–31.

Coval, Joshua, Jakub Jurek und Erik Stafford (2009), »The Economics of Structured Finance«, in: *Journal of Economic Perspectives* 23 (1), S. 3–25.

Covitz, Daniel M., Nellie Liang und Gustavo A. Suarez (2013), »The Evolution of a Financial Crisis: Collapse of the Asset-Backed Commercial Paper Market«, in: *Journal of Finance* 68 (3), S. 815–48.

Crotty, James (2007), »If Financial Market Competition Is So Intense, Why Are Financial Firm Profits So High? Reflections on the Current ›Golden Age‹ of Finance«, Working Paper 134. Amherst, MA: Political Economy Research Institute, University of Massachusetts Amherst, http://people.umass.edu/crotty/WP134.pdf

Danielsson, Jon, Paul Embrechts, Charles Goodhart et al. (2001), »An Academic Response to Basel II«, Special Paper 130, LSE Financial Markets Group, ftp://ftp.math.ethz.ch/hg/users/embrecht/Basel2.pdf

De Jong, Abe, Rezaul Kabir und Thuy Thu Nguyen (2008), »Capital Structure around the World: The Roles of Firm- and Country-Specific Determinants«, in: *Journal of Banking and Finance* 32 (9), S. 1954–69.

Demirgüç-Kunt, Asli, und Edward J. Kane (2002), »Deposit Insurance around the Globe: Where Does It Work?«, in: *Journal of Economic Perspectives* 16 (2), S. 175–95.

Demirgüç-Kunt, Asli, Edward J. Kane und Luc Laeven (2008), *Deposit Insurance around the World: Issues of Design and Implementation*, Cambridge, MA: MIT Press.

Demyanyk, Yuliya, und Otto van Hemert (2011), »Understanding the Subprime Mortgage Crisis«, in: *Review of Financial Studies* 24 (6), S. 1848–80.

Dennis, Steven A., und Donald J. Mullineaux (2000), »Syndicated Loans«, in: *Journal of Financial Intermediation* 9 (4), S. 404–26.

Dewatripont, Mathias, und Jean Tirole (1994), »A Theory of Debt and Equity: Diversity of Securities and Manager-Shareholder Congruence«, in: *Quarterly Journal of Economics* 109 (4), S. 1027–54.

Diamond, Douglas W. und Philip H. Dybvig (1983), »Bank-Runs, Deposit Insurance, and Liquidity«, in: *Journal of Political Economy* 91 (3), S. 401–19.

Diamond, Douglas W., und Raghuram G. Rajan (2001), »Liquidity Risk, Liquidity Creation and Financial Fragility: A Theory of Banking«, in: *Journal of Political Economy* 109 (2), S. 287–327.

Dietrich, Andreas, und Simon Amrein (2017), *Crowdfunding Monitoring Schweiz 2017,* Institut für Finanzdienstleistungen Zug (IFZ).

Domowitz, Ian (2002), »Liquidity, Transaction Costs, and Reintermediation in Electronic Markets«, in: *Journal of Financial Services Research* 22 (1–2), S. 141–57.

Duffie, Darrell, Nicolae Gârleanu und Lasse Heje Pedersen (2005), »Over-the-Counter Markets«, *Econometrica* 73 (6), S. 1815–47.

Dunkley, Emma (2016), »Peer-to-Peer Lenders Morph into Traditional Banking«, in: *Financial Times* vom 27.12.2016, https://www.ft.com/content/16a572d6-c39f-11e6-81c2-f57d90f6741a?mhq5j=e2, abgerufen am 30.6.2016.

Dynan, Karen E., Douglas W. Elmendorf und Daniel E. Sichel (2006), »Can Financial Innovation Help to Explain the Reduced Volatility of Economic Activity?«, in: *Journal of Monetary Economics* 53 (1), S. 123–50.

eBay Inc. (2014), *eBay Marketplaces Fast Facts At-A-Glance (Q1 2014),* http://www.ebayinc.com/system/download_links/MP%20Factsheet%20Q1%202014.pdf?download=1

Estrella, Arturo (2002), »Securitization and the Efficacy of Monetary Policy«, in: *FRBNY Economic Policy Review* 8 (1), S. 241–55.

Fama, Eugene F. (1980), »Banking in the Theory of Finance«, in: *Journal of Monetary Economics* 6 (1), S. 39–57.

Farhi, Emmanuel, und Jean Tirole (2012), »Collective Moral Hazard, Maturity Mismatch, and Systemic Bailouts«, in: *American Economic Review* 102 (1), S. 60–93.

Federal Deposit Insurance Corporation (1984), *FDIC: The First Fifty Years – A History of the FDIC 1933–1983,* http://www.fdic.gov/bank/analytical/firstfifty/

Federal Deposit Insurance Corporation (2010), »About FDIC – The 1930's«, http://www.fdic.gov/about/history/timeline/1930s.html

Federal Reserve Bank of New York (2010), »Administration of Relationships with Primary Dealers«, http://www.newyorkfed.org/markets/pridealers_policies.html

Federal Reserve Bank of New York (2014), »Primary Dealers List«, http://www.newyorkfed.org/markets/pridealers_current.html

Fettig, David (2002), »Lender of More Than Last Resort«, in: *The Region – The Federal Reserve Bank of Minneapolis*, December, http://www.minneapolisfed.org/publications_papers/pub_display.cfm?id=3392&

Fettig, David (2008), »The History of a Powerful Paragraph«, in: *The Region – The Federal Reserve Bank of Minneapolis*, June, https://www.minneapolisfed.org/publications_papers/pub_display.cfm?id=3485

Fischer, Stanley (1996), »Why Are Central Banks Pursuing Long-Run Price Stability?«, Beitrag zum Symposium »Achieving Price Stability« der Federal Reserve Bank of Kansas City, Jackson Hole, WY, 29–31 August 1996, http://www.kc.frb.org/publications/research/escp/escp-1996.cfm

Fischer, Stanley (1999), »On the Need for an International Lender of Last Resort«, in: *Journal of Economic Perspectives* 13 (4), S. 85–104.

Fisher, Irving (1933a), »The Debt-Deflation Theory of Great Depressions«, in: *Econometrica* 1 (4), S. 337–57.

Fisher, Irving (1933b), *Stamp Scrip*, New York: Adelphi.

Fisher, Irving (1935), *100% Money*, New York: Adelphi [dt.: *100% Geld*. Kiel: Gauke 2007].

Freixas, Xavier, und Jean-Charles Rochet (2008), *Microeconomics of Banking*, Cambridge, MA: MIT Press.

French, George (2004), »Estimating the Capital Impact of Basel II in the United States«, Federal Deposit Insurance Corporation, http://www.fdic.gov/bank/analytical/fyi/2003/120803fyi.html

Friedman, Benjamin M. (1999), »The Future of Monetary Policy: The Central Bank as an Army with Only a Signal Corps?«, in: *International Finance* 2 (3), S. 321–38.

Friedman, Benjamin M. (2000), »Decoupling at the Margin: The Threat to Monetary Policy from the Electronic Revolution in Banking«, in: *International Finance* 3 (2), S. 261–72.

Friedman, Milton (1948), »A Monetary and Fiscal Framework for Economic Stability«, in: *American Economic Review* 38 (3), S. 245–64.

Friedman, Milton (1965), *A Program for Monetary Stability*, 4. Aufl., New York: Fordham University Press.

Friedman, Milton, und Anna J. Schwartz (1986), »Has Government Any Role in Money?«, in: *Journal of Monetary Economics* 17 (1), S. 37–62.

Fromhart, Stephen, und Val Srinivas (2016), »Marketplace Lenders and Banks: An Inevitable Convergence?«, Deloitte Center for Financial Services, https://www2.deloitte.com/content/dam/Deloitte/us/Documents/financial-services/us-deloitte-marketplace-lenders-and-banks.pdf, abgerufen am 7.8.2017

Gerschenkron, Alexander (1962), *Economic Backwardness in Historical Perspective*, Cambridge, MA: Harvard University Press.

Gesell, Silvio (1916), *Die natürliche Wirtschaftsordnung durch Freiland und Freigeld*. Les Hauts Geneveys: Verlag Silvio Gesell.

Goldman Sachs (2017), »Blockchain – The New Technology of Trust«, http://www.goldmansachs.com/our-thinking/pages/blockchain/, abgerufen am 7.8.2017

Goodfriend, Marvin (2000), »Overcoming the Zero Bound on Interest Rate Policy«, in: *Journal of Money, Credit and Banking* 32 (4), S. 1007–35.

Goodfriend, Marvin (2011), »Central Banking in the Credit Turmoil: An Assessment of Federal Reserve Practice«, in: *Journal of Monetary Economics* 58 (1), S. 1–12.

Goodhart, Charles (2001), »What Weight Should Be Given to Asset Prices in the Measurement of Inflation?«, in: *Economic Journal* 111 (472), S. 335–56.

Goodhart, Charles (2008), »The Boundary Problem in Financial Regulation«, in: *National Institute Economic Review* 206 (1), S. 48–55.

Goodman, Lawrence (2012), »Demand for U.S. Debt Is Not Limitless«, in: *Wall Street Journal* vom 27.03.2012, http://online.wsj.com/news/articles/SB10001424052702304450004577279754275393064

Gorton, Gary, Stefan Lewellen und Andrew Metrick (2012), »The Safe-Asset Share«, in: *American Economic Review* 102 (3), S. 101–06.

Gorton, Gary, und Andrew Metrick (2010), »Haircuts«, in: *Federal Reserve Bank of St. Louis Review* 92 (6), S. 507–19, https://re search.stlouisfed.org/publications/review/10/11/Gorton.pdf

Gorton, Gary, und Andrew Metrick (2012), »Securitized Banking and the Run on Repo«, in: *Journal of Financial Economics* 104 (3), S. 425–51.

Gorton, Gary, und George Pennacchi (1990), »Financial Intermediaries and Liquidity Creation«, in: *Journal of Finance* 45 (1), S. 49–71.

Gorton, Gary B. (2010), *Slapped by the Invisible Hand: The Panic of 2007*, Oxford: Oxford University Press.

Gorton, Gary B., und Nicholas S. Souleles (2007), »Special Purpose Vehicles and Securitization«, in: Mark Carey and René M. Stulz (Hrsg.), *The Risks of Financial Institutions*, Chicago: University of Chicago Press, S. 549–602.

Gorton, Gary B., und Andrew Winton (2003), »Financial Intermediation«, in: G. M. Constantinides, M. Harris und R. M. Stulz (Hrsg.), *Handbook of the Economics of Finance, Vol. 1A: Corporate Finance*, Amsterdam: Elsevier, S. 431–552.

Greenspan, Alan (1998), »The Role of Capital in Optimal Banking Supervision and Regulation«, in: *FRBNY Economic Policy Review* 4 (3), S. 163–68.

Greenspan, Alan (2009), »The Fed Didn't Cause the Housing Bubble«, in: *Wall Street Journal Online*, 3.11.2009, http://ie pecdg.com.br/Arquivos/Leiturassugeridas/090311_green span_fed_housing_bubble.pdf

Gropp, Reint, Christian Gruendl und Andre Guettler (2014), »The Impact of Public Guarantees on Bank Risk-Taking: Evidence from a Natural Experiment«, in: *Review of Finance* 18 (2), S. 457–88.

Grossman, Richard S. (1992), »Deposit Insurance, Regulation, and Moral Hazard in the Thrift Industry: Evidence from the 1930's«, in: *American Economic Review* 82 (4), S. 800–821.

Grove, William M., und Paul E. Meehl (1996), »Comparative Efficiency of Informal (Subjective, Impressionistic) and Formal (Mechanical, Algorithmic) Prediction Procedures: The Clinical-Statistical Controversy«, in: *Psychology, Public Policy and Law* 2 (2), S. 293–323.

Haldane, Andrew G. (2012a), »On Being the Right Size«, Vortrag im Rahmen der Institute of Economic Affairs 22nd Annual Series, 2012 Beesley Lectures, Pall Mall, 25.10.2012, http://www.bankofengland.co.uk/publications/Documents/speeches/2012/speech615.pdf

Haldane, Andrew G. (2012b), »Towards a Common Financial Language«, Beitrag zum Symposium »Building a Global Legal Entity Identifier Framework« der Securities Industry and Financial Markets Association (SIFMA), New York, 14.3.2012.

Haldane, Andrew G., und Vasileios Madouros (2012), »The Dog and the Frisbee«, Vortrag im Rahmen des Federal Reserve Bank of Kansas City's 36th Economic Policy Symposium, The Changing Policy Landscape, Jackson Hole, WY, 31.8.2012.

Hancock, Diana, und David B. Humphrey (1998), »Payment Transactions, Instruments, and Systems: A Survey«, in: *Journal of Banking and Finance* 21, S. 1573–624.

Hannoun, Hervé, und Boris Hofman (2012), »Monetary Policy in the Crisis: Testing the Limits of Monetary Policy«, Vortrag im Rahmen der 47th SEACON Governors' Conference, Seoul, Korea, 13–14.2.2012, http://www.bis.org/speeches/sp120216.pdf

Hanson, Samuel G., Anil K. Kashyap und Jeremy C. Stein (2011), »A Macroprudential Approach to Financial Regulation«, in: *Journal of Economic Perspectives* 25 (1), S. 3–28.

Haubrich, Joseph G., und Paul Wachtel (1993), »Capital Requirements and Shifts in Commercial Bank Portfolios«, in: *Economic Review – Federal Reserve Bank of Cleveland* 29 (3), S. 2–15.

Haughwout, Andrew, Richard W. Peach, John Sporn et al. (2012), *The Supply Side of the Housing Boom and Bust of the 2000s*, Staff Report 556, New York: Federal Reserve Bank of New York.

Hayek, Friedrich August (1945), »The Use of Knowledge in Society«, in: *American Economic Review* 35 (4), S. 519–30.

Hellwig, Martin (1991), »Banking, Financial Intermediation, and Corporate Finance«, in: Alberto Giovannini und Colin Mayer

(Hrsg.), *European Financial Integration*, S. 35–63, Cambridge: Cambridge University Press.

Hendershott, Terrence, Charles M. Jones und Albert J. Menkveld (2011), »Does Algorithmic Trading Improve Liquidity?«, in: *Journal of Finance* 66 (1), S. 1–33.

Hill, Claire A. (2004), »Regulating the Rating Agencies«, in: *Washington University Law Review* 82 (1), S. 43–94.

Hill, Claire A. (2009), »Why Did Rating Agencies Do Such a Bad Job Rating Subprime Securities?«, in: *University of Pittsburgh Law Review* 71 (3), S. 585–608.

Holmström, Bengt, und Jean Tirole (1997), »Financial Intermediation, Loanable Funds, and the Real Sector«, in: *Quarterly Journal of Economics* 112 (3), S. 663–91.

Huber, Joseph, und James Robertson (2000), *Creating New Money: A Monetary Reform for the Information Age*, London: New Economics Foundation.

Huerta de Soto, Jesús, und Melinda A. Stroup (2009), *Money, Bank Credit, and Economic Cycles*, Auburn, AL: Ludwig von Mises Institute [dt.: *Geld, Bankkredit und Konjunkturzyklen*. Berlin: De Gruyter Oldenbourg 2011].

Humphrey, David, Magnus Willesson, Ted Lindblom et al. (2003), »What Does It Cost to Make a Payment?«, in: *Review of Network Economics* 2 (2), S. 159–74.

Ivashina, Victoria, und David Scharfstein (2010), »Bank Lending during the Financial Crisis of 2008«, in: *Journal of Financial Economics* 97 (3), S. 319–38.

Jacklin, Charles J. (1987), »Demand Deposits, Trading Restrictions, and Risk-Sharing«, in: Edward Prescott and Neil Wallace (Hrsg.), *Contractual Arrangements for Intertemporal Trade*, Minneapolis: University of Minnesota Press, S. 26–47.

Jackson, Andrew, Ben Dyson und Graham Hodgson (2013), *The Positive Money Proposal*, http://www.positivemoney.org/wp-content/uploads/2013/04/The-Positive-Money-Proposal-2nd-April-2013.pdf

Jackson, Patricia, Craig Furfine, Hans Groeneveld et al. (1999), »Capital Requirements and Bank Behaviour: The Impact of the Basle Accord«, Basel Committee on Banking Supervision Working Paper 1, Basel: Bank für Internationalen Zahlungsausgleich, http://www.bis.org/publ/bcbs_wp1.pdf

Jiang, Wei, Ashlyn Aiko Nelson und Edward Vytlacil (2014), »Securitization and Loan Performance: Ex Ante and Ex Post Relations in the Mortgage Market«, in: *Review of Financial Studies* 27 (2), S. 454–83.

Johnson, Roger T. (2010), *Historical Beginnings, the Federal Reserve*. Boston: Public and Community Affairs Department, Federal Reserve Bank of Boston, https://www.bostonfed.org/about/pubs/begin.pdf

Jones, Claire (2014), »ECB Unveils Radical Moves to Fight Deflation and Lift Economy«, in: *Financial Times*, 5.6.2014, http://www.ft.com/intl/cms/s/0/fd55cd1a-ec98-11e3-a754-00144fe abdc0.html?siteedition=uk

Jones, David (2000), »Emerging Problems with the Basel Capital Accord: Regulatory Capital Arbitrage and Related Issues«, in: *Journal of Banking and Finance* 24 (1), S. 35–58.

Kane, Edward J. (1981), »Accelerating Inflation, Technological Innovation, and the Decreasing Effectiveness of Banking Regulation«, in: *Journal of Finance* 36 (2), S. 355–67.

Kapstein, Ethan B. (1989), »Resolving the Regulator's Dilemma: International Coordination of Banking Regulations«, in: *International Organization* 43 (2), S. 323–47.

Kareken, John H., und Neil Wallace (1978), »Deposit Insurance and Bank Regulation: A Partial-Equilibrium Exposition«, in: *Journal of Business* 51 (3), S. 413–38.

Kashyap, Anil K., und Jeremy C. Stein (2004), »Cyclical Implications of the Basel II Capital Standards«, in: *Economic Perspectives* 28 (1), S. 18–31.

Keys, Benjamin J., Amit Seru und Vikrant Vig (2012), »Lender Screening and the Role of Securitization: Evidence from Prime and Subprime Mortgage Markets«, in: *Review of Financial Studies* 25 (7), S. 2071–108.

Kim, Daesik, und Anthony M. Santomero (1988), »Risk in Banking and Capital Regulation«, in: *Journal of Finance* 43 (5), S. 1219–33.

Kindleberger, Charles P. (1993), *A Financial History of Western Europe*, 2. Aufl., New York: Oxford University Press.

Kindleberger, Charles P., und Robert Z. Aliber (2005), *Manias, Panics, and Crashes: A History of Financial Crises*, 5. Aufl., Wiley Investment Classics, Hoboken, NJ: Wiley [dt.: *Manien, Paniken, Crashs. Die Geschichte der Finanzkrisen der Welt*, Kulmbach: Börsenmedien AG 2001].

King, Mervyn (2004), »The Institutions of Monetary Policy«, in: *American Economic Review* 94 (2), S. 1–13.

King, Michael R., und Rime Dagfinn (2010), »The $4 Trillion Question: What Explains FX Growth since the 2007 Survey?«, in: *BIS Quarterly Review* (December), S. 27–42, http://www.bis.org/publ/qtrpdf/r_qt1012e.pdf

King, Robert G., und Ross Levine (1993), »Finance and Growth: Schumpeter Might Be Right«, in: *Quarterly Journal of Economics* 108 (3), S. 717–37.

Kiyotaki, Nobuhiro, und Randall Wright (1989), »On Money as a Medium of Exchange«, in: *Journal of Political Economy* 97 (4), S. 927–54.

Kotlikoff, Laurence J. (2010), *Jimmy Stewart Is Dead: Ending the World's Ongoing Financial Plague with Limited Purpose Banking*, Hoboken, NJ: Wiley.

Krantz, Matt (2014), »Downgrade! Only 3 U.S. Companies Now Rated AAA«, in: *America's Markets, USA Today*, http://americasmarkets.usatoday.com/2014/04/11/downgrade-only-3-u-s-companies-now-rated-aaa/

Kress, Jeremy C. (2011), »Credit Default Swap Clearinghouses and Systemic Risk: Why Centralized Counterparties Must Have Access to Central Bank Liquidity«, in: *Harvard Journal on Legislation* 48 (1), S. 49–93.

Krishnamurthy, Arvind, und Annette Vissing-Jorgensen (2011), »The Effects of Quantitative Easing on Interest Rates: Channels and Implications for Policy«, NBER Working Paper 17555, National Bureau of Economic Research, http://www.nber.org/papers/w17555

Lagos, Ricardo (2010), »Asset Prices and Liquidity in an Exchange Economy«, in: *Journal of Monetary Economics* 57 (8), S. 913–30.

Lagos, Ricardo, und Randall Wright (2005), »A Unified Framework for Monetary Theory and Policy Analysis«, in: *Journal of Political Economy* 113 (3), S. 463–84.

Lange, Oskar (1936), »On the Economic Theory of Socialism: Part One«, in: *Review of Economic Studies* 4 (1), S. 53–71.

Levine, Ross (1997), »Financial Development and Economic Growth: Views and Agenda«, in: *Journal of Economic Literature* 35 (2), S. 688–726.

Levine, Ross, und Sara Zervos (1998), »Stock Markets, Banks, and Economic Growth«, in: *American Economic Review* 88 (3), S. 537–58.

Lewis, Michael (2011), The Big Short: Inside the Doomsday Machine, London: Penguin [dt.: *The Big Short: Wie eine Handvoll Trader die Welt verzockte*, München: Goldmann 2011].

Lewis, Michael (2014), *Flash Boys: A Wall Street Revolt*. New York: Norton [dt.: *Flash Boys: Wie Insider die Börse manipulieren*, München: Goldmann 2016].

Lucas, Louise und Sherry Fei Ju (2017), »One of China's Biggest P2P Lenders Quits Ahead of Clampdown«, in: *Financial Times* vom 30.07.2017, https://www.ft.com/content/e7f72aca-736a-11e7-93ff-99f383b09ff9, abgerufen am 31.7.2017.

Lucas, Robert E., Jr. (2000), »Inflation and Welfare«, in: *Econometrica* 68 (2), S. 247–74.

Macey, Jonathan (2011), »Reducing Systemic Risk: The Role of Money Market Mutual Funds as Substitutes for Federally Insured Bank Deposits«, in: *Stanford Journal of Law, Business and Finance* 17 (1), S. 131.

Mailath, George J., und Loretta J. Mester (1994), »A Positive Analysis of Bank Closure«, in: *Journal of Financial Intermediation* 3 (3), S. 272–99.

Mankiw, Gregory (2009), »It May Be Time for the FED to Go Negative«, in: *New York Times*, 19.4.2009, http://www.nytimes.com/2009/04/19/business/economy/19view.html?_r=0

Massad, Timothy G. (2011), »Acting Assistant Secretary Timothy G. Massad Written Testimony Before the Congressional Oversight Panel«, U.S. Department of the Treasury, http://

www.treasury.gov/press-center/press-releases/Pages/tg1091
.aspx

Mayer, Colin (1990), »Financial Systems, Corporate Finance, and
Economic Development«, in: R. Glenn Hubbard (Hrsg.),
Asymmetric Information, Corporate Finance, and Investment,
Chicago: University of Chicago Press, S. 307–32.

McLeay, Michael, Amar Radia und Ryland Thomas (2014), »Money Creation in the Modern Economy«, in: *Quarterly Bulletin*
54 (1), S. 14–22.

Mehrling, Perry (2011), *The New Lombard Street: How the Fed Be-
came the Dealer of Last Resort*, Princeton, NJ: Princeton University Press.

Menger, Karl (1892), »On the Origins of Money«, in: *Economic
Journal 2* (6), S. 239–55.

Minsky, Hyman P. (1986), *Stabilizing an Unstable Economy*, New
Haven, CT: Yale University Press.

Mises, Ludwig von (1920), »Die Wirtschaftsrechnung im sozialis-
tischen Gemeinwesen«, in: *Archiv für Sozialwissenschaften* 47,
S. 86–121.

Mishkin, Frederic S. (1996), »The Channels of Monetary Transmission: Lessons for Monetary Policy«, NBER Working Paper
5464. National Bureau of Economic Research, http://www.
nber.org/papers/w5464

Modigliani, Franco, und Merton H. Miller (1958), »The Cost of
Capital, Corporation Finance and the Theory of Investment«,
in: *American Economic Review* 48 (3), S. 261–97.

Nakamoto, Satoshi (2008), »Bitcoin: A Peer-to-Peer Electronic Cash
System«, unveröffentlichter Bericht, http://bitcoin.org/bitcoin.pdf

Nasiripour, Shahien, und Kara Scanell (2013), »Holder Says Some
Banks Are ›Too Large‹«, in: *Financial Times*, 3.7.2013, http://
www.ft.com/intl/cms/s/0/ecb0ced2-86b0-11e2-b907-00144fe
abdc0.html#axzz2lDoMqzlF

Neate, Rupert (2014), »Scandal of Europe's 11m Empty Homes«,
in: *The Guardian*, 23.2.2014, http://www.theguardian.com/so
ciety/2014/feb/23/europe-11m-empty-properties-enough-
house-homeless-continenttwice

Nersisyan, Yeva, und L. Randall Wray (2010), »The Global Financial Crisis and the Shift to Shadow Banking«, Working Paper 587, Annandale-on-Hudson, NY: Levy Economics Institute of Bard College, http://www.levyinstitute.org/pubs/wp_587.pdf

Noss, Joseph, und Rhiannon Sowerbutts (2012), »The Implicit Subsidy of Banks«, Bank of England Financial Stability Paper 15, London: Bank of England, http://hb.betterregulation.com/external/FS%20Paper%20No.%2015%20-%20The%20implicit%20subsidy%20of%20banks.pdf

O'Driscoll, Gerald P. (2010), »Book Review: *Jimmy Stewart Is Dead: Ending the World's Ongoing Financial Plague with Limited Purpose Banking*«, in: *Cato Journal* 30 (3), S. 541–46.

O'Hara, Maureen, und Wayne Shaw (1990), »Deposit Insurance and Wealth Effects: The Value of Being ›Too Big to Fail‹«, in: *Journal of Finance* 45 (5), S. 1587–600.

Orticelli, Bryan J. (2009), »Crisis Compounded by Constraint: How Regulatory Inadequacies Impaired the Fed's Bailout of Bear Stearns«, in: *Connecticut Law Review* 42 (2), S. 647–91.

Padbidri, Sasha (2016), »Citi, Prosper Marketing First Deal of 2016«, in: *GlobalCapital*, http://www.globalcapital.com/article/wyff1c0p32pp/citi-marketing-first-prosper-deal-of-2016, abgerufen am 7.8.2017.

P2P Finance Association (2013), »Peer-to-Peer Finance Association Operating Principles« (aktualisiert am 2.7.2013), http://www.p2pfinanceassociation.org.uk/wp-content/uploads/2011/08/P2PFA-Operating-Principles.pdf

Petersen, Mitchell A. (2004), »Information: Hard and Soft«, Working Paper, Kellogg School of Management Northwestern University, http://www.kellogg.northwestern.edu/faculty/petersen/htm/papers/softhard.pdf

Petersen, Mitchell A., und Raghuram G. Rajan (2002), »Does Distance Still Matter? The Information Revolution in Small Business Lending«, in: *Journal of Finance* 57 (6), S. 2533–70.

Philippon, Thomas, und Ariell Reshef (2012), »Wages and Human Capital in the U.S. Finance Industry: 1909–2006«, in: *Quarterly Journal of Economics* 127 (4), S. 1551–1609.

Plosser, Charles I. (2010), »Credible Commitments and Monetary Policy After the Crisis«, Vortrag im Rahmen der Swiss National Bank Monetary Policy Conference, Zürich, 24.9.2010, http://www.philadelphiafed.org/publications/speeches/plosser/2010/09-24-10_swiss-national-bank.cfm

Plosser, Charles I. (2012), »Fiscal Policy and Monetary Policy: Restoring the Boundaries«, Vortrag im Rahmen des U.S. Monetary Policy Forum, University of Chicago Booth School of Business, New York, 24.2.2012, http://www.bis.org/review/r120228a.pdf

Pollack, Lisa (2013), »Ten Times on the Board: I Will Not Put ›Optimizing Regulatory Capital‹ in the Subject Line of an Email«, *FT Alphaville*, http://ftalphaville.ft.com/2013/04/09/1450202/ten-times-on-the-board-i-willnot-put-optimizing-regulatory-capital-in-the-subject-line-of-an-email/

Pope, Theodore W., Peter T. Ender, William K. Woelk et al. (2002), »Bacterial Contamination of Paper Currency«, in: *Southern Medical Journal* 95 (12), S. 1408–10.

Popper, Nathaniel (2017), »Renaud Laplanche, Ousted at Lending Club, Returns as Rival to His Old Firm«, in: *The New York Times*, https://www.nytimes.com/2017/04/06/business/dealbook/lending-club-renaud-laplanche-upgrade.html, abgerufen am 7.8.2017.

Pozsar, Zoltan, Tobias Adrian, Adam Ashcraft et al. (2010), »Shadow Banking«, Federal Reserve Bank of New York Staff Report 458, New York: Federal Reserve Bank of New York.

Pozsar, Zoltan, Tobias Adrian, Adam Ashcraft et al. (2013), »Shadow Banking«, in: *FRBNY Economic Policy Review* 19 (2), S. 1–16.

Preparata, Guido Giacomo, und John E. Elliott (2004), »Free-Economics: The Vision of Reformer Silvio Gesell«, in: *International Journal of Social Economics* 31 (10), S. 923–54.

Rajan, Raghuram G. (1998), »The Past and Future of Commercial Banking Viewed through an Incomplete Contract Lens«, in: *Journal of Money, Credit and Banking* 30 (3), S. 524–50.

Ders. (2006), »Has Finance Made the World Riskier?«, in: *European Financial Management* 12 (4), S. 499–533.

Rajan, Raghuram G., und Luigi Zingales (1995), »What Do We Know about Capital Structure? Some Evidence from International Data«, in: *Journal of Finance* 50 (5), S. 1421–60.

Ramsden, Richard, Charles P. Himmelberg, David Greely et al. (2010), »Higher Capital Costs Hinder Loan Growth«, Global Investment Research, New York: Goldman Sachs, http://www.goldmansachs.com/our-thinking/archive/higher-capital-costs.pdf

Ramsden, Richard, Julio Quinteros Jr., John T. Williams et al. (2011), »Higher Bank Costs Are Affecting Low-Income Borrowers Most«, Global Investment Research, New York: Goldman Sachs, http://www.goldmansachs.com/our-thinking/public-policy/regulatory-reform/higher-bank-costs.pdf

Reinhart, Carmen M., und Kenneth S. Rogoff (2009a), »The Aftermath of Financial Crises«, in: *American Economic Review* 99 (2), S. 466–72.

Reinhart, Carmen M., und Kenneth S. Rogoff (2009b), *This Time Is Different: Eight Centuries of Financial Folly,* Princeton, NJ: Princeton University Press [dt.: *Dieses Mal ist alles anders: Acht Jahrhunderte Finanzkrisen.* München: FinanzBuch Verlag 2010].

Repullo, Rafael, und Javier Suarez (2013), »The Procyclical Effects of Bank Capital Regulation«, in: *Review of Financial Studies* 26 (2), S. 452–90.

Richards, R. D. (1929), *The Early History of Banking in England,* New York: Augustus M. Kelley.

Rosenberg, Richard M., und Ronald B. Given (1987), »Financially Troubled Banks: Private Solutions and Regulatory Alternatives«, in: *Banking Law Journal* 104: 284.

Sapienza, Paola (2002), »What Do State-Owned Firms Maximize? Evidence from the Italian Banks«, CEPR Discussion Paper 3168, Centre for Economic Policy Research.

Scarpetta, Stefano, Anne Sonnet und Thomas Manfredi (2010), »Rising Youth Unemployment during the Crisis: How to Prevent Negative Long-Term Consequences on a Generation?«, OECD Social, Employment, and Migration Working Paper 106,

OECD Publishing, http://www.oecd-ilibrary.org/social-issues-migration-health/rising-youth-unemployment-during-the-crisis_5kmh79zb2mmv-en

Scholtes, Saskia, und Richard Beales (2007), »Top Rating Proving Crucial to Structured Finance Sector«, in: *Financial Times*, 17.5.2007, http://www.ft.com/cms/s/0/21e5032e-0413-11dc-a931-000b5df10621.html

Schumpeter, Joseph A. (1926), *Theorie der wirtschaftlichen Entwicklung: Eine Untersuchung über Unternehmergewinn, Kapital, Kredit, Zins und den Konjunkturzyklus*, 2. Aufl., München: Duncker & Humblot.

Schumpeter, Joseph A. (1950), *Kapitalismus, Sozialismus und Demokratie*, Bern: Francke.

Schwartz, Anna J. (1992), »The Misuse of the Fed's Discount Window«, in: *Federal Reserve Bank of St. Louis Review* 74 (5), S. 58–69.

Shin, Hyun Song (2009), »Reflections on Northern Rock: The Bank-Run That Heralded the Global Financial Crisis«, in: *Journal of Economic Perspectives* 23 (1), S. 101–19.

Sieg, Linda, und Kiyoshi Takenaka (2012), »Japan's Abe Taps Allies for Cabinet, Eyes Deflation«, *Reuters*, 26.12.2012, http://www.reuters.com/article/2012/12/26/japan-politics-idUSL4N0A00CN20121226

Silber, William L. (2009), »Why Did FDR's Bank Holiday Succeed?«, in: *FRBNY Economic Policy Review* 15 (1), S. 19–30.

Simons, Henry C. (1936), »Rules versus Authorities in Monetary Policy«, in: *Journal of Political Economy* 44 (1), S. 1–30.

Singh, Manhoman (2010), »Collateral, Netting and Systemic Risk in the OTC Derivatives Market«, IMF Working Paper 10/99, Washington: International Monetary Fund, http://www.imf.org/external/pubs/ft/wp/2010/wp1099.pdf

Sjostrom, William K., Jr. (2009), »The AIG Bailout«, in: *Washington and Lee Law Review* 66 (3), S. 943.

Sloan, Kayla (2017) »Why Blockchain May End Banking as We Currently Know It«, Due, https://due.com/blog/blockchain-may-end-banking-currently-know/

Starr, Ross M., und Joseph M. Ostroy (1974), »Money and the Decentralization of Exchange«, in: *Econometrica* 42 (6), S. 1093–113.

Stiglitz, Joseph E., und Andrew Weiss (1981), »Credit Rationing in Markets with Imperfect Information«, in: *American Economic Review* 71 (3), S. 393–410.

Summers, Lawrence (1991), »How Should Long-Term Monetary Policy Be Determined?«, in: *Journal of Money, Credit and Banking* 23 (3), S. 625–31.

Taleb, Nassim N. (2007), *The Black Swan: The Impact of the Highly Improbable*, New York: Random House.

Taleb, Nassim N. (2012), *Antifragile: Things That Gain from Disorder*, New York: Random House.

Taylor, John B. (2001), »Expectations, Open Market Operations, and Changes in the Federal Funds Rate«, in: *Federal Reserve Bank of St. Louis Review* 83 (4), S. 33–48.

Thomas, Lyn C. (2000), »A Survey of Credit and Behavioural Scoring: Forecasting Financial Risk of Lending to Consumers«, in: *International Journal of Forecasting* 16 (2), S. 149–72.

Tobin, James (1985), »Financial Innovation and Deregulation in Perspective«, in: *Cowles Foundation Paper* 635: 19–29.

Tobin, James (1987), »A Case for Preserving Regulatory Distinctions«, in: *Challenge* 30 (5), S. 10–17.

Touryalai, Halah (2013), »Big Banks Warn Regulators: Tougher Capital Rules Will Hurt Everyone«, *Forbes*, 9.7.2013, http://www.forbes.com/sites/halahtouryalai/2013/07/09/big-banks-warn-regulators-tougher-capitalrules-will-hurt-everyone/

»Treasury's Paulson – Subprime Woes Likely Contained«, *Reuters*, 20.4.2007, http://uk.reuters.com/article/2007/04/20/usa-subprime-paulson-idUKWBT00686520070420

U.S. Bureau of Economic Analysis (2013), »Table 6.16B. Corporate Profits by Industry«, zuletzt aktualisiert am 7.8.2013, http://www.bea.gov/iTable/iTable.cfm?ReqID=9&step=1#reqid=9&step=3&isuri=1&903=237

U.S. Bureau of Economic Analysis (2014), »Table 6.16D. Corporate Profits by Industry«, zuletzt aktualisiert am 25.6.2014, http://www.bea.gov/iTable/iTable.cfm?ReqID=9&step=1#re qid=9&step=3&isuri=1&903=239

U.S. Securities and Exchange Commission (SEC) (2008), »Summary Report of Issues Identified in the Commission Staff's Examination of Select Credit Rating Agencies«, http://www.sec.gov/news/studies/2008/craexamination070808.pdf

U.S. Senate Permanent Subcommittee on Investigations (2013), »JPMorgan Chase Whale Trades: A Case History of Derivatives Risks and Abuses«, Majority and Minority Staff Report. U.S. Senate, http://www.hsgac.senate.gov/download/report-jp-morgan-chase-whale-trades-acase-history-of-derivatives-risks-and-abuses-march-15-2013

van Duyn, Aline, Deborah Brewster und Gillian Tett (2008), »The Lehman Legacy: Catalyst of the Crisis«, in: *Financial Times*, 10.12.2008, http://www.ft.com/intl/cms/s/0/ea92428c-9887-11dd-ace3-000077b07658.html#axzz1z5Fzs52s

von Thadden, Ernst-Ludwig (1998), »Intermediated versus Direct Investment: Optimal Liquidity Provision and Dynamic Incentive Compatibility«, in: *Journal of Financial Intermediation* 7 (2), S. 177–97.

Wall, Larry D., und David R. Peterson (1990), »The Effect of Continental Illinois' Failure on the Financial Performance of Other Banks«, in: *Journal of Monetary Economics* 26 (1), S. 77–99.

Wallace, Neil (1996), »Narrow Banking Meets the Diamond Dybvig Model«, in: *Federal Reserve Bank of Minneapolis Quarterly Review* 20 (1), S. 3–13.

Walter, John R. (2006), »The 3-6-3 Rule: An Urban Myth?«, in: *Federal Reserve Bank of Richmond Economic Quarterly* 92 (1), S. 51–78.

Wardrop, Robert, et al. (2016), *Breaking New Ground: The Americas Alternative Finance Benchmarking Report*, University of Cambridge, https://www.jbs.cam.ac.uk/faculty-research/centres/alternative-finance/publications/

White, Lawrence J. (2010), »Markets: The Credit Rating Agencies«, in: *Journal of Economic Perspectives* 24 (2), S. 211–26.

Wright, Richard, Erdal Tekin, Volkan Topalli et al. (2014), »Less Cash, Less Crime: Evidence from the Electronic Benefit Transfer Program«, NBER Working Paper 19996, National Bureau of Economic Research, http://www.nber.org/papers/w19996

Zhang, Bryan, et al. (2016a), *Harnessing Potential: The Asia-Pacific Alternative Finance Benchmarking Report*, University of Cambridge, https://www.jbs.cam.ac.uk/faculty-research/centres/alternative-finance/publications/

Zhang, Bryan, et al. (2016b), *Pushing Boundaries: The 2015 UK Alternative Finance Industry Report*, University of Cambridge, https://www.jbs.cam.ac.uk/faculty-research/centres/alternative-finance/publications/

Zhang, Bryan, et al. (2016c), *Sustaining Momentum: The 2nd European Alternative Finance Industry Report*, University of Cambridge, https://www.jbs.cam.ac.uk/faculty-research/centres/alternative-finance/publications/

REGISTER

100-Prozent-Geld(-Konzept) 163 f.

ABCP *(asset-backed commercial papers)* 86-88, 107, 110, 112, 136, 175

ABS *(asset-backed securities)* 80-89, 91-93, 94-96, 102, 107-111, 113, 136, 159

Armutsrückgang 18

Bankenbilanz 19, 125

Bankenregulierung, Begriff 59

Banking
– , Begriff 13 f., 35, 73
– , einfachste Form des -s 17
– , Schlupfloch für 174
– , Schwäche des -s 97
– , traditionelles 35, 73 f., 88, 96, 170, 174
– , ungezügeltes/zügelloses 195-197, 205
– , unreguliertes 108

Banking-Risiko 155

Bank-Run 18, 49-55, 97, 154, 163
– , stiller 111

Basel I/Basler Eigenkapitalvereinbarung 61-63, 71 f., 99, 101

Basel II/zweite Basler Eigenkapitalvereinbarung 100, 103-106, 112

Basel III 117

Bedürfnisausgleich 30 f.

Besicherung 29, 76-78, 96, 167

Blockchain-Technologie 7, 161 f.

Buchführung, doppelte 17, 35 f., 68, 162, 167, 170, 182

Bündelung 39, 74 f., 78, 80-82, 134, 167, 170

CDO *(collateralized debt obligation)* 81-87, 96, 102, 107, 108 f., 111, 119-121

CDO2 82, 108 f., 137

CDO3 82, 109

CDS *(credit default swap)* 119-122, 180

Darlehen, Definition 27

Deflation 52, 111, 200

Deflationsspirale 52, 126, 200

Delegated Monitor 136-141, 166

Derivate 118-122, 177

Digitalgeld 187

Digitalwährung/Währung, digitale 21, 146 f., 187

Diversifizierung 38, 75, 77 f., 80, 82, 132, 134 f., 167, 170

Eigenkapitalanforderungen, risikogewichtete 62 f.

Eigenkapitalarbitrage 71, 81, 87, 136